干部儒学读本

张岱年 题

吴光 王宇 王晓华 / 著

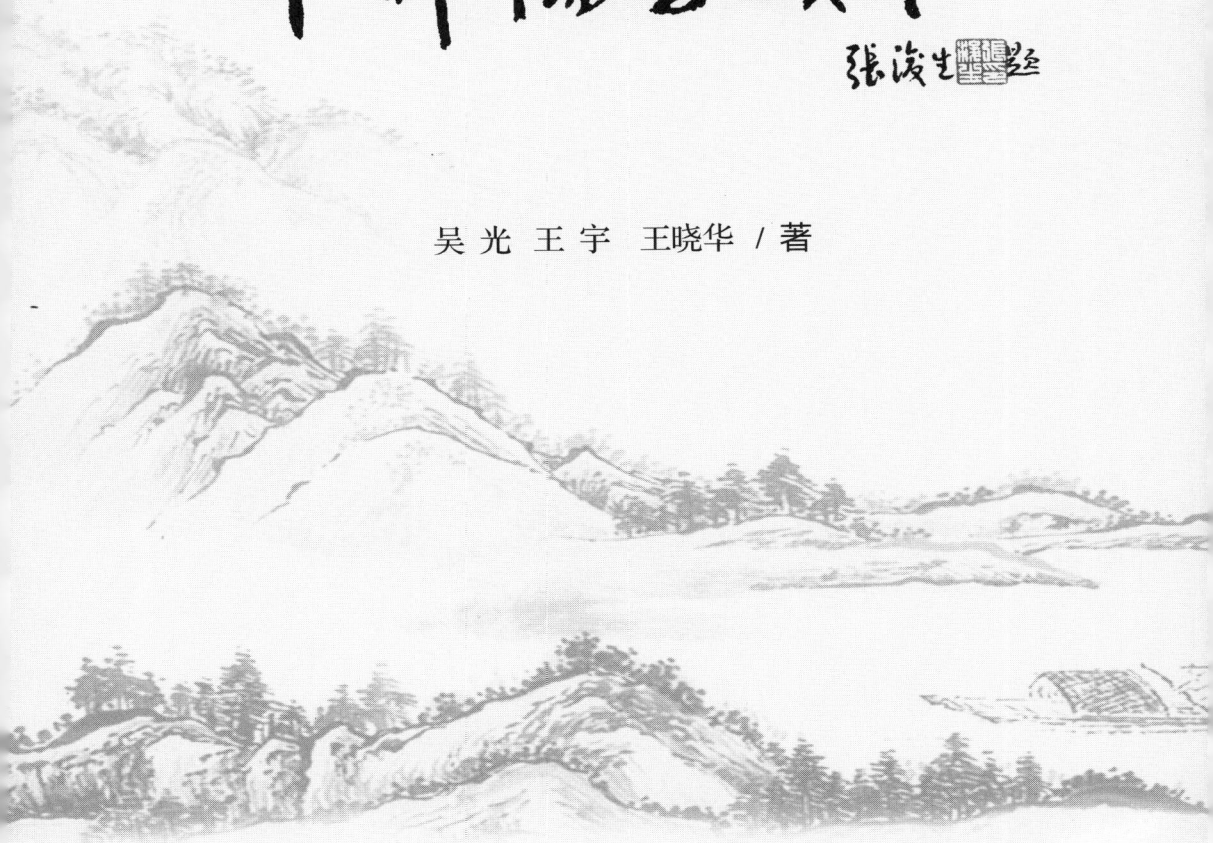

中国人民大学出版社

· 北京 ·

序

张浚生

　　儒家文化是中华传统文化的主干与核心。在漫长的历史长河中，孔子所开创的儒家学派和思想学说，以及按照儒家思想构建的儒家文化，曾经对中国经济、政治、文化、社会的发展，起到过极为重要的作用。儒家思想和文化不仅构成 2 500 多年来中国传统文明的主流，渗透到中国人的精神和血脉，影响到中国人的生活理念、生活态度和生活方式，而且对于整个人类文明尤其是东方文明的发展，也曾发生极其重要的影响。

　　以史为鉴，可以知古今。以习近平同志为总书记的党中央，高度重视领导干部加强学习优秀传统文化。习近平同志在中央党校 2011 年秋季学期开学典礼的讲话中强调指出：领导干部不管处在哪个层次和岗位，都应该读点历史，从中汲取有益于加强修养、做好工作的智慧和营养，不断提高认识能力和精神境界，不断提升领导工作水平。2014 年 9 月 24 日，习近平总书记亲自出席了纪念孔子诞辰 2 565 周年国际学术研讨会暨国际儒学联合会第五届会员大会开幕式，并发表了重要长篇讲话。在讲话中，他高度肯定儒家思想对中华文明产生的深刻影响，是中国传统文化的主导性思想。儒家思想同中华民族形成和发展过程中所产生的其他思想文化一道，记载了中华民族自古以来在建设家园的奋斗中开展的精神活动、进行的理性思维、创造的文化成果，反映了中华民族的精神追求，是中华民族生生不息、发展壮大的重要滋养。习近平强调："中国共产党人始终是中国优秀传统文化的忠实继承者和弘扬者，从孔夫子到孙中山，我们都注意汲取其中积极的养分。"他还勉励广大儒学工作者："要坚持古为今用、以古鉴今，坚持有鉴别的对待、有扬弃的继承，而不能搞厚古薄今、以古非今，努力实现传统文化的创造性转化、创新性发展，使之与现实文化相融相通，共同服务以文化人的时代任务。"习近平总书记的讲话高屋建瓴，鞭辟入里，发人深省，对于全社会在马克思主义指导下研究儒学、普及儒学、传播儒学指明了道路和方向，值得我们认真学习领会，在实践中贯彻运用。

现在中央已为我国确定了全面建设小康社会这一战略目标，为此提出了全面深化改革、全面推进依法治国、全面从严治党的要求，并提出建立和不断完善各种法规制度。无论多么完善的法规制度，最终都要人去执行，其中各级干部的个人道德修养、是非观念、品行情操至为关键。儒学思想，以及由儒学思想塑造的中国历史，蕴涵着十分丰富的治国理政的历史经验和宝贵的思想文化遗产，其中包含着许多涉及对国家、社会、民族及个人的成与败、兴与衰、安与危、正与邪、荣与辱、义与利、廉与贪等等方面的经验与教训。学习儒学，就是要善于借鉴历史上治国理政的各种有益经验，学习中华民族优秀的传统文化和高尚的精神追求，从中获得精神鼓舞，升华思想境界，陶冶道德情操，完善优良品格，培养浩然正气，做到自重、自省、自警、自励，认真践行全心全意为人民服务的根本宗旨，经受住执政考验、改革开放考验、市场经济考验和外部环境考验，防止精神懈怠的危险、脱离群众的危险和消极腐败的危险，为党和人民事业不断做出自己的贡献。

浙江省儒学学会自 2007 年成立以来就有志于儒学普及传播工作，于2011 年组织策划出版了《儒学普及小丛书》，现在，我们又针对领导干部学儒学的需要，编写了这本《干部儒学读本》。《读本》立足于"小"，着力于"精"，原原本本地讲解儒学的起源与发展、基本观点、核心价值及其当代意义，提炼出读者关心的儒学理论与实践问题加以解释，还精选了历代名儒名篇，分别加以通俗明白的解说与注释，以期满足各种文化水平读者的需要。这是我们一直坚持的儒学普及工作的一种有益尝试，也希望能够起到抛砖引玉的效果。希望学术界和文化界的同仁们一起来为传承、弘扬、普及我国优秀的传统文化做出自己的贡献。

谨以此短文为序。

2015 年 2 月

目　录

一、儒学论修身立德

导　论

儒学：中国优秀传统文化的主导思想

党的十八大以来，以习近平同志为总书记的党中央高度重视继承和弘扬以儒学为主流的中国优秀传统文化。2014 年 9 月 24 日，国家主席习近平在"纪念孔子诞辰 2565 周年国际学术研讨会暨国际儒学联合会第五届会员大会开幕会"发表的重要讲话，从多元文明和而不同的立场出发，着眼于促进人类社会发展、实现世界和平，科学评价了中国传统文化对塑造世界观、价值观和精神世界的巨大历史功绩，从十五个方面总结了以儒学为主导、多元发展的中国优秀传统文化对解决当代问题的重要启示，提出了"文以载道，文以化人"的弘道要求。习近平主席强调指出："孔子创立的儒家学说以及在此基础上发展起来的儒家思想，对中华文明产生了深刻影响，是中国传统文化的重要组成部分。儒家思想同中华民族形成和发展过程中所产生的其他思想文化一道，记载了中华民族自古以来在建设家园的奋斗中开展的精神活动、进行的理性思维、创造的文化成果，反映了中华民族的精神追求，是中华民族生生不息、发展壮大的重要滋养。中华文明，不仅对中国发展产生了深刻影响，而且对人类文明进步作出了重大贡献。"这高度肯定了儒学在历史上的重要地位，指明了儒学在当代中国的历史使命，值得广大干部认真学习领会。

那么，儒学到底是一种什么样的思想学说，它在中国历史上为什么有如此重要的地位，它在 21 世纪的思想文化领域中能不能占有一席之地并得以复兴与发展？下面拟就这些问题作一论述。

（一）三盛三衰：儒学的形成与演变

儒学起源于殷周时代，形成于春秋末至战国初期。殷商统治者很迷信

"上帝"和"天命",而且盲目崇信"天命"的永恒性和绝对性。周人也继承了殷人的宗教意识而相信上帝授予"天命"的神话。但在现实层面,周人却看到:周族领导者文王、武王和周公等通过人事上、政治上的施行德政,以"小邦周"取代了"大国殷",使"天命"转移到周天子身上。这使周人认识到上天是公正无私的,总是帮助品德高尚的人,民心不是恒久不变的,只有敬德爱民,才能长久地保持天命。这是哲学思维摆脱宗教意识的第一步。周朝建立后,按血缘关系的亲疏分封诸侯,建立了以宗法制为特点的封建等级社会。这种等级社会需要某种伦理和道德观念来维护,于是,周人建立了以血缘关系为纽带的宗法制和维护这种制度的"孝"、"礼"价值观念,但没有形成一套系统的合道德、伦理、政治于一体的思想学说。这一任务是由孔子和他的弟子完成的。

从两千多年儒学发展的历程来看,儒学经历了"三盛三衰"六个时期。第一期为春秋末到战国末,经历二百多年,是儒学形成、发展时期,也是儒学的第一个兴盛期。这个时期儒家最主要的代表是孔丘、孟轲和荀况,代表作是《论语》、《孟子》和《荀子》。孔子及其弟子生在春秋末期的乱世,以其思想家的远见卓识,一方面继承和吸收了殷周时代的天命观和礼乐教化思想,另一方面创造性地从人事体悟天命,破天荒第一次提出了"仁者人也"、"仁者爱人"的思想。"仁"范畴的提出,不仅沟通了亲缘之情的"孝"与规范人际关系的"礼",还沟通了人事与天命、人道与天道。因为在儒家看来,人之所以为人,是在于有"仁心"。"仁心"来自于与生俱来的亲缘之情——"孝",因此说"孝悌也者,其为仁之本与"。而"孝"情的落实便是"仁心"的发散,就有了人伦,有了规范人际关系的礼仪制度。于是,就建立了一套以道德之"仁"为本体、以"礼"为外在规范、以人生的意义与价值为终极关怀的"仁学"理论。至此,儒家思想系统化了,并形成了儒家学派。

第二期为战国末年至汉武帝执政的近百年间,为儒学的第一个衰退期。秦始皇统一六国后,推行法家专制政治,焚书坑儒,沉重地打击和摧残了儒生,压制了儒学的发展。西汉建国后,虽然汉高祖起用儒生叔孙通等制定朝仪,文帝、景帝又解除民间藏书的禁令,并设立经学博士,使儒学有所复兴,但汉初出于休养生息的政治需要,主要是尊奉道家黄老之学。

第三期自汉武帝执政到东汉分裂为三国的三百多年间,是两汉经学的兴盛期。汉武帝采纳董仲舒、公孙弘等人的建议,采取"罢黜百家,独尊儒术"的政策,设立"五经博士"学官,设置培养统治人材的中央级教育机构——太学等。确立了经学形式的儒学新形态，继而出现了今文经学与古文经学两大学派。东汉初期，皇帝亲自主持白虎观讲经会议，钦定"三纲五常"核心价值观，使儒学从思想上与制度上取得了"独尊"地位。此为儒学之二盛。

第四期是魏、晋、南北朝、隋、唐时期的七百多年，封建王朝经历了数度分合的动荡时期，儒家思想文化受到了道教、佛教的极大冲击。魏晋时期，经学衰落，玄学大兴；南北朝、隋、唐时期，佛教逐渐完成了中国化进程而大兴，儒学虽然在纲常伦理制度上仍占统治地位，但在思想文化上缺乏活力，处于停滞、低落状态，此为儒学之二衰。

第五期为宋、元、明、清时期，历时八百多年，是儒学第三个兴盛期。两宋时期，涌现了众多的儒家思想和儒学派别，形成了由周敦颐、张载发其端，程颢、程颐成其说，朱熹集其成的理学派，以邵雍为代表的象数学派，以陆九渊为代表的心学派，以陈亮、叶适为代表的事功学派，以及王安石的"新学"和三苏代表的"蜀学"等等。元、明、清时期，儒学基本上处于"一家独尊"地位，在理论上也有创新，出现了阳明心学、明清实学等。

第六期自清末至当代，是传统儒学全面衰落和现代新儒学的酝酿重建时期。这一时期，传统儒学在各种外来新思潮的冲击与批判下，暴露了本身的许多弱点，并随着君主制度的崩溃而失去了制度依靠，从而走向全面衰落。但儒学在古今中西之争中也酝酿了思想创新。五四之前，出现了郑观应、曾国藩、张之洞等洋务派儒家和康有为、谭嗣同等维新派儒家，五四之后，则出现了梁漱溟、马一浮、贺麟、熊十力、冯友兰、牟宗三、徐复观等现代新儒家，形成了所谓新心学、新理学、新经学等新儒家学说。

中国改革开放后，出现了从多元化、民主化、全球化的时代背景出发寻求儒学定位的当代新儒学，如杜维明的"文明对话"论，刘述先、成中英的新儒家诠释学，林安梧的"后新儒学"论，牟钟鉴的新仁学论，吴光的"民主仁学"论，龚鹏程、黄玉顺的"生活儒学"论，蒋庆的"政治儒学"论，陈明、姚中秋的"新儒教"论等等。这预兆了儒学复兴新时代的到来。

如果从各个时期形成的儒学形态及其理论特点来看，则可以将传承两千多年的儒学归纳为六种基本形态，即先秦子学、汉唐经学、宋明理学、清代实学、近现代新儒学和当代新儒学。

（二）儒学的性质定位、根本精神与基本特征

对于儒学的性质，现代新儒家、非儒家或反儒家学者看法各不相同，即使在新儒家内部，见解也有很大差异。我们认为，儒学是"以德为体，以人为本，以和为贵"而集道德、伦理、政治三位为一体的道德人文主义哲学，其根本精神就是道德人文精神。在儒家看来，人之所以为人，是因为人是有道德的。人生的根本意义和价值，就体现在对理想道德境界与完善人格的不懈追求之中，所以儒学所追求的，首先在于确立道德理性。但儒学的道德理性并不是脱离社会实践的道德空想，而是对人的价值的根本性肯定，是一种以人为本的人文主义的思想艺术。儒学的道德人文主义，与西方以人权为中心的人文主义是根本不同的。

如果将儒学的根本精神定位在"伦理本位主义"，就可能误导人们只重视外在的伦理秩序和人际关系，而忽略儒学的根本价值所在。一些反儒家的学者便是这样定位儒学性质的。而将儒学定位为"道德人文主义"，就必然引导人们去发掘儒学的内在价值，指导人们树立道德理想、完善道德人格、关怀人生意义、追求人生幸福，从而有助于建立一个以人为本、多元和谐的文明社会。

儒学具有五大基本特性，即道德理性、人文性、整体性、实用性和开放性。

首先是道德理性。所谓道德理性，就是确立道德的主体性地位，人生与社会的终极理想以道德为依归。孔子说"仁者人也"、"仁者爱人"，就是讲道德之"仁"是人立于世界的根本依据。孟子说"人之异于禽兽者几希"，是讲人是有道德、有善性的。荀子说："水火有气而无生，草木有生而无知，禽兽有知而无义。人有气、有生、有知，亦且有义，故最为天下贵。"离了道德之"仁"、道德之"义"，人便与禽兽无异。所以，确立道德理性是儒学的根本特性。

其次是人文性。儒学特别强调以人为本，以解决社会人生问题为根本任务，关怀人的生死存亡。马厩失火了，孔子首先问的不是马而是有没有伤人，这就是以人为本的体现。儒学重视社会的安定和谐，追求人生的意义和价值，成就君子人格。孔子"己欲立而立人，己欲达而达人"的君子人格；孟子"穷则独善其身，达则兼善天下"以及"富贵不能淫，贫贱不能移，威武不能屈"的"大丈夫"精神；荀子所谓"权力不能倾也，群众不能移也，天下不能荡也"的君子德操，体现的都是同一种人文精神。

第三是整体性。儒学以整体宏观地把握自然、社会、人生为理性思考的方向。"天人合一，万物一体"的观念源远流长。浙江余姚的河姆渡文化遗址出土了一块"双鸟异日"（俗称"双凤朝阳"）的象牙雕饰，鸟是越民族的图腾，太阳代表自然界，它正体现了古人向往人与自然和谐统一的整体思维特色。良渚文化的羽冠、人面、兽身三位一体的玉琮也体现了万物一体的思想观念。儒家的大同就是"太和"，是追求最高的和谐境界，即整体和谐。

第四是实用性。儒学的实用性表现为经世致用、修己安人。孔子在回答关于"君子"标准的问题时说："修己以敬，修己以安人，修己以安百姓。"后儒讲内圣外王，讲修己治人，讲经世致用，都是要求将道德修养的目的落实到安定民生、治国平天下的实践事业之中，而不是空谈道德。可见，儒学是一种实用性很强的理论。

第五是开放性。这表现为重视兼容和谐、与时俱进，重视开放和变革。儒家认为"文"（文明）与"质"（质朴）的关系是辩证的。一般而言，文明的发展是由简到繁，从野蛮到文明。但文明走向一个更高层次时，往往又变繁为简。就像服装的变革一样，古人从裸体到树叶遮体到粗服便衣到长衫旗袍，直到今天的西装革履，是由简到繁、从野蛮到文明的进步。但后来，人们感到长衫不便，于是改穿短褂，现在，许多人又嫌穿西装打领带麻烦，而喜欢穿 T 恤或休闲装了。这是应时变化，取其简便。可见由简到繁固然是文明的进步，但有时候，简化却是文明发展的更高层次。儒学就是抱持文明进化的历史观看待历史的，所谓"苟日新，日日新，又日新"，正是一种开放的、发展的历史观。

（三）儒学的基本主张

在漫长的发展历史中，为了回应现实社会中出现的政治、经济、社会矛盾，回应外来思想潮流的挑战，历代儒者勤于思考，实事求是，不断进行思想创新，形成了完整的政治观、经济观、历史观、知行观、生态观。

1. 政治观

政治观指社会成员对治国理政的看法及由此形成的价值观和行为模式，它直接影响政治行为主体的政治信念、信仰和态度。儒家坚持的是一种道德人文主义学说，其核心价值观可以用"一道五德"来概括。"仁"是儒学的根本之道，"义、礼、信、和、敬"五德则是"仁"道的外化。紧扣儒学这一核心，虽然不同时期的政治观千差万别，但其根本的东西则是历久弥新的，那就是崇尚王道，主张仁政、爱民。

王道政治是为民众的利益而平治天下，将内圣作为外王的基点，在"修齐治平"这样一个递增的逻辑上实施王道、德治。孔子讲"为政以德，譬如北辰，居其所而众星共之"，落实到具体的政治形态上，则是孟子所提出的"仁政"。"仁者人也，亲亲为大"（《中庸》），可见儒家的仁政以人为根本，在亲亲、爱人的基础上扩展开来。唐代韩愈提出"博爱之谓仁"，把"仁"解释为普遍性的"爱"，从而更加凸显了仁爱和人本的特征。北宋张载提出了"民胞物与"命题，更是把爱一切人扩大到爱万物，把仁爱思想现实化为生活中的准则。黄宗羲则提出了具有民主启蒙性质的新民本思想，创立了"由民做主"的"民主君客"论的理论范式。他伸张人民主权，批判君主专制，认为君臣关系应该像师友那样平等，并倡导民治，提倡万民之法，强调藏富于民。这种民本思想也为当代政治领袖所继承，并在治国实践中体现了关注民生、爱民亲民的仁政理想。

另一方面，儒家仁政思想里也有尊崇大一统的王道观。这种大一统思想虽然有利于爱国保种，发展出中华民族的爱国主义传统，但也容易形成尊君抑民的专制传统。孔子说"君使臣以礼，臣事君以忠"，董仲舒以"屈民而伸君"为"《春秋》之大义"，显然是尊君基础上的大一统，蕴涵着思想的统一与钳制。这种王权大一统思想，经过董仲舒神化之后，往往沦为政治斗争的工具，培植了中国人的奴性与盲目性。

总之，传统儒家崇尚的是仁政王道的政治观，实质上是倡导贤人政治，其基点是践仁、爱民。但是，儒家王道思想里尊君大一统的王道观，也可能为专制政治提供辩护。我们应该全面认识传统儒学的政治观，承其利而除其弊，将仁政建立在民主的基础之上。

2. 经济观

古代儒家所谓"经济"，是"经世济民"之意。其含义十分广泛，既有治国理政、富国强兵之道，又有安定民生、发展生产之政策举措。孔子的经济观集中体现在使民"富之"而后"教之"（见《论语·子路》）和"足食，足兵，民信之"（《论语·颜渊》）的政策方略；孟子的经济观，是"以民为本"的王道政策，其具体内容，一是使民"有恒产"（《孟子·滕文公上》），二是"不违农时"、"使民养生丧死无憾"，确保"黎民不饥不寒"（《孟子·梁惠王上》）。荀子的经济观，见于其"富国"、"强国"政策。其富国政策，就在"节用裕民"四字。他说："节用以礼，裕民以政……故知节用裕民，则必有仁义圣良之名，而且有富厚丘山之积矣。"（《荀子·富国》）其"强国"政策，则在"隆礼重法"四字。他说："人君者，隆礼尊贤而王，重法爱民而霸。"（《荀子·强国》）可见荀子是提倡王霸兼用、礼法共治的经济观的。

儒家经济观的重要内容，是对民生事业的"崇本抑末"之说。春秋时期的管仲提出了"士农工商四民者，国之石民（柱石之民）"（《管子·大匡》）之说，认为四民分工不同，应各司其业，不应"杂处"，但并无本末之别。到战国时期，逐渐形成了"农本商末"、"崇本抑末"的思想观念①，而自秦汉至明清的中国君主制社会中，统治者都实行"重农抑商"的经济政策。至南宋叶适，才首次批判了这个政策。叶适认为"四民交致其用而后治化兴，抑末厚本非正论"，并主张效法春秋"通商惠工"政策，"以国家之力扶持商贾，流通货币"（《习学记言》卷十九《平准书》）。至明清之际的黄宗羲，则在《明夷待访录》中借"古先圣王"之口对"本末"问题作了颠覆性诠释。他认为，所谓为治之本，是使老百姓的行为符合礼节，而所谓末业，是那些不切民用的陋习恶俗（如铺张的婚丧礼仪）、蛊惑迷信（如信佛、信巫）、奢侈浪费（如倡优、酒肆、机坊）的行业。他批评"世儒不察，以工商为末，妄议抑之"的传统观念，进而提出了"工固圣王之所欲来，商又使其愿出于途者，盖皆本也"的"工商皆本"思想主张。这是对千百年来"重农抑商"政策的历史性批判，反映了当时新兴市民阶级要求发展商品经济的强烈要求，是儒家经济观与时俱进的历史性进步。

儒家的经济观，还包含处理义利关系的义利观。儒家所谓"义"，主要是指道义、正义；所谓"利"，主要是指眼前利益、功名利禄，或功利事业。孔子说"君子喻于义，小人喻于利"（《论语·里仁》），孟子说"何必曰利？亦有仁义而已矣"（《孟子·梁惠王上》），荀子主张先"义"后"利"，称"先义而后利者荣，先利而后义者辱"（《荀子·荣辱》），都有重道义而轻小利倾向。后世儒者关于义利问题众说纷纭。汉儒董仲舒提出"正其谊不谋其利，明其道不计其功"（《汉书·董仲舒传》）之说，虽然大致继承了孔孟义利观，但开始将道义与功利对立起来。宋代以后，"义利之辩"尤为突出。大程子程颢认为"出义则入利，出利则入义"（《二程语

① 最早提出重农抑商或农本商末思想的是法家商鞅与韩非。《商君书·壹言》提出了"事本禁末"说，《韩非子·五蠹》则以农为本、以商工为末，主张抑制"商工游食之民"。汉以后的儒家也接受了"农本商末"说，如司马迁、班固皆然：《史记·货殖列传》引计然曰："夫粜，二十病农，九十病末，末病则财不出，农病则草不辟矣……农末俱利……治国之道也。"《汉书·食货志》则引贾谊言，称："今背本而趋末，食者甚众，是天下之大残也。"师古注曰："本，农业也；末，工商也。"

7

录》），小程子程颐认为"圣人以义为利，义安处便为利"（《遗书》卷十六），强调的是道义。朱熹认为"仁义根于人心之固有，天理之公也；利心生于物我之相形，人欲之私也。循天理，则不求利而自无不利；徇人欲，则求利未得而害已随之"（《四书章句集注》），即以"义"为天理之公、以"利"为人欲之私，显然是重义轻利。南宋浙学的代表叶适批评了董说，称"'仁人正谊不谋利，明道不计功'，此语初看极好，细看全疏阔。……既无功利，则道义者乃无用之虚语尔"（《习学记言·汉书》），坚持的是源自《周易》"利者义之和"的义利统一观。朱熹批评叶适，称"浙学却专是功利……学者习之便可见效，此意甚可忧"（《朱子语类》卷一百二十三），未免有些片面。至清儒颜元则主张将董仲舒之言改为"正其谊以谋其利，明其道而计其功"（《四书正误》），则反映了清初儒者义利并重的实学倾向。作为当代儒者，应当坚持以道义指导功利、由功利体现道义的辩证义利观。

3. 历史观

历史观是人们对社会历史的根本观点、看法。儒家各派的历史观不尽相同，大致可以归纳为以下四种：

（1）历史进化论。认为社会是由低级到高级、由简单到复杂的发展过程。春秋末的孔子就曾提到"后生可畏，焉知来者之不如今也"，战国末的荀子提出"法后王"的理念，东汉王充认为"汉高于周"、"今胜于古"，都是历史进化论思想。西汉今文经学家董仲舒阐发《春秋》"微言大义"，首倡"公羊三世"说，认为："《春秋》分十二世以为三等：有见、有闻、有传闻。"（《春秋繁露·楚庄王第一》）东汉的何休进一步解说了《公羊春秋》的"三世"概念。清代刘逢禄发展了"公羊三世"说，认为"春秋起衰乱，以近升平，由升平以极太平"。康有为则明确把公羊三世、小康、大同与西方进化论思想融合在一起，认为人类社会历史是沿着据乱世—升平世—太平世的轨道进化的，主张由君主专制到君主立宪，然后再到民主共和，进而达到"太平大同"的最高阶段。

（2）历史循环论。持这一看法的人认为人类社会的发展过程是周而复始的轮回，否定螺旋式上升的发展。孟子曾云："五百年必有王者兴。"（《孟子·公孙丑下》）汉代董仲舒则在继承邹衍的"五德终始"说基础上提出了"三统"循环的历史观。"三统"指的是黑统、白统和赤统，历史的发展规律是此三统交替循环。他认为每一统都有相应的改制之举，如夏王朝是黑统，商是白统，而周则是赤统，三统依次循环。北宋邵雍提出"元会运世"的宇宙终始之数，用元、会、运、世、岁、月、日、辰来计量时间，一元之数终结，新的一元开始复起，往复循环。朱熹也提出过："气运从来一盛了又一衰，一衰了又一盛，只管恁地循环去"（《朱子语类》卷一），认为人类社会历史同样是"终而复始"的循环运动。

（3）英雄史观。把个别英雄人物夸大为历史主宰者，忽视人民群众是创造历史的主体。孟子"五百年必有王者兴"一句，历史循环论之外还含有英雄史观的意味。他提出"劳心劳力"说，认为"劳心者治人，劳力者治于人"。荀子也同样非常重视君主的作用，认为治乱不在天、不在地，而在于人君。韩愈则更明确提出圣人治国的圣人史观。至于龚自珍，则从王阳明心学和佛教的基础上进一步夸大了"心力"作用，认为"心无力者谓之庸人"（《壬癸之际胎观第四》），圣人的心力可以创造一切，就连天地都是心力创造的。

（4）朴素唯物史观。先秦时期，就有朴素唯物史观的因素。孟子有"不违农时"（《孟子·梁惠王上》）之说，荀子有"天人相分"的论点，主张"制天命而用之"（《荀子·天论》）。柳宗元认为从封建制到郡县制，是历史发展的必然趋势，社会制度的沿革"非圣人之意也，势也"（《封建论》）。王夫之继承发展了柳宗元的历史观，提出了理、势结合的历史观，肯定人是自然界的最高产物，是文明的主体，社会是依靠人类的劳动以及通过改造自然和社会的斗争不断前进发展的过程。

儒学在当今社会迅速发展，其历史观也随之变化发展，并不是一成不变的。尤其是受到社会进化论和马克思主义唯物史观影响的新儒家，他们的历史观与传统儒家的历史观已有很大不同，对此应作实事求是的具体分析，不能一概而论。

4. 知行观

在"知"与"行"的关系问题上，儒家有较为深入的探讨。大体上有知先行后、知易行难、知行并进、知行合一等说法。

《伪古文尚书》中记载了傅说对商王武丁说过"非知之艰，行之惟艰"的话，反映了先秦时期已有"知易行难"说。孔子较多地论述了"知"与"行"，他认为人有生而知之、学而知之、困而学之三种，主张"君子欲讷于言而敏于行"（《论语·里仁》），看来是主张以行为本的。继承了孔子以行为本的思想，《中庸》提出"好学近乎知，知耻近乎勇，力行近乎仁"、"博学之，审问之，慎思之，明辨之，笃行之"等命题，强调"力行"与"笃行"。荀况提出"君子博学而日参省乎己，则知明而行无过"的命题，有主张"知行合一"的倾向。但先秦儒家还没有系统的知行观。

汉代王充以"效验"论驳斥先验论，认为所有人都是"学而知之"

的，即便是圣人也不能"神而先知"或"生而知之"；知识的真伪必须通过事实的检验才能证实即所谓"事有证验，以效实然"（《论衡·知实篇》），但他对知行关系尚无深论。南宋朱熹提出了"知行相须"、"知先行重"的观点，认为"知行常相须，如目无足不行，足无目不见。论先后，知为先；论轻重，行为重"（《四库全书》子部，《御纂朱子全书》卷三）。明代王阳明提出了"知行合一"说，即以"良知为知"，"致良知为行"，主张"即知即行，即心即物，即动即静，即体即用"（黄宗羲《明儒学案·师说》转引）。明清之际的黄宗羲则继承发展了王阳明的"知行合一"说，认为"心无本体，工夫所至，即其本体"（《明儒学案序》），即认识是一个过程，本体是在认识过程中逐步呈现的，"致字即是行字，必以力行为工夫"，从而提出了比较系统的"力行"哲学。与黄宗羲同时代的王夫之批判了朱熹的"知先行后"说和王守仁的"知行合一"说，提出了"行可兼知，而知不可兼行"、"知行相资以为用"（王夫之：《礼记章句》卷三十一《中庸》）的论断。

但从本质上说，传统儒家的知行观不同于西方的知识论，它更重视的是道德实践，是一种道德论而非知识论。

5. 生态观

儒家生态观体现在其"天人关系"理论系统中，基本思想可以用"天人合一"、"万物一体"、"和谐用中"、"生生不息"四句话来概括，而其核心是"万物一体"论，其策略原则是"和谐用中"。

孔子对于天人关系论说不多，但他是主张敬畏天命、以德配天的，认为君子应当"畏天命"、"知天命"，认为"获罪于天，无所祷也"。孟子的"万物皆备于我"、"尽心知性则知天"的思想，《中庸》所谓"能尽人之性，则能尽物之性……则可以赞天地之化育，则可以与天地参"的思想，也是与孔子思想一脉相承的。至宋儒张载，则将先秦儒家的"天人合一，万物一体"思想进一步阐发为"民胞物与"的道德人文主义思想，并且首次明确提出了"天人合一"的范畴概念。宋儒周敦颐的《太极图说》以生动的图像和简洁的文字阐发了天人关系的哲理，强调了天道（极）的运动变化而产生万物、形成万物之性，而"唯人也得其秀而最灵"，并强调了"圣人与天地合其德、日月合其明、四时合其序、鬼神合其吉凶"的思想，阐明了天道之阴阳、地道之柔刚、人道之仁义辩证统一的道理，从而更完整精致地体现了儒家文化中"天人合一"、"万物一体"的思想传统。"生生不息"的思想始见于《周易》。《周易·系辞上》说："日新之谓盛德，生生之谓易。"就是讲天道之大德既是生生不已，又是日日更新的。这表现了儒家的生态观是一种开放性的思想，它强调的是宇宙万物发展的无限可能性，而不是把宇宙万物看作封闭的循环往复的过程。正因如此，在中华文明发展史上，大多数儒家思想家在坚持"天人合一"、"和合中庸"指导思想的同时，仍然具有一种进取向上的奋斗精神，即所谓"天行健，君子以自强不息"的精神。

传统儒家的"万物一体，和谐用中"生态观，是一种主张适度开发自然资源的和谐发展生态观，较之法家"尽地力之教"的"竭泽而渔"式生态观更有利于人类的永续发展，较之道家"自然无为"的生态观更多一些进取精神。在人类生活日益富足、生存环境灾变频仍、自然资源有时而竭的背景下，无限制的发展已不再是"硬道理"，儒家的和谐发展生态观就愈益显示出重要的现实意义和深远的历史意义。

（四）儒学的核心价值观

儒学在本质上是"道德人文主义"哲学，它强调确立普遍内在的人类道德主体性，同时极为重视社会问题的解决和对人生意义价值的肯定。从孔子奠定儒学的理论基础、创立儒家学派以来，经过历代儒者的阐明与发展，形成了一整套儒学价值观的观念体系。历代儒者对儒学价值观的认识与概述代有异同，其中既有历久弥新的常道，也有与时俱进的变道。

1. 儒学核心价值观的表述代有异同，有常道，也有变道

每个历史时期都有不同的时代条件，再加上阐释者自身的主观因素，因而，不同儒者在不同时期对儒学核心价值观的表述不尽相同，强调的重点也有所不同。但是，其最核心的"仁"这一价值观念则是常道，是历久弥新的。

据《论语》所载，孔子提出了 20 多个价值范畴，如：仁、义、礼、知、圣、孝、悌、忠、信、中、和、恭、敬、宽、敏、惠、温、良、俭、让、勇等，其中，讲得最多的就是"仁"和"礼"。孔子的核心价值观可以概括为"仁本礼用"。仁与礼为里表关系。仁是礼的内在依据，而礼是仁得以实现的外在形式。"仁者人也，亲亲为大；义者宜也，尊贤为大。亲亲之杀，尊贤之等，礼所生也。"（《中庸》）爱是有差等的，从爱身、孝亲、敬长一步步向外推演，以至达到治国平天下的目标。这种仁的差等性内在地含有了礼的意蕴："克己复礼为仁"，克制个人的欲望，使自己的一切活动都符合礼的规范，也就达到了仁的境界。仁表现为内在的道德自觉，而礼表现为外在的制度规范，是仁的外显形式及实现仁的手段，表面看来二者之间有很大张力，但孔子使之和谐统一。从深层次上讲，二者同时指向君子人格，以期达到内圣外王。子思主张以"仁、义、礼、智、圣"为核心的"五行"说，又有以"圣、智、仁、义、忠、信"为核心的"六德"说。孟子继承了孔子、子思的仁学思想并有所发展，其核心价值观念是"仁义礼智"四端之心，认为"仁义礼智根于心"。荀子推崇孔子，肯定和继承了孔子所提出的"仁、义、礼、乐、恭、敬、忠、信"等基本价值观。介于孟子和荀子之间的稷下儒家提出了"礼、义、廉、耻，国之四维"的核心价值观。后儒在坚守"三纲五常"核心价值观之外，或以"孝、悌、忠、信"与"礼、义、廉、耻"合为八德，作为儒家的道德准则。①

西汉中期汉武帝时，儒学核心价值观发生了重大变化。以董仲舒为代表的汉儒阐发孔子的"微言大义"，并融合了法家韩非的三纲思想和道家黄老学的阴阳尊卑思想，提出了"三纲五常"理论。"三纲"即"君为臣纲，父为子纲，夫为妇纲"，"五常"指的是"仁、义、礼、智、信五常之道"。到了东汉由皇帝钦定的《白虎通义》模式化了"三纲五常"，使其符合封建统治者维护纲常伦理、稳定社会秩序的政治需要。至此，"三纲五常"成为贯穿整个封建社会的儒家核心价值观，但它实际上已经偏离了先秦原儒"以人为本，以德为体"的道德人文精神，沦为为君主专制统治服务的工具。直到辛亥革命推翻帝制，五四运动提倡民主、科学以后，"三纲"思想由于不再适合时代要求而被淘汰，但"五常"并没有丧失其历久弥新、与时俱进的价值，而得以保留下来，并在新的历史时期扮演了核心价值观的角色。

2. 一道五德：当代儒学核心价值观之我见

20世纪初的辛亥革命及其后的五四新文化运动以后，儒家"三纲五常"价值观在中国受到"彻底批判"，从西学引进的"民主与科学"价值观成为时尚新潮流。1949年建立中华人民共和国以后至1979年，中国崇尚的是"大公无私"的共产主义价值观。1979年中国改革开放以来，儒家的价值观念重新受到民众的反省、尊重与接纳。在当今全球化的时代背景下，如何重新认识和推广儒学核心价值观是个相当紧迫的问题。

---

① 朱熹《漳州龙岩县学记》曰："所谓圣贤之学者非有难知难能之事也，孝弟忠信礼义廉耻以修其身，而求师取友颂诗读书以穷事物之理而已。"（载《四库全书》集部别集类，《悔庵集》卷79）又，明代商辂《政务疏》曰："古者人生八岁入小学，教之孝弟忠信礼义廉耻之事，以正其心术。"（载《四库全书》史部诏令奏议类，《商文毅疏稿》）

　　我们认为，"仁"是儒学价值观中最根本、最具普遍意义的道德范畴，是儒家的根本之道。"仁"是具有情感性、普遍性、族群本位性并可以付诸实践的儒家核心范畴。孔子说"我欲仁，斯仁至矣"，即指"仁"是内在于人的心理自觉而外化为人的道德行为。"仁"的内涵既丰富又历久弥新：第一，指有"亲亲"、"孝悌"等基于血缘亲情的家庭道德情感；第二，指立足于人性之善而产生的"泛爱众而亲仁"的社会道德情感，又是一种具体的做人原则和治国之道；第三，指实践仁道的人。"仁者，人也"，所谓"仁者"，就是人之所以为人的道理所在。实质上，"仁"就是以人为本，尊重人的生存权、发展权，强调人的道德自觉，由此发展出从民本走向民主的道德人文精神。

　　"义、礼、信、和、敬"是当代儒家最应提倡的五常大德，是仁的体现。"义"本义指合宜，即合于仁的行为，是"仁"的外延与扩充，是介乎仁与礼之间的道德原则。"义者宜也"，基本含义就是追求合理、适时、正义、公正、公平。"礼"首先是德性原则，它是内在仁心、善性的外在表现，所以孔子主张"克己复礼为仁"。同时，它还是规范人际关系、区分社会等级差别的准则与制度。《礼记·曲礼上》说："夫礼者，所以定亲疏、决嫌疑、别同异、明是非也。……道德仁义，非礼不成；教训正俗，非礼不备……君臣上下、父子兄弟，非礼不定。""礼"还有敬、让、忠等多重含义。"信"指的是诚信，"诚"指的是真实无妄，"信"就是守这个"诚"，强调的是实事求是、尊重客观实际和信守礼法的精神。"诚信"是立身之本，也是立业、立国之本。"和"即中和之道，强调的是不走极端，人与自然、人与社会、人与人的共生、共荣。"执其两端，用其中于道"，是一种辩证的、和谐的思想方法与工作作风。《中庸》说"中也者，天下之大本也；和也者，天下之达道也。致中和，天地位焉，万物育焉"，《论语》说"礼之用，和为贵"、"君子和而不同"等等，都以"和"为大德。"敬"源于仁、合于礼，是一种行为态度，其内涵极其丰富：一指敬天，即敬畏天道，尊重客观，追求"天人合一、万物一体"的整体和谐局面。二指敬人，包括敬祖、敬师、敬友。敬祖即敬畏祖宗，孝敬长辈。孔子曾说人与犬马之"养"的不同在于人怀"敬"，才是真正的"孝"。敬师者必重文德，好学深思，而敬友者重视人际和谐，团结互助。三指敬事、敬业，就是要树立良好的职业道德，兢兢业业做事，从而建立事功业绩。

　　概言之，当代儒学核心价值观可以概括为以"仁"为根本之道、以"义、礼、信、和、敬"为五常大德的"一道五德"价值观。

3. 儒学核心价值观的现代性与普世性

当今社会正处于全球化的进程当中，在全球化、现代化过程中出现了一系列的问题，如：生态失衡、环境污染、信仰迷失、道德滑坡、贪腐成风等等。这些弊病，有些可以通过科学或法制的手段来解决，但是，"心病还须心药医"，现代精神危机背后隐含的深层价值观问题只能通过道德人文教育的方法去化解。所以，时代正在呼唤新时代的儒学精神。儒学是有崇高道德理想的人文主义哲学，其核心价值观有强大的感化力，能适应这个时代道德重建的要求，其核心价值观日益显示出它的现代性与普世性。

儒学的核心价值观具有现代性。现代社会的人际关系冷漠而且紧张，为富不仁、见利忘义事件时有发生。国家和民族的分裂、种族歧视、宗教冲突、恐怖主义等等，问题丛生。人与自然的关系也空前紧张，地震频发、飓风肆虐、气候异常等等，大自然在用它特有的方式警示人类。这种情势下，就需要我们进一步转换价值观，运用儒家道德人文精神去构建新的价值体系。"仁"是儒学的核心价值，"仁者爱人"，主张"己所不欲·勿施于人"的"忠恕"之道，以"仁"的情怀构建和谐社会，人与人之间互相尊重，相互关爱，和而不同，讲求诚信。对自然界有敬畏之心，坚持"万物一体"的理念和可持续发展的方针，以求人与自然、人与人的和谐共生。

中国人的衣、食、住、行、风俗、习惯等等都深受儒学价值观的影响。例如，就以"人"的定义而言，科学的视角把人的特征描述为：直立行走、能创造和使用工具、会劳动、有语言的高级动物。然而，中国人说的"是人"或"不是人"却不是这个意义上的"人"，而是一个道德意义上的价值判断，这个判断是以仁、义、礼、智、信等核心价值观念为平台的。"仁者人也"、"人之异于禽兽者几希"、"人有气、有生、有知，亦且有义，故最为天下贵"，这就是孔孟荀关于"人"的价值判断。那些无良企业搞三聚氰胺、苏丹红、假鸡蛋等等，用的是科技，使用了工具，也有劳动，会讲话，但在儒家看来，这些奸商就"不是人"，因为他们没有道德廉耻。这最普通的一句话，表明儒学的仁义道德理念，已根植于人们的日常生活之中。

再拿中国典型的建筑四合院来讲，家长住正房，兄弟子侄住侧房或耳房。在住房位置上体现了长幼有序的"礼"。四合院围墙高大，与外界联系甚少，一家人在院内其乐融融，享受天伦之乐和四季美景，是个人和社会和谐发展的基础。另外，遍布中国的文庙以及历代圣贤祠庙塑像、忠孝节义牌坊、碑匾等，都是儒家道德伦理观念的体现。而祭祀、婚丧以及民间的重要节日，或受儒家天命观、孝礼观的影响，或受儒家忠君爱国思想的影响，都打上了儒家价值观的烙印。以中国的春节为例，每每春节将至，在外的游子通宵达旦排队买回家的车票，在家的父母早早准备好孩子喜欢的食品翘首以待。一部《人在囧途》刻画了活生生的春节回家辛劳图。很多外国人不理解，为什么这么辛苦非得往家赶？这其实是中国文化在老百姓血脉中的典型体现。一个简简单单的春节，蕴涵的是父慈子孝、和谐美满、迎春祈福等丰富的文化内涵。再以经商理念而言，当代浙商在明、清、近代徽商、晋商之后独领风骚，就和儒家敢为人先、勇于创新、实事求是、吃苦耐劳、坚守诚信的观念分不开。其灵活应变、竭诚服务、有容乃大的精神又是"智"、"仁"、"勇"观念的体现。

中国自改革开放以来，提出了"建设中国特色社会主义"的理论，坚持"实事求是"的思想路线，进而提出"以德治国"的方针，建立"小康社会"、"和谐社会"、"和谐世界"和"中国梦"的目标，提倡以"八荣八耻"为主要内容的"社会主义荣辱观"和24字"社会主义核心价值观"。"建设中国特色社会主义"首先要抓住"中国特色"，而中国特色首先就是传承了数千年的以儒学为主导的中华优秀传统文化。例如，"实事求是"最早出自《汉书·河间献王传》，班固称赞河间献王"好学修古，实事求是"。而"八荣八耻"荣辱观可以说是儒学"仁义礼智信"加"忠勤廉"八德的现代版：其"热爱祖国"即"忠"，"服务人民"即"仁"，"崇尚科学"即"智"，"团结互助"即"义"，"诚实守信"即"信"，"遵纪守法"是"礼"，"辛勤劳动"即"勤"，"艰苦奋斗"即"廉"。而24字社会主义核心价值观中的"富强、文明、和谐、公正、爱国、敬业、诚信、友善"16字就直接来源于中华传统文化的价值观念。这说明儒学核心价值是适应现代生活需要因而具有现代性的。

儒学核心价值也具有普世性。当今世界正处在经济全球化、社会民主化、文化多元化、价值观念趋同化的进程之中，文化传播的手段与方式日益多样化、世俗化，不同质文化的相互碰撞、沟通、交流日益频密，从而形成了文化兼容、价值互补的形势。在这种大背景下，虽然人类在短期内还不可能建立一个全球统一的价值观，但一些原本根植于西方或东方的价值观念，正在跨越国界而日益为全人类普遍认同、接受。例如，原本根植于西方的自由、民主、人权、法治、平等、博爱等价值观念已经被全人类认同而成为普世价值，而原本根植于东方儒家文化的核心价值观念，如仁爱、民本、礼义、和谐、诚信等，也是经过数千年文化变迁和社会实践证明是有利于人类生存发展及社会进步的精神财富，且已突破地域的界限而日益成为全人类的普世价值。在全球性经济危机的大环境下，西方人士纷纷把目光东移，他们希图从中国的发展模式和价值理念中寻求解决问题之道，为其所用。甚至有个叫乔舒亚·库珀·雷默的美国知名学者撰文提出所谓"北京共识"的概念，将中国的快速发展模式视为发展中国家的典范，甚至提出"应该加快从强权政治向道义政治的转变"的问题。作者指出，北京共识的定义是"锐意创新和试验，积极地捍卫国家边界和利益……既讲求实际，又是意识形态，它反映了几乎不区别理论与实践的中国古代哲学观。……求变、求新和创新是这种共识中体现实力的基本措辞"①。如果把他的"北京共识"关键词对应于"中国古代哲学"术语，则可以概括为自强不息、变化日新、爱国主义、务实创新、知行合一等中华民族的基本精神。这有力地证明了以儒学为主导的中华优秀传统文化的核心价值是既有现代性也有普世性的。

诚然，儒学的核心价值具有普世性，但并非一成不变的、僵化的教条，而是与时俱进、活泼日新的精神理念。当中国崛起于世界民族之林之际，我们切切不可盲目自大，而应深入认识中西文化的互补性，摒弃那种"唯我独尊"的霸权主义逻辑。未来的世界是一个多样化社会共存并进的世界，未来的世界文化也将是一个多元文化沟通互补、和而不同的格局。儒学的核心价值观也将在与其他异质文化的沟通交流中吸取其精华，实现多元和谐，共同为现代社会服务。例如儒学传统的"仁本礼用"价值观，完全可以吸纳和融合西方民主、法治、科学等价值观念，而改造成为适合新时代需要的"民主仁爱为体，礼法科技为用"的当代新儒学的核心价值观。②

总之，现代社会的发展正在呼唤儒学的核心价值，期望运用儒学的道德智慧去解决或消除人类的精神疾病和社会弊端。而作为"以道自任"的儒者，也应该具有自觉担当的精神，为全人类的发展尽职尽责。

（五）儒学的社会功能与历史影响

儒学作为中国传统社会的显学，具有举足轻重的历史地位。习近平同

---

① 引自 www.douban.com（豆瓣小组网站）2009 年 6 月 16 日发布的研究报告《北京共识》中译文。该文作者是美国《时代》周刊高级编辑、美国著名投资银行高盛公司资深顾问兼清华大学客座教授乔舒亚·库珀·雷默（Joshua Cooper Ramo）。原文首先于 2009 年 5 月 11 日在英国外交政策研究中心发布。

② 参见吴光著、张宏敏编：《从道德仁学到民主仁学——吴光说儒》，99～120 页，贵阳，孔学堂书局，2014。

志指出："从历史的角度看，包括儒家思想在内的中国传统思想文化中的优秀成分，对中华文明形成并延续发展几千年而从未中断，对形成和维护中国团结统一的政治局面，对形成和巩固中国多民族和合一体的大家庭，对形成和丰富中华民族精神，对激励中华儿女维护民族独立、反抗外来侵略，对推动中国社会发展进步、促进中国社会利益和社会关系平衡，都发挥了十分重要的作用。"以下分别就儒学在传统中国的社会功能和广泛影响两个方面，论述其历史地位。

1. 儒学的社会功能

儒学是中国历史上的国家意识形态，它的功能比较强大，具备道德、政治和法律、信仰三位一体的社会功能。尤其是从两汉至明清儒学被奉为官学之时，其功能发挥得淋漓尽致。

（1）道德功能

儒学最根本的功能是确立道德的主体性，它向人类昭示了人之所以为人的根本价值就在于人的道德性，"仁者，人也"，是说人之所以为人是因为有道德自觉。首先，儒学促进了社会精英道德自我意识的觉醒。儒者自觉担负起了修身齐家治国平天下的社会责任和道德义务，他们以天下为己任，具有忧患意识。其次，保持了相对稳定的以家庭为单位的社会结构，有利于社会的稳定及生产力的不断发展。再者，促进了中华民族仁爱、和谐、厚德、诚信、自强、爱国等民族精神的形成，为中华优秀传统文化自觉地注入了道德人文精神。

（2）政治和法律功能

儒学的政治功能表现为为当政者提供治国理念和政治思想，如王道论、仁政论、德治论、民本论、纲常论等等。汉代独尊儒术，此后儒学成为国家意识的主导，得以制度化和法律化，比如"孝"，本属道德伦理范畴，但在中国历史上，不孝曾被定为十恶不赦的大罪，"孝"就成了法律规范。

（3）信仰功能

儒学崇拜祖先、天命，讲究敬天、敬祖。儒者从祖先和圣贤的言行获得生活的勇气和行为的启示，带有信仰性、超越性和宗教性。孔子讲"朝闻道，夕死可矣"，就是对"道"的强烈信仰。

儒学的社会功能是随着社会的发展而不断变化的。在中国历史上，儒学对中华民族产生了巨大影响。尤其是儒学作为国家意识形态，对中国的影响更是涉及方方面面。从意识形态到治国纲领，从日常起居到内在品格，无不受到儒学的影响。当今时代背景下，社会飞速发展的同时，也带来了一些问题。面对现实，在寻求解决之道时，人们将能从儒学中发掘精华，在治国实践、道德教育、精神信仰、生活习俗等方面得到启示。

2. 儒学在古代世界的影响

儒学成为传统中国的官方意识形态之后，由于中国在古代世界的超级大国地位，而获得了世界性影响，毫不夸张地说，整个东亚区域的历史文化发展进程都与儒学密切相关。

无论从理论上还是从事实上看，儒家文化在东亚社会现代化实践中都起着重要作用。儒家文化有三个基本组成部分，即道义学理、制度文物和礼仪风俗。道义学理指的是儒家根本之道所蕴涵的意义以及儒家之学的基本理论，是儒家文化的精神基础。制度文物是指在儒家理念指导下建立的社会政治制度，包括体现社会等级划分的法律制度、官僚制度、管理制度、教育制度等等，以及受儒家理念指导或影响的各种文学艺术作品，如散文、诗词、戏曲、小说、绘画、雕刻、建筑等等。这些制度文物构成了儒家文化遗产的重要方面。礼仪风俗是指在儒家理念影响下形成的处理人际关系的规范化制度（礼仪制度）和民间习俗。特别是民间习俗，或许是儒家文化中最顽强、最有生命力的东西了。

在走向现代化的东亚社会中，封建的政治经济制度已经成为历史的遗迹，因此构成传统儒家文化内容之一的"制度文物"已被淘汰了很大部分。但构成传统儒家文化的三个基本组成部分并未随着社会现代化而消失，而是在各个方面继续起作用，特别是在观念形态领域里更是这样。这种作用大体表现在以下四个方面：

在价值观方面，儒家一向提倡"群学"和"天下为公"，把社会群体利益置于个人利益之上。在长期的历史熏陶下，东方民族中确实形成了社会群体利益高于个人利益的集体主义价值观。这对战后日本社会的重建、日本现代企业的发展以及新加坡、中国台湾地区的社会现代化起了积极的作用。而在中国，这种传统的集体主义价值观经过社会主义公德的洗礼之后，就更加成为全民的普遍价值观为人们所接受，并在现代化建设中发挥出巨大作用。

在道德观方面，传统儒家以"仁"为核心的道德本体说及其义、礼、和、敬、孝、悌、忠、信等道德观念，已深深扎根在东方民族的道德心灵中。儒家的仁爱观念在培养现代人的道德自觉、维护人格尊严、体现人生价值方面的作用是明显的。在东亚社会现代化进程中，儒家的忠信观念已转化发展成忠于国家、忠于人民、忠于职守和信守道义、信守承诺、信守合约之类的新道德。这些从旧道德转化而来、被充实了时代新内容的道德观念在东亚社会现代化进程中有其积极的作用。

在伦理观方面,传统儒家以君、父为中心的纲常伦理学说及其影响下的专制观念、家长制作风,在现代东方社会中确实还有程度不等的存在,它对于现代化起着消极阻碍作用,是应当加以批判和淘汰的。然而,儒家伦理观中不仅仅是这些东西,其中某些处理社会人际关系与家庭成员关系的观念(如孝、慈、敬、爱等)在以家庭为基础的东方社会中仍然有积极作用,它是保持家庭和睦、人际友爱、社会稳定的重要因素。

在礼仪风俗方面,现代东亚社会也深深打上了儒家文化的烙印。中国向称礼仪之邦,至今仍然保存着许多古代流传下来的礼仪制度和民间风俗,其中有不少与儒家文化密切相关。如春节、端午、中秋、重阳等节日,反映了儒家爱国、敬长的优秀传统,长期以来都是中国与东亚邻国与海外华人的重要节日,值得继承与弘扬。韩国将"端午祭"申请为联合国保护的非物质文化遗产,这正反映了儒家文化对韩国的深远影响,中国人大可不必大惊小怪或痛心疾首。

20世纪60年代至80年代,日本和亚洲四小龙(韩国、新加坡、中国台湾、中国香港)在经济、社会发展方面取得了突飞猛进的进步,创造了令人惊叹的"东亚现代化模式",此模式对中国现代化道路的启示主要有三点:第一,建立有竞争的市场经济体制是实现现代化的必由之路。我们在现代化建设过程中,应该借鉴和学习发达国家的市场经济和科学管理的经验。第二,严格的法治是实现政治稳定、经济良性发展的基本保证。日本、新加坡和中国香港地区,在政治民主化方面相差很大,但它们却有个明显的共同点,即都是比较完整意义上的法治社会,这是其社会具有活力的重要保障。第三,儒家道德人文精神在东亚社会现代化中起了积极的促进作用。日本与亚洲四小龙在文化传统上都属于儒家文化圈。在东亚社会现代化过程中,儒家文化中那些强调君臣、父子、夫妇依附和服从的伦理观念和礼仪制度是需要批判甚至淘汰的,但这些外在的伦理关系并非儒学的本质。儒学的本质是以"仁"为核心价值的道德人文主义,这在培养东亚公民仁爱互助、集体主义、爱国爱家、刚健有为的精神方面起了重要作用,在我国现代化建设中是值得继承和发扬的。

(六)儒学在 21 世纪的现实价值

习近平同志指出:"当代中国是历史中国的延续和发展,当代中国思想文化也是中国传统思想文化的传承和升华,要认识今天的中国、今天的中国人，就要深入了解中国的文化血脉，准确把握滋养中国人的文化土壤。"可以肯定的是，儒学在 21 世纪的中国仍具有强大的生命力，必定成为滋养中国人的文化土壤与精神食粮。那么，如何认识儒学在 21 世纪中国的现实价值呢？

1. 儒学的仁政、德治思想可提供治国理政的丰富思想资源

"以德治国"的主张是历代儒家所提倡的政治理想，其基本含义有三：一是正己正人、推己及人；二是以民为本、修德爱民；三是推行仁政、以文化人。传统儒家的"德治"是与"礼治"融为一体、相辅相成的。孔子说："为政以德，譬如北辰，居其所而众星共之。"（《论语·为政》）又说："道（导）之以政，齐之以刑，民免而无耻；道之以德，齐之以礼，有耻且格。"（《论语·学而》）这是儒家的理想治国方略。孟子继承了孔子的"德治"思想，进一步发展出"仁政"学说，强调"以力假仁者霸，以德行仁者王"。而孟子"仁政"的具体内容是"省刑罚，薄税敛"、修习"孝悌忠信"、"不嗜杀人"、"以德服人"以及"正经界"、"均井田"、"平谷禄"等等政治、经济政策（本段引孟子文分见《孟子》之《公孙丑》、《梁惠王》、《滕文公》诸篇）。此后的荀子主张"王霸兼用"、"隆礼重法"，董仲舒主张"德主刑辅"，程朱主张"万物一体之仁"，王阳明主张"致良知"，都继承了儒家"德治"、"仁政"的思想传统。

"以德治国"的思想也成为现代中国执政者治国理政的重要战略，习近平同志在 2013 年 11 月 26 日视察曲阜的讲话指出："国无德不兴，人无德不立。"在 2014 年 2 月 13 日在主持中央政治局第十三次集体学习时强调，"要挖掘、阐发中华优秀传统文化讲仁爱、重民本、守诚信、崇正义、尚和合、求大同的时代价值"。这体现了当代中国执政者对儒家仁政、德治思想的继承与发扬，也正说明了儒家的仁政、德治思想为现代中国的治国理政提供了思想资源。

现代中国社会毕竟不再是德礼共治、独尊儒术的时代了，而是进入了民主法治的新时代。在这样的时代背景下，儒家的治理思想如何为现代治理战略提供借鉴？这主要体现在如何认识和处理德与法的关系方面。实际上，孟子早就论述过"德"与"法"的关系，指出"徒善不足以为政，徒法不能以自行"（《孟子·离娄上》），意思是只有善德而不能通过法度去推行是不足以治国理政的，只有良法而不能在善德指导下去施行，则良法亦不能独自顺利推行。究其实，所谓"德"，首先是社会群体的核心价值观，是群体的道德理想与精神追求，也是个体的道德自觉与价值观、人生观；所谓"法"，是最基本的社会公德的规范化、制度化，是人人必须遵守的道德底线。"法"源于德而规范公共之"德"，"德"合于法而高于现行之法，并指导着"立法"的精神方向。从这个意义上说，德与法的关系是一种体用关系。在这个体用关系中"德"是根本之"体"、是治道之"本"，"法"是制度之"用"，是治理手段，因此可以概括为"德本法用"。但德治与法治作为治国的方略与手段都是十分重要的，二者缺一不可、相辅相成。明白了德与法的体用关系与辩证关系，则执政者在治理实践中就应该自觉坚持德法共治、民主仁政的治理方向。

2. 为当代反腐倡廉提供思想文化资源

廉政，是古往今来清明政治的重要内容，也是儒家思想家的崇高理想。廉政文化，属于政治文化范畴。孔子说"政者正也"（《论语·颜渊》），则"廉政"就是"廉正"，是指公正廉明的政治局面和政治氛围。这种政治局面和政治氛围的形成，是与官吏的廉德密不可分的。廉政文化，是以廉洁公正为根本内容的文化传统、文化形态与文化精神，主要是指赖以建立公正廉明政治局面和政治氛围的思想、精神、制度、风俗及人文素质。

儒家创始人孔子以及孟子等历代大儒，既是廉政理论的倡导者，也是廉政文化的实践者。孔子所谓"政者正也"一语，是千古不易的真理。他的"仁者爱人"、"修己以敬"、"修己以安百姓"、"礼，与其奢也宁俭"等主张，就包含了丰富的廉政思想。孟子基于"民贵君轻"的民本思想，提出了"君民同忧乐"的廉政思想。《管子·牧民》篇以礼、义、廉、耻为维系国家生存发展的"四维"（四大精神支柱），称"四维张则君令行"、"四维不张，国乃灭亡"，四维的功能是"礼不逾节，义不自进，廉不蔽恶，耻不从枉"。在这四德中，"廉"实际上处在核心地位。可以说，儒家以"礼义廉耻"为准则的政治文化，就是以廉德为核心的廉政文化。

尽管在中国长期封建社会中，由于阶级社会的固有本质和专制主义意识形态的流毒，社会政治局面往往是衰世长而盛世短，官场中往往是清者少而浊者多，廉者寡而贪者众，但真儒、清官、廉吏依然不绝如缕，从而形成了中国传统政治文化中的一股清流——儒家廉政文化传统。历史上的清官廉吏，大多是儒家政治人物，如唐代名臣魏徵、狄仁杰，北宋名相范仲淹和清官包拯，明朝清官海瑞、刘宗周等，不胜枚举。他们拥有廉洁正直、敢言直谏、谨守礼法、为民请命、大义凛然、不爱钱、不怕死等优秀政治品质。古人云"廉吏足以为民之仪表"，信哉斯言！廉吏的表率作用，不仅在于他们的廉洁，更在于他们怀有一颗敬德爱民之心，在于他们以民为本、公正无私、刚正不阿的处世风格。

中国从改革开放到和平崛起，经济高速发展，社会长足进步，人民安居乐业，政治基本清明。然而，在全国各地，依然普遍地存在着道德沦丧、党风不正、官吏贪渎、人欲横流的腐败现象。在种种腐败现象中，危害最大的是执政者的吏治腐败，是"国殇"；而潜在性危害最大的是学术腐败，即知识分子社会良知的丧失，是"心殇"。因此，在中国现代化进程中反对腐败、加强廉政建设是当今政治的当务之急。而儒家丰富的廉政思想资源可为当代廉政文化的实践提供重要的启示和借鉴。例如勤政爱民、鞠躬尽瘁、廉洁奉公、淡泊明志、任劳任怨、慎独自律、以身作则、实事疾妄、刚正不阿、清正敢言、严惩贪官、设立言官等思想、行为与制度，都值得我们继承与发扬。

3. 对当代生态文明建设的借鉴意义

儒家生态观的当代意义包括两大方面，一是保持人与自然的和谐统一，追求"天人合一，万物一体"的自然生态文明；二是保持人与社会、人与人之间的人文生态文明，追求建立一个多元和谐、互利共赢的新世界。

在开发自然资源方面，主张爱惜资源、取用有节、禁发以时、适度开发的"和谐用中"策略。从今天"全球化"趋势下的"环保"角度而言，就是要保持人与自然恰到好处的和谐统一，保持整个生态环境的平衡发展，并且有意识地护育自然资源，以使万物生生不息。在儒家看来，人与天地万物为一体，因此，作为"万物之灵"、"最为天下贵"的人类应当保持一颗仁爱之心对待天地万物，在开发和利用自然资源为人类造福时，应当采取"斧斤以时入山林"的"适度开发"策略，不可开发无度，竭泽而渔，以免破坏自然界的生态平衡。这说明，古代儒家是很重视人与自然的和谐共处的。

在当今时代，人类一方面为了自身生存发展的需要而必须认识自然规律、与自然灾害作斗争，利用自然资源为人类服务，因此，人类追求现代化、不断开发自然资源以造福人类的愿望与行为是合情合理的。从这个意义上说，传统儒家所谓"知天"、"戡天"、"制天命而用之"等天人关系理论是积极可取的。但在另一方面，人类必须认识到自然资源的有限性及人类对自然环境的依赖性，因此，必须周全缜密地思考与顾及人类生存的整体利益和子孙后代的长远利益，采取节约资源、保护生态环境的战略与策略。从这个意义上说，儒家"万物一体"、"和谐用中"的生态观是符合人类的整体利益和长远利益的，应当在实践中长期坚持，发扬光大。

《周易·贲卦·象辞》说："刚柔交错，天文也；文明以止，人文也。观乎天文以察时变，观乎人文以化成天下。"这正是对两种不同类型的生态文明的简洁描述。"天文"是指自然生态文明，需要保持刚柔相济、禁发以时的策略，以把握自然变化的规律。"人文"是指文化生态，需要用人文精神教育天下人民，以达到人类文明的最高境界。所以，我们今天讲生态文明建设，既包括自然生态的环境优雅与生态平衡，保持人与自然的和谐共处，又包括人文生态环境的优雅和谐，例如政治清明、人民幸福、社会安宁、世界和平等等。在这两个方面，儒家的"天人合一，万物一体"生态观与"多元和谐，人文化成"文明观可以帮助我们正确认识人与自然、人与人、国与国的和谐相处之道，可以帮助我们不断提升文化软实力，以实现中华民族伟大复兴的中国梦和世界永久和平梦。

国家主席习近平于 2014 年 9 月 24 日《在纪念孔子诞辰 2565 周年国际学术研讨会暨国际儒学联合会第五届会员大会开幕会上的讲话》指出："世界上一些有识之士认为，包括儒家思想在内的中国优秀传统文化中蕴藏着解决当代人类面临的难题的重要启示，比如，关于道法自然、天人合一的思想，关于天下为公、大同世界的思想，关于自强不息、厚德载物的思想，关于以民为本、安民富民乐民的思想，关于为政以德、政者正也的思想，关于苟日新日日新又日新、革故鼎新、与时俱进的思想，关于脚踏实地、实事求是的思想，关于经世致用、知行合一、躬行实践的思想，关于集思广益、博施众利、群策群力的思想，关于仁者爱人、以德立人的思想，关于以诚待人、讲信修睦的思想，关于清廉从政、勤勉奉公的思想，关于俭约自守、力戒奢华的思想，关于中和、泰和、求同存异、和而不同、和谐相处的思想，关于安不忘危、存不忘亡、治不忘乱、居安思危的思想，等等。中国优秀传统文化的丰富哲学思想、人文精神、教化思想、道德理念等，可以为人们认识和改造世界提供有益启迪，可以为治国理政提供有益启示，也可以为道德建设提供有益启发。"习主席所列举的十五点重要启示，同时也有力地揭示了儒学在 21 世纪的中国与世界的现实价值和深远意义，值得我们反复学习、深刻领会，并且身体力行。

一、儒学论修身立德

（一）道德

1. 君子之道

【原文】

子谓子产："有君子之道四焉。其行己也恭，其事上也敬，其养民也惠，其使民也义。"

——《论语·公冶长》

【译文】

孔子评价子产说："他具有四方面的君子修养：自己的行为恭敬庄重，事奉君上恭敬谨严，教养民众有恩惠，管理老百姓合义理。"

【解读】

贤君良臣也不全是封建的糟粕，其中的公平、公正、公开是任何时代都需要的社会准则，其中的自省、自律、利他是任何种族都推崇的君子人格。子产是春秋时期郑国的贤相，执政二十多年，内政上治理有方，外交上成功周旋于大国纷争的乱世，为并不强大的郑国赢得了尊重和利益。对此，孔子十分推崇，把他当作为政者的楷模。

这段话中，孔子用"恭""敬""惠""义"四个字来称赞子产。按朱熹的说法，"恭"主容，"敬"主事，两者主要用于律己。为人谦恭，做事严谨，不居功自傲，不盛气凌人，是谦谦君子，也是耿耿忠臣。"惠""义"主要用于利他，子产执政期间，宽厚仁爱，厚待子民，百姓安居乐业，社会稳定，并能在晋、楚等大国之间从容行事，不卑不亢。李泽厚在《论语今读》里的看法是："这既是'教'（宗教性私德）又是'政'（社会

27

性公德），'修身'与'治国'浑融一体。"即国家管理得好坏，源于领导者道德修养的程度。孔子对子产的看法就是从这种观点出发的。

子产的治国功绩，太史公在《史记·循吏列传》里写得很清楚："为相一年，竖子不戏狎，斑白不提挈，僮子不犁畔。二年，市不豫贾。三年，门不夜关，道不拾遗。四年，田器不归。五年，士无尺籍，丧期不令而治。"其个人人格魅力，历史上论述已多，仅举《左传·襄公三十年》中所记子产不毁乡校一例便可窥一斑而见全豹。故而他得到百姓"我有子弟，子产诲之；我有田畴，子产殖之。子产而死，谁其嗣之"的高度评价，也就不奇怪了。

"行己恭"，唯其如此，才能谦逊谨慎，不敢有懈怠；"事上敬"，唯其如此，才能心存敬畏，居庙堂之高而忧江湖之远；"养民惠"，唯其如此，才能虚怀若谷；"使民义"，唯其如此，才能广施德政。《尚书·尧典》曰："曰若稽古帝尧，曰放勋。钦明文思安安，允恭克让，光被四表，格于上下。克明俊德，以亲九族。九族既睦，平章百姓。百姓昭明，协和万邦。黎民于变时雍。"上古明君尧，难道不是子产的异代知己吗？

子产这样贤臣，历史上不乏其人。如三国时期的诸葛亮，"三顾频烦天下计，两朝开济老臣心"（杜甫：《蜀相》），自白帝托孤，鞠躬尽瘁，死而后已，赢得了后人的尊重。再如《北齐书》中所记袁聿修"天统中……出除信州刺史，即其本乡也，时人荣之。为政清靖，不言而治，长吏以下，爱逮鳏寡孤幼，皆得其欢心"；《宋史》所载贾黄中"廉直平恕，远人便之"，都是后世从政者之楷模。有了这样的良臣，实为国家之幸，百姓之幸。不过，如果治理国家只依赖出现明君贤臣，那就跟守株待兔中彩票一样可遇不可求，现代社会应该更多依赖法律法规掌舵国家机器，也就是要依法行政，把权力关进笼子里。当然，任何法律法规的制定和行使离不开人的力量，所以今天我们依然要弘扬君子精神。

2. 中庸之道

【原文】

子曰："中庸之为德也，其至矣乎！民鲜久矣。"

——《论语·雍也》

【译文】

孔子说："中庸作为道德准则，可以说是最高境界了！很长时期以来，民众很少具备这种德行了！"

【解读】

中庸是追求为人处世的公平公正，不偏不倚，而不是提倡大家成为事不关己高高挂起的老好人，更不是弘扬对世界是非不分的冷漠态度。

中庸之道，亦即君子之道，是传统儒家修行的法宝。是由孔子提倡、子思阐发的提高人的基本道德、精神修养以达到天人合一、太平和合神圣境界的一整套理论与方法。中庸是道德的最高境界和原则，何晏的《集解》注："庸，常也。中和可常行之德也。""中"指恰到好处，"庸"指平平常常，意思是指"仁"的感情行为应该适度和合，太激烈、太过分都不好。做到了"中庸"，也就是仁爱到了极致，进入了"道"的境界。所以吕思勉说："其立身之道，则最高者为中庸。"①

其中基本包含了三层意思，第一层：中不偏，庸不易。是指人生不偏离正常轨迹，不变换自己的目标和主张，也就是要持之以恒。第二层：指中正、平和。人需要保持中正、平和，如果失去中正、平和一定是喜、怒、哀、乐太过，治怒唯有乐，治过喜莫过礼，守礼的方法在于敬。第三层：中指好的意思，庸同用，即中用。指人要拥有一技之长，做一个有用的人才；又指人要坚守自己的岗位，要在其位谋好其职。中庸之道的主题思想是教育人们自觉地进行自我修养、自我监督、自我教育、自我完善，把自己培养成为具有理想人格，达到至善、至仁、至诚、至道、至德、至圣、合内外之道的理想人物，创造"致中和，天地位焉，万物育焉"的"和合"境界。

从人生境界说，中庸指的是顺乎自然，平平常常，以中和为价值观。孔子有云："五十而知天命，六十而耳顺，七十而从心所欲，不逾矩。"描述的是达到中庸以后的人生境界，意思是五十岁时知道人的命运是天定的，六十岁时听得进各种意见，七十岁时可以随心所欲但是不要逾越规矩。到五十岁了，人生可能很成功，可能很失败，但都要知道，这只是天命而已，并不是主观努力够不够导致的，因此应该以淡然的心态来看待它。具备了这种心态，就体会到了中庸之道。孔子倡导"乐而不淫，哀而不伤"（《八佾》），"不语怪、力、乱、神"（《述而》），也是基于中庸之道的自觉。他还说："不得中行而与之，必也狂狷乎！"（《子路》）意指不合乎中庸之道的人，不是太积极，就是太消极。因此，中庸正是天人合一的人生境界。《礼记·中庸》所说的"唯天下至诚，为能尽其性。能尽其性则能尽人之性；能尽人之性，则能尽物之性；能尽物之性，则可以赞天地

---

① 吕思勉：《先秦学术概论》，58 页，上海，东方出版中心，1985。

之化育；可以赞天地之化育，则可以与天地参矣"之中的"与天地参"，就是强调天人合一的观念。

中庸的另一个意义是"用中"，是从方法论层面上解说的。它要求处理问题恪守中道，不偏不倚，不趋极端，无过也无不及。《先进》篇记：子贡问子张与子夏谁为贤才？孔子回答说子张有些"过"，子夏有些"不及"，"过犹不及"。孔子的回答即是中庸方法论的实践。朱熹注释说："故圣人之教人，抑其过，引其不及，归于中道而已。"（《论语集注》）这种方法在处理矛盾时充分考虑两方面的因素，以中正、中和为原则，首先要求认识到各个方面的差异性、矛盾性，其次是顾及不同方面的合理性需要，最终选择一个各方面都能接受的结论。千万不要遇事冲动，见了风就是雨，动不动喊打喊杀的。

现在很多人把中庸之道说成是骑墙之道，这是错误的认识。中庸是有原则的，"中"就是标准和原则，本意是为了社会整体的和谐。而和事佬只会和稀泥，毫无个人观点，如辛弃疾在《千年调》中描绘的："然然可可，万事称好。"表现在政治上就是唯主子之意旨行事，奉行自私自利的保命哲学，其目的是为了不得罪人，妄想在方方面面都得到好处。有些人见到比较激烈的言辞和行动，就会给对方扣上一顶"愤青"的帽子，认为缺乏修养，有违中庸之道。其实，中庸者也有道德激情，也有批判精神。孔子说过："唯仁者能好人，能恶人。"（《论语·里仁》）中庸追求的是一种适度、恰当地处理好人与自我、人与人、人与自然社会等各种关系的融通意识和能力，但是当社会上的某一人、某一方违背公德时，就要站出来坚持原则。唯有对原则的坚持，才有全社会的中庸和谐。

3. 朝闻夕死

【原文】

子曰："朝闻道，夕死可矣。"

——《论语·里仁》

【译文】

孔子说："早晨听到了真理，即使晚上死去也可以啊！"

【解读】

"闻道有先后，术业有专攻。"无知并不可怕，可怕的是无知又无畏。任何时候懂得道理都不迟，只是要有追求真理的勇气和行动。

《论语》阐述为君之道、为人之道、处世之道、治国之道、为学之道、修行之道，"道"有"真理"、"理念"、"信仰"等意思。《周易·系辞上》说："形而上者谓之道，形而下者谓之器。"凡是超越自然生命和物质生活的精神层面的东西，都属于"道"的范畴，都可以称为"道"。孔子追求"道"，是出于对"道"的信仰，因此认为朝闻"道"，生命的活动就有了意义，生命的价值就可以存留于宇宙之中了，接下去是死亡还是存在都无关紧要。孔子思考现实政治时有天下大同的理想目标，具体的实践行为也有仁义礼智信的价值指向。因此朱熹解释"朝闻夕死"时说："道者，事物当然之理。苟得闻之，则生顺死安，无复遗恨矣。"（《论语集注·里仁第四》）

这种关于"道"的信仰其实是原始宗教中对"天"的信仰的发展。在殷周社会以前，人们绝对地崇拜"天"，认为"天"决定了人的命运和人类社会的一切。后来随着生活和生产经验的丰富，人们开始认识到人类的活动依赖于自身的努力；对"天"的信仰虽然作为传统留存了下来，但渗入了经验性的认识。这种包含了经验成分的信仰对象就称为"天道"，也简称为"道"。于是，"道"成为绝对性的存在，一种传统的、值得传承的价值原则。

当然，孔子的"道"不同于庄子的"道"。庄子的"道"提倡顺其自然，是将卑微的个人生命融入宏大的宇宙和社会，是消解放逐自我的主体性从而获得自由的过程。而孔子的"道"更多表现为社会的价值理想，强调生命主体的追求。孔子的"闻道"也与西方的"认识真理"不尽相同。"闻"不只是听觉，也不仅仅是价值观的被动接受，它包含个体生命的自觉参与，充分体现人的主观能动性，任何从内心出发的行为，都是"道"的践行。在物欲横流、道德沦丧的俗世中，有道者皈依内心保持对"道"的虔诚信仰和敬畏，以践行道作为人生的座右铭，纵然千辛万苦头破血流也不改初衷，这是值得今人认真学习的。

4. 任重而道远

【原文】

曾子曰："士不可以不弘毅，任重而道远。仁以为己任，不亦重乎？死而后已，不亦远乎？"

—— 《论语·泰伯》

【译文】

曾子说："读书人不可以没有毅力，因为担负的使命重大，而且践行的道路遥远。以践行仁德作为自己的任务，不也重大吗？到死以后才停止追求，不也遥远吗？"

【解读】

有人说：在每年的学雷锋日做一件好事容易，难的是一辈子做好事。所谓"鞠躬尽瘁，死而后已"可能要求高了点，听上去也惨了点，但是理想信仰的实现确实需要有坚韧的毅力、不服输的勇气和屡败屡战的精神。

有志于道的人，不能没有弘大而强毅的德行，任重而道远，因为践行的是仁，这个任务很重，要用一辈子的时间追求所以道远。曾子用充满情感的语言表达了壮阔的襟怀和不朽的思想。细碎平凡的礼仪制度，足可以养成刚强不屈的伟大人格，这种人格精神即是孔子对于"士"提出的终生要求。伟大人格的养成并不是凭一时的意气，而是从平凡处做起的长期锤炼的结果，从我做起，从小事做起，从身边做起。汪精卫当年的"引刀成一快，不负少年头"（《被逮口占四绝》），纵然豪情一时，终不如文天祥被囚三年不投降、勾践十年卧薪尝胆不易志、苏武牧羊多年不变节的弘毅。20 世纪 30 年代汪精卫投靠日本人的事实也证明，一时的勇敢可能只是源于心血来潮、少年气盛或者仅仅为了扬名立万，一旦面对功利就难以抵抗诱惑，只有长期的坚持才是出自信仰的力量。

曾国藩被称为"中国古代史最后一人，近代史第一人"，他一生的成就就是始于平凡中的执着坚毅。在带领湘军走向强大的过程中，他多次惨败，几欲投水自尽，但最终百折不挠，终于成就伟业。这些成就与他的日常修养息息相关，他总结了修身十二款：主敬、静坐、早起、读书不二、读史、谨言、养气、保身、日知所亡、月无亡不能、作字、夜不出门。他认为人格修炼第一是诚，第二是敬，第三是静，第四是谨，第五是恒。他每天记日记，对自己的言行进行检查、反思，这样的坚持一直贯穿他的后半生。许多人认为人格修炼是虚无缥缈的东西，甚至还是迂腐的，但曾国藩一生的事业足以证明，修身者才有抱负，才能弘毅，才可能事业成功。

毫无疑义，信仰——无论是宗教的还是理性的——对于每个人而言都是最为重要的。按照爱因斯坦的说法，贪图安逸和快乐的人只有一种"猪栏的理想"，只是追求物欲快感的无疑是行尸走肉。而真正有价值的人，都必然追求精神世界的满足，这种价值存在感就是信仰的基础。有了这种信仰，不但社会有道德普及的可能，而且个人也有了精神的维度，才可以在世俗社会中始终保持着清醒，那些物质的东西才不会过度地侵蚀心灵。特别是受过高等教育并担任领导工作的所谓精英更加要有信仰，有坚定的信念，对社会有历史责任感。冯友兰曾说："孔子在做他所做的事的时候，深信他是在执行天的命令，受到天的支持。"① 时代的责任、历史的使命让他一生践行着对仁的信仰追求。

5. 道不同不相为谋

【原文】

子曰："道不同，不相为谋。"

——《论语·卫灵公》

【译文】

孔子说："信仰不同，不可能相互商量合作。"

【解读】

信仰、观念不同，谋也勉强可以谋的，只不过话不投机半句多，估计会谈崩的。不过世界上道不同的人太多，如果都避而不谈，岂不是太过消极？求同存异也是相谋的一种结果。

这句话里的"道"，意思是人生理念和生活目标。李泽厚直接解释为"路"：走路，走人生的道路。因此"道不同"可以是根本原则的不同，如政治立场不同，宗教信仰不同；也可以是人生态度不同或者学术观点的不同。这里面，宗教信仰的排他性最强，因为信奉某一宗教的信徒，很难认同其他的信仰。

在生活观念和专业学术领域，"道不同，不相为谋"比较容易理解。司马迁曾说："世之学老子者则绌儒学，儒学亦绌老子。道不同不相为谋，岂谓是邪？"（《史记·老庄申韩列传》）人的志趣不同，行为有别，相互之间自然有了隔阂。《陋室铭》追求"谈笑有鸿儒，往来无白丁"的日子，陶渊明则享受"采菊东篱下，悠然见南山"的情调，李白明白"天生我才必有用，千金散尽还复来"，秦观理解"两情若是久长时，又岂在朝朝暮暮"，唐玄宗只想"一骑红尘妃子笑"，杜甫却要"大庇天下寒士俱欢颜"，当代土豪们却早已藏身会馆喝茶养身了。

"道不同"有时候是世界观、人生观、价值观的根本差异，《世说新语·德行》记载道：管宁与华歆一同在园中锄菜，看见地上有块金子，管宁视而不见，华歆捡起来又丢出去。两个人同席读书，有乘轩冕者过门，管宁读书如故，华歆却放下书本出去看。管宁就因为"道不同"与华歆割

---

① 冯友兰：《中国哲学简史》，涂又光译，58 页，北京大学出版社，1985。

席分坐，不再为友。对于普通人而言，"道不同"如果仅仅是生活理念和行为的差异，就需要相互理解和尊重了。父母节俭持家不顾营养卫生要吃剩饭剩菜，孩子追求品质生活，所以坚决不要"新三年，旧三年，缝缝补补又三年"；60后的上司觉得赚钱养家做房奴、孩奴是职业目标，而90后下属却觉得自由快乐没有加班才是生活的最高境界——所谓"人各有志，不能强勉"，求同存异、和而不同或许是解决问题的最佳选择。千万不要一言不合一拍两散。

6. 君子道者三

【原文】

子曰："君子道者三，我无能焉：仁者不忧，知者不惑，勇者不惧。"子贡曰："夫子自道也。"

——《论语·宪问》

【译文】

孔子说："君子所践行的有三个方面，我都不能做到。仁爱的人不忧伤，智慧的人不疑惑，勇敢的人不畏惧。"子贡说："这是老人家的自述啊。"

【解读】

仁爱的人也会忧伤，只是他深谙生命无常的自然规律，于是顺其自然怡然自得，予人玫瑰手有留香；聪明的人也会迷惘，只是他洞悉空想无益的社会现实，于是他该出手时就出手，万事只求无愧于心；勇敢的人也怕死，只是他明白无论泰山、鸿毛，人终究难逃一死，于是跪着生不如站着死，还能流芳百世。

对于这段语录，皇侃《义疏》解释得清楚："云'仁者不忧'者一，乐天知命，内省不疚，是无忧。云'知者不惑'者二，智者以昭了为用，是无疑惑。云'勇者不惧'者三，既有才力，是以捍难卫侮，是无惧敌也。"

仁者何以不忧？因为仁者不但有关爱人的心，而且刚毅坚定，不会因为现实的困苦而忧伤。仁者拥有这世间最平和的心境，如水般温和，却如磐石般坚强。像颜回，"一箪食，一瓢饮，在陋巷，人不堪其忧，回也不改其乐"（《雍也》），以至宋明儒者追求"寻孔、颜乐处"。抗战时期的西南联大，那时物资奇缺，生活困苦，但是诸多师生依然乐观。梅贻琦校长的夫人韩咏华做糕点出售维持生计，取名"定胜糕"，可谓这种坚韧乐观精神的写照。

知者何以不惑？因为智者不但懂得世俗事务，明白利害关节，而且知天达命。智者知道，事业的成败与否，与努力有关，也与命运有关。一个人，到了五十岁，就应该"知天命"，不要因为成功而趾高气扬，也不要因为失败而灰心丧气，因为最终"谋事在人成事在天"。知道了这一点，自然不会迷惑不解，痛苦不堪。诸葛亮《后出师表》说道："臣鞠躬尽瘁，死而后已；至于成败利钝，非臣之明所能逆睹也。"正是"知者不惑"的表现。

勇者何以不惧？因为勇者不但有力量，而且不怕牺牲，知道为大众和信仰而牺牲是生命的最好归宿。比如子路，为支持卫出公与石乞交战，冠缨断了，从容系好，呵斥敌手："君子死，而冠不免。"虽死而毫无惧色。抗战时期的张自忠将军，他亲自率领两个团加总司令部直属特务营渡河作战，给副总司令留下遗嘱："无论作好作坏，一定求良心得到安慰，以后公私均得请我弟负责。由现在起，以后或暂别，或永离，不得而知。"寡不敌众之时又留下遗言："我力战而死，自问对国家对民族可告无愧，你们应当努力杀敌，不能辜负我的志向。"被日军机枪子弹击中倒在血泊中，为了不让日军俘获，举枪自尽，其言行充分践行了英勇无畏的气节。

这三者有一个共同点，就是内心具有坚定的信仰，这种信仰表面上看为了民族、为了国家、为了荣誉的坚守，本质上是对某种价值理想的不懈追求。在《论语》中，这种价值理想就是"道"，许多时候也用"仁"、"义"、"忠"、"恕"等具体标准来表达。子贡认为不忧、不惑、不惧就是孔子的自述，稽考孔子的一生，确实如此。无论求学求仕、议政参政，还是周游列国，孔子都践行了这三者。

7. 为生民立命

【原文】

为天地立心，为生民立命，为往圣继绝学，为万世开太平。

——宋·张载《近思录》

【译文】

读书人通晓万物造化之理，使天道彰显；使百姓丰衣足食又明理守节；将儒家的智慧义理发扬光大；最终实现万世太平的理想。

【解读】

世界哲学界有三个终极问题，分别是：我是谁？我从哪里来？我到哪里去？人类之所以是高等动物，就是人类除了活着，还要思考，要寻找灵魂的家园，要寻找精神的归宿。北宋大儒张横渠有言："为天地立心，为生民立命，为往圣继绝学，为万世开太平"。这四句话既表达儒者的襟怀，也彰显儒者的宏愿，因而也可说为人做事的最高目标。

"为天地立心"：天地本无心，但天地生生不息，生化万物，所以程明道说："天地无心，以生物为心。"因为天地生化万物，只是生生之德的自然流行，并非有意生出这样一个大千世界。所以是看似无心实而有心（以生物为心），这是人对天地生生之德的体会解读，正是通过人的理解，天地生化万物的心便显立了。"为生民立命"：命有理命与气命两个层面，这两层的命都不可伤害，不可弃废，必须有所安、有所立。儒家圣贤开显的安身立命之道，正是为了拯救广大生民。虽然"百姓日用而不知"，但是通过潜移默化，加上伦常政教的日渐完善，生民的物质生活有了保障，精神生活也慢慢丰富起来。"为往圣继绝学"：儒家圣人之学，自两汉以下，而魏晋，而南北朝，而隋唐，千百年间，一直未能继承发展先秦儒家的生命之光或哲学之慧。唐末五代直到北宋之初，普天之下竟找不出一个像样的师表，直到宋理学的出现才复活了先秦儒家的形上智慧，使心性义理之学，内圣外王之教，重新彰显。"为万世开太平"：儒家的终极目标是以"内圣为本质，以外王表功能"开出千年万世太平盛世。不过，儒家虽然具有开万世太平的宏愿，也能讲论天下为公的仁政王道，但在体制上则未能开出政道。如今民主政治的体制正是政治层面上的太平轨道，再加上科学，就更可满足"开物成务"的要求。

（二）仁爱

1. 仁者爱人

【原文】

樊迟问仁。子曰："爱人。"

——《论语·颜渊》

【译文】

樊迟问：什么是仁？孔子说："爱别人啊。"

【解读】

《朱熹集注》在此处作注："此是彻上彻下语。"《论语》中关于樊迟问仁共有三处，分别是："樊迟问仁。子曰：'爱人。'"（《颜渊》）"樊迟问知……问仁。曰：'仁者先难而后获，可谓仁矣。'"（《雍也》）"樊迟问仁，子曰：'居处恭，执事敬，与人忠。虽之夷狄，不可弃也。'"（《子路》）孔子的回答从抽象的"爱人"，到比较抽象的"仁者先难而后获，可谓仁矣"，再到具体化的"居处恭，执事敬，与人忠。虽之夷狄，不可弃也"。从这些不同的解读中我们发现，孔子认为仁的本质与基本内涵首先是"爱人"。传统的看法"爱亲之谓仁"，从宗法一体化社会结构的要求以及人类情感的心理学表现来看，"爱亲"在"爱人"中具有优先性也是必然和自然的。孔子对此也表示肯定，他说："君子笃于亲，而民兴于仁。"（《论语·泰伯》）其弟子有子更直截了当地说："孝弟也者，其为仁之本与。"（《论语·学而》）后来孟子将此概括为："亲亲，仁也。"（《孟子·尽心上》）"仁之实，事亲是也。"（《孟子·离娄上》）但是，孔子的仁爱对象并不只限于家人，是泛指相对于"己"而言的所有"他者"，既可以是"亲人"，也可以是非亲人的外人；既可以是上层贵族，也可以是下层百姓，甚至奴隶；既可以是"中土人"，也可以是"夷狄"，因为孔子讲："虽之夷狄，不可弃也"。所以孔子的仁爱是一种由内而外的博爱主义思想，对此孔子明确解释说："弟子入则孝，出则弟，谨而信，泛爱众而亲仁。"（《论语·学而》）要求弟子爱父母——爱兄弟——爱朋友——爱众人。这种超越了民族、种族、等级、身份的博爱主义精神，可以被看作人类解决人际矛盾乃至国际争端的不二法宝。

那么怎样去"爱人"呢？孔子是将"仁"这一抽象的原则落实于具体的实践。如孔子对子贡说的："夫仁者，己欲立而立人，己欲达而达人。能近取譬，可谓仁之方也已。"（《论语·雍也》）这种"爱人"方法是从"己欲"出发，将心比心，设身处地地考虑他人的需求，并以一种"立人"、"达人"的奉献精神去帮助实现他人的需求。不过，这样的"爱人"还是难以操作，因为，"己欲立"不能等于"人欲立"，不能把己之所欲推想为人之所欲。所以，孔子不得不对"爱人"的方法作进一步地描述，如"恭、宽、信、敏、惠"五德，就是态度恭敬、待人宽厚、为人诚信、做事勤敏、施以恩惠。但还是比较抽象，于是更具体化为："居处恭，执事敬，与人忠。虽之夷狄，不可弃也。"一个在人际交往中态度恭敬、做事认真勤恳、为人忠心的人，自然会得到人们的普遍赞赏。

2. 己所不欲，勿施于人

【原文】

子贡问曰："有一言而可以终身行之者乎？"子曰："其恕乎！己所不欲，勿施于人。"

——《论语·卫灵公》

【译文】

子贡问道："有可以作为终身奉行的一句话吗？"孔子说："那个'恕'字吧！自己不想做的，不要施加给别人。"

【解读】

这是关于恕的经典表述。"恕"的意思是对人要宽恕，要体谅。孔子对子贡说：原谅他人和宽容他人是应该终身奉行的。接下去又补充解释说：每个人都会有问题，有错误，害怕惩罚，你不想受到惩罚，那么当他人有错误时就应该原谅和宽容，不该实施惩罚。这是说，人应当以对待自身的心理行为为参照物来对待他人，应当推己及人、将心比心。因此皇侃《义疏》注"内忖己心，外以处物"，王夫之《笺解》说"度人之情"。孔子这句话揭示了处理人际关系的重要原则，即每个人都应该胸怀宽广，待人接物切勿心胸狭窄；倘若自己所不欲的硬要施加于人，就会破坏与他人的关系。父母子女之间、上司下属之间、官员百姓之间学会换位思考很重要。

在《颜渊》篇中，孔子也提到了这一点："仲弓问仁。子曰：'出门如见大宾，使民如承大祭。己所不欲，勿施于人。在邦无怨，在家无怨。'"意思是做事认真，宽以待人，在国君或卿大夫那里却没有怨恨，那就是有仁德了。可见宽恕之道是孔子仁爱思想的重要组成部分。孔子强调以己度人，以自己的内心需要去体谅他人的内心需要，这是建立爱的关系的基本前提。

一般认为，孔子儒家的伦理实践，可概括为两个方法或原则。除了"己所不欲，勿施于人"，另外还有"己欲立而立人，己欲达而达人"（《雍也》）。这两个方法是从消极和积极两个方面来解决如何爱人、爱己以及处理他人与自我、小我与社会的关系。这两个原则都设定了人与人之间的同一性，人可以由己推人，将心比心。"己所不欲，勿施于人"就是为了求得人际关系的和谐，不要把自己不情愿的施加给他人，必须充分顾及别人的利益和情感需求。"己欲立而立人，己欲达而达人"，则从大处、高处着眼，推己及人，把自己力所能及的给予他人，处处为别人着想。自己希望在社会上站得住、能通达，就也帮助别人站得住、能通达。要做到推己及人，则需要将自身条件强化，只有首先把自己的修养（品德、学问等）加以完善（"立"和"达"），才能帮助他人"立"和"达"。独善其身之后才能兼济天下。处理好与他人的关系，关键在于要把他人看成另外一个自己。其基本要求就是以人际交往为中介，把自我的反省转化为对他人的认同，以创造人与人之间的相互理解、相互尊重和相互信任的关系。

"己所不欲，勿施于人"是人类道德的"黄金律"。假如人们普遍做了"己所不欲，勿施于人"，那么社会和谐、民族和谐乃至世界和谐都是自然而然的事。1993年9月在美国芝加哥通过的《走向全球伦理宣言》说道："数千年以来，人类的许多宗教和伦理传统都具有并一直维系着这样一条原则：己所不欲，勿施于人！或者换用肯定的措词，即：你希望人怎样对待你，你也要怎样待人！这应当在所有的生活领域中成为不可取消的和无条件的规则，不论是对家庭、社团、种族、国家和宗教，都是如此。"孔子的这句箴言，构成这个《宣言》的基石。

3. 仁者寿

【原文】

子曰："知者乐水，仁者乐山；知者动，仁者静；知者乐，仁者寿。"

——《论语·雍也》

【译文】

孔子说："有智慧的人喜爱水，有仁德的人喜爱山。有智慧的人好动，有仁德的人静心。有智慧的人快乐，有仁德的人长寿。"

【解读】

这句话用了互文的修辞手法，互文是古诗文中比较常见的一种修辞方法，把属于一个句子或短语的意思，分写到两个句子或短语里，解释时要把上下句的意思互相补足。比如"秦时明月汉时关"，实际上是说秦汉时的明月秦汉时的关。那这里的"知者乐水，仁者乐山；知者动，仁者静；知者乐，仁者寿"，实际上是说智仁者乐山水，智仁者动静相融，智仁者乐而寿。二者是贯通的，都是指那些有修养君子，孔子认为人和自然是一体的，山和水的特点也和人的品性是一致的。

从自然界山和水本身的特性来看，山是厚重的、沉稳的。仁者如山一般敦厚淡定。山顶天立地，巍然屹立，壮阔人的心胸，开拓人的视野，教人自信，教人勇敢，教人坚定，教人接受磨难，成就伟业。山任清风拂岗，任雷雨洗礼，挺拔险峻，不为外物所动，层峦叠翠，郁郁葱葱，以博大的心胸包容天下万物，用坚实的脊背支持着登山的人。"会当凌绝顶，一览众山小"，仁者安于义理，仁慈宽容而不易冲动，性情好静就像山一样稳重不迁。因其淡泊宁静藏而不露，与高山类似，故而喜欢山。他们不以物喜，不以己悲，宽容仁厚，心胸宽广。他们安于"采菊东篱下，悠然见南山"，他们不役于物，不制于物，也不伤于物，不忧不惧，境界高深，悠远绵长。他们以宽容、爱心待人接物，像群山一样包容、支持、爱护、鼓励人，使人站得高，看得远。

水则多变、流动、连续、无形，柔和而又犀利，深不可测，随物流转，润万物于无形无声之中，适应、渗透和改变对方。智者如水一般随机应变，思维敏捷，思想活跃，能够通达事理，明察事物的发展变化，"明事物之万化，亦与之万化"，能相机行事，因材施教，因地制宜，富有创造精神。但又"利万物而不争"，"不争，故无不胜"，因而可以达到"上善若水，厚德载物"的境界。所以，智者总是活跃的、快乐的。同时，水外表柔弱、平静，本质上却含有大气的智慧和力量，平凡如特蕾莎修女，她的精神却如水般浩浩荡荡，横无际涯，激发人的雄心，荡涤人的思绪，教人放眼世界，教人突破常规，教人充满激情。无论智者、仁者都是君子，都追求一种平安喜乐的人生境界。

孔子既是儒家思想的集大成者，又是一个对山水情有独钟的人。"登东山而小鲁，登泰山而小天下"，高山巍巍培植了他博大的胸怀；"子在川上曰：逝者如斯夫！不舍昼夜"，江河荡荡孕育了他高深的智慧。孔子由此把厚重不移的山当作他膜拜的"仁者"形象，将周流不滞的水当作他顶礼的"智者"形象，并由此引发他无限的哲理情思，触发他深沉的人生感悟。这种以山水来比喻人的仁德功绩的思想对后世文人产生了深广的影响，深深浸透在中国传统文化之中。

4. 和为贵

【原文】

有子曰："礼之用，和为贵。先王之道，斯为美。小大由之，有所不行。知和而和，不以礼节之，亦不可行也。"

——《论语·学而》

【译文】

有子说："礼的践行，和谐是最重要的。先王治理国家的方法原则以这一点最有价值。他们大事小事都做得恰当，如有行不通的地方，为了求和谐而和谐，不用礼来节制，这也是不可以做的。"

【解读】

有话好好说，有理不在声高。目的正确也不能不择手段，无论戾气还是正当诉求都要理性表达，大家都要好自为之。

《礼记·中庸》云："喜怒哀乐之未发，谓之中；发而皆中节，谓之和。"中，是指守规矩，不过度。"喜怒哀乐之未发"就是对自我情绪和主观认识的控制和约束。和，是指平衡，和谐，"发而皆中节"就是指行为举止符合事物的客观规律。儒家所谓的"和"是有条件的，正如句中所言：不以礼节之，亦不可行也。《论语·卫灵公》称"子曰：君子义以为质，礼以行之"，意思是君子行事的核心是讲求合乎规则，礼只是行事的方式。《左传·成公二年》记载："仲尼闻之曰：……礼以行义。"《左传·僖公二十八年》亦有相似的表述。由此可见中国传统文化中礼与义关系：礼是规则的外在表现形式，而之所以需要规则正是因为大家都要守礼的缘故。古人尚且如此，现代社会讲和谐更是要以法律、道德甚至民俗作为前提：不能因为生活中有人富有人穷就"劫富济贫"，也不能希望和孩子消灭代沟良好沟通就学老外父母子女大家直呼其名……礼的目的是和，但是和一定要依于礼，才是合义之和，也就是说，真正符合社会规范的能够上行下效的和，必须是遵纪守法、遵循乡规民约的。追求和谐社会决不能以牺牲规则为代价，那种"截访"带来的表面稳定是不长久的。

当然，礼也好，和也罢，都不是一成不变的，而应该是与时俱进的。以前是：父母在不远游，现在是：好男儿志在四方；过去是：好女不嫁二夫，而现在：离婚是勇敢寻找幸福的一种生活方式；过去说安贫乐道，现在是致富光荣……如果还抱着过去的旧礼不放，当然不可能致中和了。

5. 后生可畏

【原文】

子曰："后生可畏，焉知来者之不如今也？四十、五十而无闻焉，斯亦不足畏也已。"

——《论语·子罕》

【译文】

孔子说："年轻人可畏，怎么知道他们将来不如现在的大人物？四十岁、五十岁还没有名气，那也不足以敬畏了。"

【解读】

初生牛犊不怕虎，能够不循规蹈矩不惧怕权威，固然值得鼓励，但是在某种程度上也是基于"无知者无畏"。如果希望牛犊长大后依然不怵虎，就需要好好修炼内功了。

年轻人年富力强，正处在朝气蓬勃时期，精力比较充沛，头脑清晰，记忆力较强，是学习知识、修养品德的大好时期。积极向上珍惜大好时光，努力学习，将来一定会超过上一代。既然年轻人有这么多的优势，就上一辈来说，不要轻视年轻人，可畏并不是怕，而是说要用心培养下一代。鼓励年轻人珍惜宝贵时光，鞭策他们要奋发有为，不要虚度了大好青春年华。到了中年还浑浑噩噩虚度时光一事无成的话，那是不值得人尊敬了。毛泽东有句话经常被用来鼓励年轻人："世界是你们的，也是我们的，但是归根结底是你们的。你们青年人朝气蓬勃，正在兴旺时期，好像早晨八九点钟的太阳。希望寄托在你们身上。"一切事物都是向前发展的，抓住青春好时节，充实自我，切莫沦落到"少壮不努力，老大徒伤悲"的蹉跎局面。我们熟知的《咏鹅》一诗就是骆宾王七岁时的杰作；刘胡兰小小年纪赢得"生的伟大，死的光荣"的赞誉。足可见，有志不在年高，自古英雄出少年。

四五十岁的时候还碌碌无为，如果是青少年时期不好好学习，确实是不受人尊重的。但是，也不能以偏概全，认为到了中老年没有成就的都是没有好好准备的，有时候机遇也是很重要的，"冯唐易老，李广难封"就是一个典型的事例。《史记·张释之冯唐列传》记载，冯唐是一位颇负盛名的德才兼备的人才，在汉文帝时年龄已经较大了，但官职卑微，不受重用。到景帝时，略有升迁，但不久被免官闲居。后来汉武帝寻求贤才，听到人们盛赞冯唐，就召见了他，但这时冯唐已九十余，不复为官。另外，除了"老大徒伤悲"，还有"老骥伏枥，志在千里"的说法，大器晚成的人比比皆是，姜子牙就是代表。姜子牙名望，字子牙，俗称姜太公，年轻时曾宰牛卖肉，也做过卖酒生意。虽然家境贫寒，生活艰苦，但他胸怀大志，努力不辍，时刻准备着，希望有朝一日能够大展宏图。功夫不负有心人，终于在暮年时期，拜为宰相，施展了锦绣才华。

"对酒当歌，人生几何。譬如朝露，去日苦多"，在有限的生命力，要做的是珍惜大好年华，复习旧知识，汲取新知识，让生活中的每一秒钟都不虚度，为他人、为社会尽自己的一分力，这样才算不枉过一生。这样的年轻人，将来肯定会超过现在的人，怎样不让人敬畏呢。但也有些人饱食终日无所事事，对将来没有规划，对家庭对社会都没有责任感、事业心，放任自我，随波逐流，这样的人，只会蹉跎了年华，遭人耻笑。

6. 四海之内皆兄弟

【原文】

司马牛忧曰："人皆有兄弟，吾独亡。"子夏曰："商闻之矣，死生有命，富贵在天。君子敬而无失，与人恭而有礼，四海之内，皆兄弟也。君子何患乎无兄弟也！"

——《论语·颜渊》

【译文】

司马牛忧愁地说："别人都有兄弟，只有我没有。"子夏说："我听说过这样的话：死还是生命里注定，富还是贵由上天决定。君子只要严肃认真，没有失误，待人恭敬有礼，那么天下的人都会成为你的兄弟。君子何必忧愁没有兄弟啊！"

【解读】

"死生有命，富贵在天"是一种典型的命定论思想。"天"不是指的自然意义上的天，而是作为一种主宰的人格化的神，有至上的权威，决定人世间的一切。从"商闻之矣"可以看出，这种宿命论思想不是开端于子夏，而是子夏听别人说的，现在又拿出来安慰司马牛，孔子也有很浓厚的天命论思想，可见这种思想在当时比较流行。当时普遍的观点是，命是由天决定的，人自己是无法左右的。就如这里的"死生有命，富贵在天"一样，天是价值信念的终极源头，命是一种外在的限制，是客观必然，无法改变。君子所做的就是要怀有一颗恭敬的心，"战战兢兢，如临深渊，如履薄冰"，与万物为善。

虽然生和死都由天注定，但是，如何生、如何死却是人自己决定的。我们无法决定生命的长度，但是我们可以开拓生命的宽度，可以丰富生命的厚度，可以增添生命的亮度，可以挖掘生命的深度。活有很多种活法，死也有很多种死法，关键是看自己如何选择。臧克家先生著名的诗歌《有的人》对生和死发表了自己的看法："有的人活着，他已经死了；有的人死了，他还活着。"《钢铁是怎样炼成的》作者奥斯特洛夫斯基说：人的一生应当这样度过：当回忆往事的时候，他不会因为虚度年华而痛悔，也不会因为过去的碌碌无为而羞愧；在临死的时候，他能够说："我的整个生命和全部精力，都已经献给世界上最壮丽的事业——为人类的解放而斗争。"生命可贵，好不容易来这个世上走一遭，即便做不到像唐宗、宋祖、成吉思汗可以改变历史，但我们也要努力像文天祥一样忠诚，像雷锋一样为人民服务，像最美妈妈、最美司机一样在危急时刻一马当先。最起码，做一个安安分分的人，不做有损国家、民族和他人的事情，孝敬父母，团结同事，乐于助人，做好自己的本职工作。至于死，在中国是一个比较忌讳的字，有的人通敌卖国被处决，有的人加入黑社会死于非命，有的人一时想不开自我了结，还有的人寿终正寝。死是一种必然，或重于泰山，或轻于鸿毛，每个人都要面对。对于如何死的问题，一般人的想法是不求轰轰烈烈，但要有尊严地死去。

7. 成人之美

【原文】

子曰："君子成人之美，不成人之恶。小人反是。"

——《论语·颜渊》

【译文】

孔子说："君子成全别人的好事，不促成别人的坏事。小人与此相反。"

【解读】

先搞清楚"成人之美"是否符合法律要求和社会规范，所谓"人之恶"是否真的是十恶不赦，再来决定要支持什么、反对什么，不然很有可能助纣为虐或者枉做小人。

君子应该从善良的或有利于他人的愿望出发，全心全意促使别人实现良好的意愿和正当的要求；而不要用冷酷的眼光看世界或是唯恐天下不乱，在别人有失败、错误或痛苦时推波助澜。这句话贯穿了儒家一贯的思想主张，即"己欲立而立人，己欲达而达人"以及"己所不欲，勿施于人"的精神。

孔子常将"君子"和"小人"作对比，此处亦然。在民间，"君子成人之美"常挂在人们的嘴边，但后半句"……不成人之恶。小人反是"就未被吟诵。千百年来，《论语》一直是由"士"的阶层代代传承的，但为什么只传承了上半句？这反映了一个意识形态流变的特点，就是其内容的可操作性和趋利避害性。其实，毫无原则、不分善恶地成全别人不见得是成人之"美"而有时是在成人之恶，但只要这样做了，起码不会被求助者当作小人。因此，"君子成人之美，不成人之恶"的第一要义应该是明善恶、辨是非，然后再定取舍。

8. 巧言令色鲜矣仁

【原文】

子曰："巧言令色，鲜矣仁。"

——《论语·阳货》

【译文】

孔子说："那些说好听的话、脸色生动好看的人，很少具有仁德。"

【解读】

有一句话常常嘲讽那些"巧言令色"的人：见人说人话，见鬼说鬼话。可是，见了人如果说鬼话，谁也听不懂啊？所以善于交流是一门学问，跟不同的人用不同的沟通方式绝对是高手。在《论语》中，类似这样的话孔子说过多次。除了这一条在《学而》、《阳货》重复出现外，还有如《颜渊》篇："仁者其言也讱。""讱"即指说话缓慢迟钝，不流畅。《子路》篇："刚毅、木讷，近仁。"意思是仁者除了精神刚强，有决断力，还外表质朴，拙于言辞。《公冶长》："巧言，令色，足恭，左丘明耻之，丘亦耻之。"孔子与左丘明都以花言巧语、面色伪善和过分的恭维为耻辱。孔子为何要反复强调这一点？当然是认为仁德是内在的品性，真正的仁者堂堂正正，表里如一，已经把仁德融化在日常普普通通的生活中，不会有意地表达什么。在孔子看来，那些有意地表达的人，肯定出于某种功利目的，内心对仁的精神缺乏认同，其不管是否打着"仁"的招牌，本质上是鲜有仁德的。仁者无论是爱还是恨，都出于真性情。另有一些人似乎也有爱有恨，但绝非仁者，因为他们的巧言令色是虚伪的，并非发自内心。

这条语录现代人可能很少认同了，因为这个时代讲究交际沟通，讲究语言技巧和礼仪表达，所谓"情欲信，辞欲巧"（《礼记·表记》）——感情要真诚，表达要有方法。交流从倾听开始，然后再发表自己的想法，这里笑容是必要的。人在职场，交际和沟通很重要，交际总不免为了达到某种短期或长远的目的，因此要重视不责备、不抱怨、不说教、互相尊重、不口出恶言、情绪中暂不沟通等原则。一个人生活在社会上，要想让别人尊重自己，遵循规范的社交礼仪也是必需的。许多情况下，讲礼仪可以塑造个人的形象，使事业成功，还可以促使社会安定，提升民族素质。至于国际商务礼仪和谈判、国家外交活动，更需要场面上的礼仪规范。如此这般，都不可当作"巧言令色"来批评。总之，与人交往中，真诚是必需的，但说好话也是需要的，只要不是在原则问题上曲意奉承就行。

（三）清廉

1. 两袖清风

【原文】

清风两袖朝天去，免得闾阎话短长。

——明·于谦《入京》

【译文】

只带着两袖子的清风去见天子，免得老百姓说长道短。

【解读】

人们经常用"两袖清风"一词来比喻为官廉洁。关于这一成语的出处，流传最广的说法是出自明代廉吏于谦的《入京》诗："绢帕蘑菇并线香，本资民用反为殃。清风两袖朝天去，免得闾阎话短长。"明人都穆的《都公谭纂》记载了下面的故事：于谦是明朝著名的民族英雄，他曾先后担任过监察御史、巡抚、兵部尚书等职。他作风廉洁，为人耿直，但是他生活的那个时代却是朝政腐败，贪污成风，贿赂公行。当时各地官僚进京朝见皇帝，都要从本地老百姓那里搜刮许多土特产品献给皇上和朝中权贵。巡抚于谦每次进京奏事，总是不带任何礼品。他的同僚劝他说："你虽然不献金宝、攀求权贵，也应该带一些土特产如线香、蘑菇、手帕等物，送点人情呀！"于谦笑着举起两袖风趣地说："带有清风！"以示对那些阿谀奉承之贪官的嘲弄。这首诗的意思是说，绢帕、蘑菇、线香这些东西本是供人民享用的，可是因为贪官污吏的搜刮，它们反而给人民带来了灾难。所以我什么也不带，只带两袖清风去朝见天子，免除百姓的不满。

这首诗嘲讽了进贡的歪风，表现了于谦为官清廉、不愿同流合污的铮铮风骨。诗中的"闾阎"是里弄、胡同的意思，引申为民间、老百姓。

其实早在元朝文学家魏初的《送杨季海》一诗中就已出现了"交亲零落鬓如丝，两袖清风一束诗"。魏初，字太初，曾任元朝中书省掾吏、监察御史、南台御史中丞等官职，品性清廉，颇有政声。此外，元人陈基在《次韵吴江道中》一诗中也有这样的句子："两袖清风身欲飘，杖藜随月步长桥。"只不过当时这一词语还没有与为官清廉这一意思联系在一起。自于谦以后，"两袖清风"逐渐演变成为官清廉的意思。明朝另一位清官况钟（1383—1443）在出任苏州知府任满赴京考绩时，为拒收群众送的礼物，就曾作诗云："清风两袖朝天去，不带江南一寸棉。惭愧士民相饯送，马前洒泪注如泉。"

2. 生于忧患而死于安乐

【原文】

人恒过，然后能改；困于心，衡于虑，而后作；征于色，发于声，而后喻。入则无法家拂士，出则无敌国外患者，国恒亡。然后知生于忧患而死于安乐也。

——《孟子·告子下》

【译文】

人常常会犯错误，往往犯错以后（因为从中得到教训）才能改正；内心受到困惑，思虑阻塞，这样才会奋起；（人的喜怒哀乐）表现在脸色上，吟咏感叹之气发于声音，然后才能被人们了解。在国内没有坚守法度的大臣和足以辅佐君王的贤士，在国外如果没有与之相匹敌的国家和外患的忧惧，（这样的）国家往往会走向灭亡。这样以后（就可以）知道，忧虑祸患能使人（或国家）生存、发展，安逸享乐会使人（或国家）走向灭亡（的道理）。

【解读】

无论个人还是国家，享受高品质生活、追求国富民强是无可厚非的，但是要获得可持续发展，一定要时时警醒、处处警惕，居安思危虽然有点累，总好过祸到临头坐以待毙。

科学界有这样一个有趣的实验，把一只青蛙忽然扔进滚烫的油锅里，青蛙能出人意料地一跃而出，逃离险境。但是如果把同一只青蛙放在逐渐加热的水锅里，让它感到舒服惬意，以致等到它意识到危险来临时却已经昏昏欲睡、力不从心，最终葬身锅底。由这个实验我们可以看出，青蛙对眼前的危险反应敏感，对还没有到来的危险却反应迟钝。动物如此，人类也不例外，人生旅途中，逆境催人警醒，激人奋进，而安逸优越的环境却消磨人的意志，使人耽于安乐，尽享舒适，常常一事无成。有的人甚至在安逸之时沉溺酒色，自我毁灭。这与青蛙临难时的奋起一跃和温水中的卧以待毙是何其相似乃尔！

"生于忧患而死于安乐"是孟子的名言，春秋末越王勾践卧薪尝胆的故事可以为它做最好的注解。勾践屈服求和，卑身事吴，卧薪尝胆，经历"十年生聚，十年数训"，终于转弱为强，起兵灭掉吴国，成为一代霸主。勾践何以复国？正是亡国之辱的忧患使他发愤、催他奋起。这说明，当困难重重、欲退无路时，人们常常能显出非凡的毅力，发挥出意想不到的潜能，拼死杀出重围，开拓出一条生路。但是，有了生路，有了安逸的生活，人们却往往不能很好地把握，而"死于安乐"。1644 年春，闯王李自成攻入北京，以为天下已定，大功告成。那些农民出身的新官僚把起义时打天下的叱咤风云的气魄丧失殆尽，只图在北京城中享受安乐，"日日过年"，李自成想早日称帝，牛金星想当太平宰相，诸将想营造府第。当清兵入关，明朝武装卷土重来时，起义军却一败不可收拾。险情环生时人们能睁大眼睛去拼搏，因此化险为夷；安逸享乐中却意志消退，锐气全无，一败涂地。1949 年解放军进驻北京城前夕，毛泽东在西柏坡告诫全体共产党人，要以李自成的前车之鉴时时提醒自己，不能"死于安乐"。

其实，无论忧患还是安乐，都需要有理想，有毅力，有一股拼命奋斗的精神。处在忧患之中，抗争拼搏自会求得生存和发展；同样，有理想，有毅力，有了不断进取的精神，即使处在安逸的环境中，也决不会走向死亡的坟墓。相反，如果一个人为忧患所困扰，不能挣脱忧患的泥潭，索性破罐子破摔，消极沉沦，不与劣境抗争，那么就不能在"忧患"之中求生。是"生"还是"死"，关键在于人"为"还是"不为"。"为"，无论是处在忧患之中，还是处在安乐之中，都可以"求生"。"不为"，无论是处在逆境中还是顺境中，都难免一"死"。时代前进了，处在忧患之中的人越来越少了，多数的人处在顺境之中。我们在强调"忧患"求生的同时，应当多讲讲"安乐之中求发展"的故事。应当教育那些官二代、富二代们正确对待"安乐"，把父母创造的顺境当作他们更加展翅高飞的宽广跑道。只要"为"，只要奋斗不息，就可以"弱变强"、"强更强"；创造百年企业，成为政治世家；如果"不为"，坐等幸福或享清福，那么，"强"必转"弱"，"弱"则趋于"亡"，逃不过"富不过三代"的魔咒。主宰生死的不是忧患或者安乐的外部环境，奋斗进取的内心才是成功的钥匙。

3. 玩物丧志

【原文】

玩人丧德，玩物丧志。

——《尚书·旅獒》

【译文】

沉迷于歌舞、美姬，就会丧失道德；沉迷于好玩的东西，也会丧失意志。

【解读】

任何欲望的满足都有个度，任何欲望一旦沉迷就比较麻烦，无论美酒美食，美色美物。春秋时，卫懿公是卫国的第十八代君主。卫懿公特别喜欢鹤，整天与鹤为伴，如痴如醉，每年耗费大量资财，丧失了进取之志，常常不理朝政、不问民情，百姓怨声载道。公元前 659 年，北狄部落侵入国境，卫懿公命军队前去抵抗。将士们气愤地说："既然鹤享有很高的地位和待遇，现在就让它去打仗吧！"懿公只好亲自带兵出征，结果战败而死。古人有诗云："曾闻古训戒禽荒，一鹤谁知便丧邦。荥泽当时遍磷火，可能骑鹤返仙乡？"

现代很多官员早已没有了人民公仆的意识，因与情妇反目而东窗事发的例子俯拾皆是，济南原人大主任段义和，北京地税局原局长王纪平皆因情妇问题案发。网友将近几年有代表性官员腐败案件调侃为"中国式反腐"——夫妻反目，情妇举报，家中被盗，记者拍照。虽为调侃，却也是不争的事实。"物必先腐，而后虫生。"习近平同志在十八届中共中央政治局第一次集体学习时的讲话振聋发聩，直接而犀利地指出我国监督制度不尽完善，不少政府官员贪污腐败的现象。

诚然，情妇举报、夫妻反目等独具特色的中国式反腐揪出了一大批贪污腐化官员，净化了公职人员队伍，维护了党和政府的威严。但这并不是一种长效的反腐方式，此类反腐表明现有的反腐举措尚有诸多不足。北宋的范仲淹有"不以物喜，不以己悲"之语，但玩物享乐本是人的本能，如何让人不敢丧志才是本事。反腐败必须健全现有的法律体系，依法办事，依法行政，对权力严格监督。唯有如此才能建立长效机制杜绝腐败现象，保持公职人员清正廉洁，实现国家长治久安。

4. 公生明偏生暗

【原文】

公生明，偏生暗；端悫生通，诈伪生塞；诚信生神，夸诞生惑。

——《荀子·不苟》

【译文】

公正产生光明，偏私造成黑暗；端庄产生通达，诈伪造成闭塞；诚信产生神明，夸诞造成惑乱。

【解读】

"公生明，偏生暗"意思是公正便能明察事理，后世以此三字作为官场箴规。古代府州县衙门大堂前面正中大都竖立一石，南面刻上"公生明"三字；北面刻上"尔俸尔禄，民膏民脂，下民易虐，上天难欺"十六字。后因出入不便，改为牌坊，以此警醒世人。公正廉明是儒家提倡的一种政治理想，它是建立在仁爱、诚信基础上的，强调作为一国之君，首先要以德服天下，这样才能处事公正，明辨是非。唐太宗曾问魏徵："人主何为而明、何为而暗？"魏徵回答说："兼听则明，偏信则暗。"唐玄宗早年励精图治，广开言路，任用贤相，终于成就了"开元盛世"。后来，他不理朝政，闭目塞听，奸相李林甫专权长达19年。李林甫口蜜腹剑，嫉贤妒能，排斥异己，致使唐朝政治腐败，最后爆发"安史之乱"。

社会公平和正义依靠什么来实现？罗尔斯在《正义论》中提出，两个饥饿的人要在一起分蛋糕，每个人都想要多吃多占，谁也不想让对方占到便宜，怎么分才好呢？有两种办法，一种是需要第三者介入，劝一个人发扬风格，同时给另一个人先行之利，尽取所需；另一种是让一个人先切蛋糕，让另一个人先来挑蛋糕。你认为哪种办法更加公平？这个例子给我们的启示是什么？第二种办法更公平，因为人心都是自私的，必须要用制度来管理和约束人，不能仅仅依靠个人的自觉来办事。

5. 宁静致远

【原文】

夫君子之行，静以修身，俭以养德。非澹泊无以明志，非宁静无以致远。

——三国·诸葛亮《诫子书》

【译文】

一个君子的行为，应当安静地修身养性，用俭约来培植德行。除了淡于追求功名利禄，便无法表白自己的志向；除了安静地修养，便难以达到高远的目标。

【解读】

追求功名利禄本也是无可厚非的。只是目标要高尚些，手段要正当些，除了依靠自身的修为，制度的约束也是不可或缺的。

"澹泊明志，宁静致远"表面词义可以解释成不求上进，悠闲自得，但实际上，提倡的是内心的理智和淡定。在纷繁复杂的现代社会里，在各种变化和诱惑中保持平静的心态，在各种物质和美色诱惑面前我岿然不动是需要定力的。甘于寂寞，保持清醒，调整心态，不停追求，这才是我们所追求的"澹泊以明志，宁静以致远"。

宁静，首先是心灵的宁静。《论语·雍也》篇说："子曰：'贤哉，回也！一箪食，一瓢饮，在陋巷，人不堪其忧，回也不改其乐。贤哉，回也！'"一竹筒子饭，一瓢水，住在简陋狭小的巷子里，一般人都忍受不了这种困苦忧愁，颜回却依然不改爱学乐善的快乐，这才是好品德呀！颜回告诉我们静就存在我们心底，即使我们身处闹市之中，静仍在我们身旁，只要我们内心有单纯的追求。李白诗云："安能摧眉折腰事权贵，使我不得开心颜。"说明人们对于世间万事的看法，其实源于你自己对于世界的态度。有人无法忍受喧闹与浮华，选择了主动避开，于是就有了隐。古人云："大隐隐于市，小隐隐于野。"陶渊明心中所希望的现实社会就应该如《桃花源记》中的"土地平旷，屋舍俨然，有良田、美池、桑麻之属；阡陌交通，鸡犬相闻"。可世间怎会有如此与世无争之地呢？所以，他在《饮酒》中也告诉人们静源于心境。诗曰："结庐在人境，而无车马喧。问君何能尔，心远地自偏。"

其实人生就如同在旋涡中漂流，目标不是搏击旋涡，而是去寻找安全的地方。人生的纷杂喧闹不必在意，倒不如从心底拾起一片宁静，寻静得乐，自得其乐，其乐融融。

6. 学而优则仕

【原文】

子夏曰："仕而优则学，学而优则仕。"

——《论语·子张》

【译文】

子夏说:"做官尚有余力就去读书做学问,读书做学问尚有余力就去做官。"

【解读】

查《论语集注》,原来此地的"优"并不当优秀讲,优在古代有"充足"、"富裕"的意思,如《荀子·王制》有:"故鱼鳖优而百姓有余用也",鱼和鳖充足了,老百姓就可派多余的用场了,这个"优"显然不能解释为"优秀"。现在子夏说的那段话可以这样领会:你官当得有余力了,那么你就该去学习,你学习有余力了,就可以去当官。比较说来,"学而优则仕",是人们争着想实现的。随着干部年轻化知识化的不断深入,许多领域的优秀人才进入组织部的视野进而被提拔到各个领导岗位。外行领导内行的景象在中国已经不复存在,但随之而来的新问题有两个:其一,那些出"仕"的人再也没有余力"学"了,其中大部分专业荒废,技术人才沦为官场冗员,可惜啊;第二,学而优的并非人人都适合"仕",让影视明星当人大代表、政协委员,让奥运冠军当体育局局长,就勉为其难了,如同好人并不等于好官,好医生不一定是好院长,好老师未必能成为好校长。

几乎人人都知道"学而优则仕",其实在这句话的前面,子夏还说了一句如今被忽略以至鲜为人知的话:"仕而优则学。""仕"要做到"优",就必须持续"学"。然而,比较说来,"学而优则仕",是人们争着想实现的;"仕而优则学",却并非每个人都能自觉去做的。寒窗苦读,一旦出"仕",便少有那种苦学的劲头了。时代发展加速,知识更新加快,在繁重而艰巨的改革开放和经济社会建设中,新情况、新问题、新事物不断出现,需要干部加紧学习,全面提高政治文化业务素质,提升应对能力,"以其昏昏、使人昭昭"是不行的。有人对官员学习的紧迫性作了这样一个"严重"的比喻:"学习的速度慢于时代发展速度等于死亡。"可是,党政干部的学习状况还很不理想。有个"万名党政干部阅读状况调查"显示,大部分官员很少读书,读书学习是一些官员的最末选项。《人民网》援引习近平同志在讲到当前领导干部读书状况不佳时,提到的前两项表现,就是追求享乐,玩物丧志,不好读书;热衷应酬,忙于事务,不勤读书。不少人是"有时间应酬,无时间读书"。他们是"仕而优"则"酒"、则"舞"、则"牌",就是把"学"挤掉了。实际上,只要有学习的热情,对于任何人,时间总是有的。关于挤时间读书,古来早有"三余"(冬者岁之余、夜者日之余、阴雨者晴之余)、"三上"(马上、枕上、厕上)之说。陆放翁即是"待饭未来还读书"的。许多重视学习的优秀之"仕"，不论戎马倥偬，还是日理万机，都没有间断过读书生活。

一些不热心学习的官员热衷拉关系，认为"关系"较读书更能产生"价值"。读书虽能充实自己的学养，但对提升和"进步"难以"立竿见影"，周期长、起效慢，而关系在当今官场，已成为一项重要的"生产力"，"有了关系，心想事成；没有关系，寸步难行"。因而进党校和各种培训班，意义不在于提供了读书学习的机会，而是能结识一批同乡官员和官员同学。这样，学习平台变成了拉关系的场所，"学不学习不重要，大家坐在一起认识最重要"。有位专家分析得好：当急功近利和浮躁心理占据上风时，要使官员的心灵飘荡书香是困难的。还有一个不容忽视的现象也要警惕，很多官员为了给自己的仕途增加砝码，不惜使出浑身解数动用关系，混进高校混博士文凭，同班同学只闻其声不见其人。到了论文答辩阶段自有枪手搞定，校方、教授皆成为此类文凭造假流水线上的帮凶，危害胜于电线杆上泛滥张贴的假证广告。

看来，要真正做到"仕而优则学"，既要努力改善官员的心态，提高他们的学习自觉性，更要努力改善官场的生态，形成公平公正的选拔机制。心态和世态是互相影响、互为因果的。

7. 礼尚往来

【原文】

礼尚往来。往而不来，非礼也；来而不往，亦非礼也。

——《礼记·曲礼上》

【译文】

礼所崇尚的是有施有报。只讲施而不讲报，这不合乎礼的要求；相反，只讲报而不讲施，也不合乎礼的要求。

【解读】

中华民族素以"礼仪之邦"著称，"人情往来"是我们的传统。在日常生活中，尤其是在传统节日里，迎来送往，礼尚往来，乃人之常情。领导干部也是人，也有着自己的人情往来。当然，正常的人情往来，应该是有来有往。按照人们的日常生活经验，亲戚、朋友等有了人情来，自己想方设法也要有相应的人情往，否则，总是感到缺了人情、缺了理。而当前，一些官员的人情往来，却是有"来"无"往"。也就是说，这绝不是一种社会正常的人情往来。来而不往非礼也，官员只来不往的人情，也没有人情，而有着见不得阳光的隐情。深受人民爱戴的周恩来总理，从来不收馈赠者的礼物。一次，他过去的一位老警卫给他从外地捎来一筐新鲜橘子，他问清橘子价格是 25 元钱后，立即让人寄去 50 元钱。他说："多余的钱让他处理，不这样做，就制止不了他，这样以后他就不再送了。"本来，作为自己的老部下送筐橘子，也不值多少钱，总理完全可以收下，但他却用高出原价的钱寄去，这是为什么？并非周总理没有人情味，而是害怕他人效仿，败坏党风和社会风气。周总理绝妙处理橘子的事，既体现了"往"，充满了人情味，又坚持了原则，堵了"来"的路。"廉不廉，看过年；洁不洁，看过节。"

（四）礼义

1. 克己复礼

【原文】

颜渊问仁。子曰："克己复礼为仁。一日克己复礼，天下归仁焉。为仁由己，而由人乎哉?"颜渊曰："请问其目。"子曰："非礼勿视，非礼勿听，非礼勿言，非礼勿动。"颜渊曰："回虽不敏，请事斯语矣。"

——《论语·颜渊》

【译文】

颜渊请教仁的含义。孔子说："约束克制自己的欲望，使言行都符合礼的需求，这就达到了仁的境界。哪一天大家都做到这样了，天下就回归到了仁爱的境界。能否成为仁人靠的是自觉，还能靠别人吗?"颜渊问："请问具体的条目。"孔子说："不合乎礼的事物不要去看，不合乎礼的事情不要去听，不合乎礼的言论不要去说，不合乎礼的行为不要去做。"颜渊道："我虽然愚钝，也要践行您这些教诲。"

【解读】

"仁"是儒家文化中最根本的概念，它指人的内在心理自觉，是一种高尚的道德境界。孔子指出通往仁的途径是"克己复礼"。"克己复礼"这个词其实不是孔子首先提出来的，而是古已有之，孔子继承、发展了前人的思想，重申了这个问题。《左传·召公十二年》中就有记载："仲尼曰：'古也有志：克己复礼，仁也。'""克己复礼"短短四个字，蕴涵了丰富的思想内涵，揭示了"仁"和"礼"的关系问题："仁"是里，"礼"是表，

"仁"是体，"礼"是用，"仁"为核心，"礼"为手段，"礼"是实现"仁"的具体形式，表里如一的"礼"聚焦点落实于"仁"。"克己"的目的是抑制自己的私欲，通过恪守外在的"礼"以达到"仁"的境界。孔子提出"为仁"的具体途径包括不合乎礼的事情不要去看，不要去做，不合乎礼的话不要去听，不要去说，从我做起，从小事入手，将个人的道德修养和社会制度实践落实于日常生活当中，以达到"仁"的境界。用今天的话说，就是要完成道德自觉。

就孔子"仁"、"礼"关系的问题，李泽厚这样说过："孔子释'礼'为'仁'，把这种外在的'礼'改造为文化——心理结构，使之成为人的族类自觉即自我意识，使人意识到他的个体位置、价值和意义，就存在于与他人的一般交往之中即现实世界生活之中。"李泽厚同时还指出："这就把'礼'以及'仪'从外在的规范约束解说成了人心的内在要求，把原来的僵硬的强制性规定，提升为自觉理念，把一种宗教性、神秘性的东西变而为人情日用之常，从而使伦理规范与心理欲求融为一体。"① 可见孔子的思想中"仁"是"礼"的旨归，"礼"是"仁"得以实现和表现的方式，"礼"的贯彻实施构成"仁"的内涵。"克己复礼为仁"，使自己的一切活动都符合礼的规范，也就做到了"仁"。"仁"表现为内在自觉，"礼"表现为外在规范，是实现"仁"的手段与"仁"的外显形式，孔子把它们统一起来了，从深层次上讲，二者同时指向君子人格，以期达到内圣外王的统一。生活中不乏这样的例子，得道高僧基本慈眉善目，心地善良的人眉清目秀显年轻。西方也有一句谚语：四十岁以前父母为你的容貌负责，四十岁以后你自己为自己的容貌负责。

孔子的"克己复礼"思想对两千多年后的今天实行以德治国、建立和谐社会仍然有着指导价值。当今中国，在"建设文化强国"战略方针的指引下，文化事业发展迅速，出现了百花齐放、百家争鸣的繁荣气象，然而也存在诸多问题。有些人追溯悠久中国文明的时候，看到的不是泱泱中华的精粹，而是一些僵化的框架和腐朽的气息。这种状况很是普遍，比如，电视剧中清宫戏里的尔虞我诈、磕头跪拜、愚昧盲从、没有自我，参加国际电影节并获奖的往往是妻妾成群、寡妇同性恋等猎奇题材。最令人担心的还有一些教育机构，打着传授中国优秀传统文化的旗号，教人子弟的无非是一些三叩九拜、低眉顺眼的所谓"礼仪"，完全背离了中国文化的精粹。

---

① 李泽厚：《论语二十讲》，傅杰选编，112 页，北京，华夏出版社，2009。

2. 舍生取义

【原文】

孟子曰："生，亦我所欲也，义，亦我所欲也。二者不可得兼，舍生而取义者也。"

——《孟子·告子上》

【译文】

孟子说："生命是我要珍惜的，义也是我要拥有的。如果两者不能兼得，我可以牺牲生命选择取义。"

【解读】

《论语·卫灵公》中也有类似的表述："志士仁人，无求生以害仁，有杀身以成仁。"纵观中国历史，志士仁人、忠臣孝子，绝不为了留住生命而违背自己的思想、放弃自己的信仰，宁可牺牲自己也要恪守仁义的原则。《宋史·文天祥传》这样记载文天祥从容赴死："天祥临刑殊从容……其衣带中有赞曰：'孔曰成仁，孟曰取义，惟其义尽，所以仁至。读圣贤书，所学何事，而今而后，庶几无愧。'"清朝入关后，面临留发不留人的威胁，吕留良坚持反清复明运动，而与之同时代的洪承畴之流贪生怕死于是免不了遗臭万年的结局。抗日战争时期，梅兰芳等文艺工作者冒死蓄胡以明志，坚决不为侵略者表演，与汪精卫等汉奸形成鲜明对比。全世界范围内也有许多宗教人士，碰到与信仰抵触的事，同样是宁可舍掉性命也要坚持真理，所谓以身殉道。中世纪科学家布鲁诺反对当时流行的地心说，为坚持日心说而被宗教裁判所烧死在意大利罗马广场的火刑柱上。正是有了这样舍生取义的英雄，历史才能前行，社会才能进步。

不能为了生命的安全，而去做违背仁义的事，这样的理念与个人的修养以及对生命价值的看法息息相关。但凡有志气和有道德的人，没有哪个愿意为了求生而失德，反而都愿意以生命来争取真理。现代社会，为了求生而失德的事情少了，但是为了求富贵、求升职而失德的事例却屡见不鲜。影视圈"潜规则"，办公室"厚黑学"，似乎为了生活可以不择手段。事实上，被大款包养、被上司"潜"关照的人，表面上衣食无忧，轻松愉快，但是会被周围所有正派人鄙视，还要冒上法庭、进监狱等诸多风险，所以"富与贵，是人之所欲也，不以其道得之，不处也"（《论语·里仁》）。

3. 过犹不及

【原文】

子贡问："师与商也孰贤?"子曰："师也过，商也不及。"曰："然则师愈与?"子曰："过犹不及。"

——《论语·先进》

【译文】

子贡问："子张与子夏两人谁更贤达?"孔子说："子张过于进取了，子夏太谦让了。"子贡又问："那么子张更好一些?"孔子说："过于进取和太谦让一样（都不能算贤达）。"

【解读】

孔子的弟子子张积极进取但往往把事做过了头，而另一个弟子子夏做事却畏首畏尾，到不了火候，孔子认为这两种类型的表现形式都不是恰到好处，都不合乎"中庸"的原则，因此都算不上有道德、有能力的人。

孔子所强调的中庸原则第一条就是，既反对"过"也反对"不及"。儒家认为人的思想和行动冒进或保守都不好，因此必须在"过"与"不及"之间寻求和掌握一个正确合理之点以做到恰如其分，真理之所以为真理，就在于它符合实际，恰到好处，向前多走一步或退后一步，真理就变成了谬误。这种处理矛盾的方法包含着儒家对事物矛盾的特殊认识，显然有其合理的因素。夫妻同心是对的，但是不同的个体必须保留自我空间，就是表达爱情的经典《我侬词》① 也是说，把玩偶打碎了重新糅合后，重塑一个你，重塑一个我，而不是塑成两个一模一样的玩意儿。所以夫妻相处之道就是保持距离，有分有合，如同两只刺猬，分太开冷，靠太近又扎得慌。

其次，孔子论及其中庸思想时还说："攻乎异端，斯害也已"（《论语·为政》)。所谓"异端"是指"两端"，即矛盾对立的双方。孔子反对方法论上的"攻乎异端"就是反对做事走极端。孔子认为如果只抓住矛盾的一方而忽视另一方就会酿成祸害，最好的方法是把矛盾对立的双方联系起来通盘考虑，这样就能够以此之长济彼之短，以此之有余补彼之不足，在两端的互补互济中求得正确合理的"中"，最后达到和谐的效果。所以他说："吾有知乎哉? 无知也。有鄙夫问于我，空空如也，我叩其两端而

---

① 元代著名书法家赵孟頫夫人、女词人管道升作《我侬词》。

竭焉。"(《论语·子罕》)把"叩其两端"以求其"中"作为认识和处理矛盾的方法，包含了孔子中庸思想中防止片面性的合理成分。

儒家认为"中"的原则是处理矛盾的普遍标准，但由于"中"具有概括性和抽象性，所以在具体情况下还要有具体标准，因此必须强调权变。儒家提出的标准，如仁、义、礼、知、信、善、贤、直等，各有其不同的应用范围，而且在使用这些具体标准时必须灵活多变，不同的使用前提就是所谓的"权"。《礼记·中庸》进一步提出了"时中"的观念："君子之中庸也，君子而时中。"孟子称孔子为"圣之时者"(《孟子·万章下》)，认为"可以仕则仕，可以止则止，可以久则久，可以速则速，孔子也"(《孟子·公孙丑上》)。荀子也主张"与时屈伸"(《荀子·不苟》)。总之，儒家"中庸"观念中的"时中"精神，既强调"中"因"时"变，又强调因"时"用"中"，"中"的灵活性和多变性不是随心所欲，而是以矛盾的复杂性、运动性为基础的，具有朴素的历史辩证法观点。

最后，"中庸"观要求"中"与"和"的和谐统一。其中的"和"是目标与归宿，它强调各种不同或对立的因素通过"济其不足，以泄其过"的转化生成过程从而达到整体和谐的最佳状态，使"中庸"成为一种普遍的和谐观；"中"则是"中庸"的标准和手段，强调其正确合理性使整个和谐过程保持正确的方向，不致成为"知和而和"的无原则和谐。

长期以来，人们对"中庸"最普遍的理解就是不偏不倚，调和折中，是"和稀泥"。其实这些认识是不妥当的，评价也有欠公允。从哲学角度来看，"中庸"是一种以正确合理为内在精神的普遍和谐观，具有辩证因素和价值论意义，同时具有丰富的社会政治内涵和伦理道德内涵。与"中庸"相关的"过犹不及"、"通权达变"、"能屈能伸"、"否极泰来"、"居安思危"、"多难兴邦"等精神，不仅推动了中国古代认识论的发展，促进了中华民族自强不息精神的形成，而且对我们今天认识问题、处理问题时防止片面性和极端化，仍有其重要的借鉴意义。

4. 言而有信

【原文】

子曰："人而无信，不知其可也。大车无輗，小车无軏，其何以行之哉？"

—— 《论语·为政》

【译文】

孔子说："做人没有信誉，不知道他可以做什么。比如大车子没有装横木的𫐐，小车子没有装横木的𫐄，它怎么能行驶呢!"

【解读】

古代大车一般是牛车，用来运货物的；小车指马车，用来乘坐或作战的。𫐐、𫐄是驾车的横木，是车的关键部件。信是儒家传统准则之一，作为仁、义、礼、智、信五常之一，于人像𫐐𫐄之于车一样，是修身养性的重点、为人处世的要点。《白虎通义·性情》如此解释"信"："诚也，专一不移也"，信己、信人、信用。信己，指要在对现实与历史全面了解的基础上，综合考虑，通过实践，对自身有一个客观的定位，正确培养自己的能力与智慧，善于学习应用，相信自己，从容自信。信人，一是指要相信每个人都有向善的心，相信别人，即使别人做错了，也给他改正的机会，以真诚的心意对待他，放宽心胸，给别人机会和希望。《左传·宣公二年》云："人非圣贤，孰能无过？过而能改，善莫大焉。"二是指信任他人。历史上著名的官渡之战，曹操知人善用，用人不疑，用人得当，以弱胜了强大的袁绍。信用，指说话要有根据，道听途说不能取信于人，再者就是承诺要兑现，正如《史记·季布栾布列传》所载："得黄金百斤，不如得季布一诺"，事情既然决定做了，就一定要有头有尾，有始有终。

信是一种德，信也是处事双方的义务。君如果要励精图治就要对臣子和民众讲信用，做到君无戏言；臣子和百姓则更要对君绝对忠诚，不说妄言，不饰过。董仲舒在《春秋繁露》中说"明主贤君必于其信"，由此似乎也可以说，讲求信用是君、臣双方都应具备的美德。

5. 有朋自远方来

【原文】

子曰："学而时习之，不亦说乎？有朋自远方来，不亦乐乎？人不知而不愠，不亦君子乎？"

——《论语·学而》

【译文】

孔子说："学习并且时常练习、实践，不也高兴吗？有志同道合的朋友从远方来，不也快乐吗？人家不了解我，但我不怨恨，不也是君子吗？"

【解读】

我们先来说说"乐"的读音：《咬文嚼字》编辑部公布的"2008 年十大语文差错"中明确指出"乐"的读音实际上是 lè，而非许多人所说的 yuè。朱熹在《论语集注》中的注释是：乐，音洛。在《论语·雍也》中还有一句孔子的话："知之者不如好之者，好之者不如乐之者。"朱熹的注释也是：好，去声；乐，音洛。按今天的读音，"洛"字音 luò。但在古代，作为快乐的"乐"和"洛"都属于入声"十一药"韵部，加上声母都是 l，当然完全是同音字了。所以"不亦乐乎"中的"乐"应该和"快乐"中的"乐"字一样，都读成 lè。"乐"是多音字，除了读 yuè（音乐）、lè（快乐）外，在《论语·雍也》篇中还有一处也有很多人读错："知者乐水，仁者乐山。"朱熹的注释是：知，去声。乐，上二字并五教反，喜好也。"五教反"是指我国传统的拼音方法——"反切法"：取上一字的声母（"五"字的声母是"疑"，相当于今天的 y），与下一字的韵母（即"教"的韵母 iao）拼读成 yao。可见，"乐"在古书中的读音主要有三种：（1）作名词用的意思是音乐、乐器、乐工等，音 yuè。（2）作形容词用的意思是喜悦、快乐，音 lè。（3）作动词用的意思是喜爱、喜欢，音 yào。

"人不知而不愠，不亦君子乎?"有两个层面的理解。其一，在《论语·学而》的末章里孔子语重心长地说："不患人之不己知，患不知人也。"意思是不要抱怨别人不了解我，要担心你自己不了解别人。别人不了解我，我还是我，于我自己并没有什么损失。相反，"画虎画皮难画骨，知人知面不知心"，我不了解别人，则不知道别人的是非邪正，不能亲近好人，远离坏人，在职场不能站对队、跟对人，不能结交志同道合的朋友，不能提拔德艺双馨的下属，这倒是值得忧虑的。所以"知人"远比"己知"重要。当然，如果通过小事、私事的交流能够获得"己知"就更完美了。肯尼迪竞选演讲时说的一句话——"我和杰姬最近除了讨论总统选举，更关心我们该要个孩子了。"——立即让他的支持率上涨一倍，因为别人觉得你和他虽喜怒哀乐不尽相同，但生活同样充满酸甜苦辣，彼此距离自然就拉近了。

其二，要"己知"必须靠自己的力量，哀叹怀才不遇是没用的。《论语·宪问》：不患人之不己知，患其不能也（不因别人不了解自己而忧虑，却应当担心自己本身的能力）。《论语·卫灵公》：君子病无能焉，不病人之不己知也（君子忧虑自己本身的能力不足，而不担心别人不了解自己）。《论语·里仁》：不患无位，患所以立；不患莫己知，求为可知也（不要担心没有官位，而要担心有没有能担任官位的才能；不担心别人不了解自己，而要努力地设法使自己值得他人了解）。都强调不要因别人不了解自己而忧虑，而是应该努力提高自己的才能。别人不了解自己，正好可以让自己警惕从而更加致力于充实修养，机会永远只会垂青于有准备的人。纵然"千里马常有而伯乐不常有"，但是伯乐一定有。何况青菜萝卜各有所爱，只要你有本事，现任领导不用你是他的损失，取而代之的下任领导必然重用你。

6. 文质彬彬

【原文】

子曰："质胜文则野，文胜质则史。文质彬彬，然后君子。"

——《论语·雍也》

【译文】

孔子说："质朴胜过了文饰就会粗野，文饰胜过了质朴就会虚浮，质朴和文饰比例恰当，然后才可以成为君子。"

【解读】

南宋朱熹《论语集注》注解说："言学者当损有余，补不足，至于成德，则不期然而然矣"。清朝刘宝楠《论语正义》解读云："礼，有质有文。质者，本也。礼无本不立，无文不行，能立能行，斯谓之中。"孔子此言中的"文"，指合乎礼的外在表现；"质"，指内在的仁德，只有具备"仁"的内在品格，同时又能合乎"礼"地表现出来，方能成为"君子"。文与质的关系，即礼与仁的关系，此句不仅体现了孔子所竭力推崇的"君子"之理想人格，同时也反映了其一以贯之的中庸思想：即不主张偏胜于文，亦不主张偏胜于质；不偏不倚，不走极端最好。孔子进一步解释说："虞夏之质，殷周之文，至矣。虞夏之文，不胜其质；殷周之质，不胜其文；文质得中，岂易言哉？"意思是说虞夏时期的质朴和殷周两代的文化发展都达到了极致，虞夏时期的文化发展并没有消灭其质朴的本真，而殷周的质朴，也掩盖不了其文化发展的光芒。文化发展和传统保留如此和谐，怎么是说说那么简单的呢？

这段话其实可以从两个层次上来理解和发挥。一方面，从文化人类学的角度来理解，"质"是指人类朴素的本质，"文"则指文化的累积。那么，"质胜文则野"就是指人没有文化，就会像原始人一样粗野、落后，现代人就很形象地把那些外表光鲜却没有真知识真本事的叫作"绣花枕头烂稻草"。"文胜质则史"就是指文化过于发达后人类失去了原来朴素的本质，显得虚浮而没有根基，中国的六大古都因为开发、因为改造变得雷同，名胜可以再造，古迹却不可能恢复了。所以文化的发展要与人类的本质相适应，相协调，要"文质彬彬"。另一方面，从个人修养的角度来理解，"质"是指质朴的品质，"文"则是指文化的修养。那么，"质胜文则野"就是指一个人没有文化修养就会很粗俗。有些人日常生活中文质彬彬，可是一上微博一吵架就什么国骂都出来了。"文胜质则史"就是指一个人过于文雅就会显得像个酸秀才、书呆子，注重繁文缛节而不切实际，最有名的莫过于鲁迅先生笔下的孔乙己，他落魄到没钱喝酒还要跟掌柜摆谱说茴香豆的"茴"有四种写法。所谓"百无一用是书生"，就是典型的"文胜质则史"，忘了做人的根本。办公室里不乏这样的人：夸夸其谈没有真才实学，溜须拍马动口不动手，眼高手低，好高骛远。所以"文质彬彬"，要求知识分子既要有文化修养，外在形象谦恭有礼，又要不迷失本性，只有这样，才能够称得上是真正的君子。

7. 宁可玉碎不能瓦全

【原文】

大丈夫宁可玉碎，不能瓦全。

——唐·李百药《北齐书·元景安传》

【译文】

人格高尚者宁愿做高贵的玉被砸碎，也不愿做低贱的瓦求得保全。

【解读】

公元 550 年，北朝东魏的孝静帝被迫将帝位让给专横不可一世的丞相高洋。从此，北齐代替了东魏。高洋心狠手辣，次年又毒死了孝静帝及其三个儿子，来个斩草除根。高洋当皇帝第 10 年 6 月的一天，出现了日食。他担心这是一个不祥之兆，于是，把一个亲信召来问道："西汉末年王莽夺了刘家的天下，为什么后来光武帝刘秀又能把天下夺回来？"那亲信说不清这是什么道理，随便回答说："陛下，这要怪王莽自己了。因为他没有把刘氏宗室人员斩尽杀绝。"残忍的高洋竟相信了那亲信的话，马上又开了杀戒：把东魏宗室近亲 44 家共 700 多人全部处死，连婴儿也无一幸免。消息传开后，东魏宗室的远房宗族也非常恐慌，赶紧聚集起来商量对策。有个名叫元景安的县令说，眼下要保命的唯一办法，是请求高洋准许改姓高氏。元景安的堂兄景皓，坚决反对这种做法。他气愤地说："怎么能用抛弃本宗、改为他姓的办法来保命呢？大丈夫宁可做玉器被打碎，不愿做陶器得保全。我宁愿死而保持气节，不愿为了活命而忍受屈辱！"元景安为了保全自己的性命，卑鄙地把景皓的话报告了高洋。高洋立即逮捕了景皓，并将他处死。元景安因告密有功，高洋赐他姓高，并且升了官。但是，残酷的屠杀不能挽救北齐摇摇欲坠的政权。3 个月后，高洋因病死去。

18年后北齐王朝也寿终正寝了。

历史上关乎民族大义个人气节的"宁为玉碎"的事例不胜枚举，岳飞《满江红》的慷慨陈词，邓世昌全力以赴的惊世一撞，谭嗣同大义凛然的"我自横刀向天笑"，抗日英雄杨靖宇震撼人心的一肚子烂棉絮——正是他们，挺起了中华民族生生不息的脊梁。

8. 礼，时为大

【原文】

礼，时为大，顺次之，体次之，宜次之，称次之。

——《礼记·礼器》

【译文】

礼所考虑的原则以适时为大，顺、体、宜、称依次为序。

【解读】

什么是"时"？按照汉代经学家郑玄的注解，即指受天命之时。"尧授舜，舜授禹，汤放桀，武王伐纣，时也。"这是说，顺守之尧舜禹，和逆取之汤武，他们受命改制，虽然方式不同，但同样是符合时代要求的。当然，"时"并非仅指客观的时代特点，而且包括根据时代特点而作出行为选择的主体决断，是实践性的。何为"顺"？"伦之言顺也"，即符合伦常之理叫"顺"，伦常是人伦生活中相对稳定的规范。何为"体"？"体，天地人之别体也"，"社稷山川之事，鬼神之祭，体也"。社稷山川为地之别体，神乃天之别体，鬼为人之别体，三者之祭，其地位次于天地宗庙，所以又次于顺。何为"宜"？"义之言宜，人道之宜也"，"义"就是适时、合宜。"丧祭之用，宾客之交，义也。"丧礼和祭礼使用什么物品，接待宾客以什么礼数，都要合情合理，适当得宜。何为"称"？祭祀用物和祭祀规模应当相符，礼仪用物要和爵位身份相称，就是所谓的"称"。于此可见，所谓"礼，时为大，顺次之，体次之，宜次之，称次之"，是将顺天应人的改制活动看成是首要的，一般条件下的五伦居次要地位，社稷、山川、鬼神等不同于人事之祭处于又其次的地位，而人们在丧祭中使用什么物品和接待不同宾客以什么方式等合宜、适宜的原则是再其次的。最后，才是祭祀的差异和身份差等的相称。这说明，通常的差等虽渗透在礼仪的方方面面，但就其重要性而言，则是相对次要的。将"时"视为礼的最高原则，甚至居于通常情况下的五伦之上，无疑反映了礼突出实践性的特点。其实践性不仅是说礼乃常人所必须践履的行为规范，而且是随着时代特征的不同服从实践需要而改变的。

中国传统礼仪是一个涵盖了制度层面和个人修养层面的复杂体系。但近代以来，随着人们生活习惯的改变，传统生活礼仪有的被继承下来，有的出现了变化，有的已被完全抛弃，我们处在"旧礼已破，新礼未成"的年代。《礼记·礼运》云："礼也者，义之实也。协诸义而协，则礼虽先王未之有，可以义起也。"当务之急是如何基于社会发展需要，进行礼仪建设，重构"现代中国礼仪"。借鉴古礼的合理内核，在形式上加以创新，就可以使传统的礼仪文化得到合理的传承。天安门升旗礼，以礼、乐结合的形式创造了一种新型的礼仪，受到广泛的欢迎，值得称道。

（五）忠敬

1. 鞠躬尽瘁

【原文】

臣鞠躬尽瘁，死而后已。

——诸葛亮《后出师表》

【译文】

我小心谨慎，尽心竭力，一直到死为止。

【解读】

做任何事都要尽力才能成功，但目的是为了自己还是为了国家，影响是不同的。后者就算是"出师未捷身先死"，依然会永留青史。所以人是要有理想的。

魏、蜀、吴三国鼎立的局面确立不久，蜀帝刘备去世，其子刘禅袭位，称"后主"。诸葛亮继续任丞相，并受封为"武乡侯"，蜀国一切军政大权，都握在他手里，由他裁决。诸葛亮是一贯主张联吴伐魏的，这时他仍然一面和东吴结好，一面南征孟获，平定南中诸郡，以消除后顾之忧，然后充实军备，练兵习武，积极准备北伐魏国。出兵的时候，曾上表后主，力劝听信忠言，任用贤臣，这就是流传很广的《出师表》。可是这次北伐，没有完成，就暂时退兵回蜀。过了一些时候，诸葛亮又发动第二次北伐，当时蜀国臣子官员中，颇有反对兴师伐魏的，诸葛亮因此又上一表，分析当时局势，说明蜀汉与曹魏势不两立，必须北伐。这就是和《出师表》同样脍炙人口的《后出师表》。诸葛亮的前后两篇出师表，所表现的忠贞气节，使文章千古传颂。中国历史上有很多为了国家兴亡、百姓幸福鞠躬尽瘁的良将贤臣，比如商朝太师闻仲，春秋的管仲、伍员，汉朝的萧何，唐朝的魏徵、郭子仪，宋朝的寇准、包拯、岳飞，元朝脱脱、耶律楚材，明朝的于谦、袁崇焕，清朝的林则徐，民国时为国捐躯的抗日英雄张自忠、杨靖宇，新中国亿万人民爱戴的周恩来总理等等。正是这许许多多鞠躬尽瘁，关键时刻将个人安危荣辱抛之脑后的中国人，铸就了千年不倒的中华民族的脊梁。

2. 吾日三省吾身

【原文】

曾子曰："吾日三省吾身：为人谋而不忠乎？与朋友交而不信乎？传不习乎？"

——《论语·学而》

【译文】

曾子说："我每天多次自我反省三件事：替人谋划事情有不忠诚的吗？与朋友交往有不讲信用的吗？老师传授的知识有不曾复习实践的吗？"

【解读】

每天反省三次似乎太累也太过严苛，然而常常总结过去、审视现在、展望明天还是有必要的。埋头拉车也要抬头看路，不然总是掉到同一个坑里也太笨了。

曾子即曾参，是孔子的学生。曾子性情沉静，举止稳重、谨慎，待人谦恭，深得孔子的器重。"人非圣贤孰能无过？"每个人都不可能是完美无缺的，每个人都会犯错误，重要的是要善于总结反省，只有具备了不断自我反省的能力，才能不断自我完善。一个善于自我反省的人谦虚而不傲慢，彬彬有礼而不自以为是，能独立思考而不盲从他人。"三省吾身"实际上是要求我们每天作自我总结，及时调整定位，以有利于往后的生活和工作。就反省的内容而言，曾子强调了三点：对他人要忠，对朋友讲信，对知识重习。

忠指发自内心的，尽心尽力为别人做事情，是孔子一再强调的为人之道。爱国、爱家、爱亲人，忠于事业、忠于爱情，都是忠的具体体现，那些最美司机、最美教师们，践行的就是爱岗敬业忠于职守的美德。

信，指与人交往要诚信、自信，讲信用。从"信"的字形可以看出，人和言为信，也就是说，人说话是要讲信用的。《论语》中记载孔子言论：

"言必信，行必果"。

习，其繁体字为"習"，会意字，从羽从日，指刚出生的小鸟不断地练习飞翔。因此"习"有反复练习、不断实践的意思。曾子所谓"传不习乎"，不仅有复习的意思，也强调要对所学的知识进行实践练习，从中找到乐趣。"学而时习之"，才知道自己学得好不好，才知道自己需要学什么，才知道为什么学。

3. 修己以敬

【原文】

子路问君子。子曰："修己以敬。"曰："如斯而已乎?"曰："修己以安人。"曰："如斯而已乎?"曰："修己以安百姓。修己以安百姓，尧、舜其犹病诸。"

——《论语·宪问》

【译文】

子路请教如何做君子。孔子说："用严肃认真的态度来修养自己。"子路问："像这样就够了吗?"孔子说："修养自己以使官员安心。"子路又问："像这样就够了吗?"孔子说："修养自己以使老百姓定居乐业。修养自己以使老百姓安定，尧、舜那样的圣人也担心做不到!"

【解读】

这一章中，孔子和子路讨论了君子之道。孔子认为，用严肃认真的态度来提高自己的修养是成为君子的第一步。在子路的追问下，孔子又提出了"修己以安人"和"修己以安百姓"。从"修己以敬"到"修己以安百姓"，这三个步骤一个比一个难。说到"修己以安百姓"时，孔子又强调，就是上古时期的贤君尧和舜也难以做到这一点。孔子曾用"巍巍乎"来赞赏尧、舜之治理天下，在本章中又说"尧、舜其犹病诸"，在他心中要达成君子的最高境界是多么难。孔子提倡修身，强调榜样的作用，更重要的是在于治国平天下。"修己"而"安人"、"安百姓"，可见提高自己修养是安身立命和推行清明政治的前提。

孔子是思想家，也是政治家，他的许多观点是围绕治国安民而展开的。对学问、道德等达到相当标准的人，孔子称之为"君子"。君子是能够"安人"、"安百姓"的，但前提是必须"修己"。《大学》有言道："身修而后家齐，家齐而后国治，国治而后天下平。"把个人修身看成是治理好国家的关键。

古代社会的兴衰成败很大程度上取决于执政者个人道德修为的高低，所以统治者在选拔官员时非常看重这一点，如西周以"知、仁、圣、义、中、和"（六德）与"孝、友、睦、姻、任、恤"（六行）作为选拔官吏的标准，唐朝在考察官吏时专设"四善"——"一曰德义有闻，二曰清慎明著，三曰公平可称，四曰恪勤匪懈"（《唐六典》），都是看重官员自身修养的体现。清嘉庆年间，桂林知府赵慎畛曾撰写一联："为政不在言多，须息息从省身克己而出；当官务持大体，思事事皆民生国计所关。"中华民族历经磨难，但文明之火长盛不熄，很大程度上得益于这许多修己治国的志士仁人为民族、为百姓而前赴后继，殚精竭虑。

新中国成立后，国务院总理周恩来特别强调领导干部要过"五关"，即思想关、政治关、社会关、亲属关和生活关。这能从当代视角为孔子的"修己"思想作一佐证。孔子在《公冶长》篇中谈到了"老者安之，朋友信之，少者怀之"的理想，虽然现代社会的公正清明依靠的是完善的制度和法律，不再完全依赖执政者的个人修为，但是无可否认的是，无论国别，无论年代，都呼唤着多一些这样的"君子"，共同努力实现世界大同的愿景。

4. 一以贯之

【原文】

子曰："参乎！吾道一以贯之。"曾子曰："唯。"子出，门人问曰："何谓也？"曾子曰："夫子之道，忠恕而已矣。"

——《论语·里仁》

【译文】

孔子说："曾参啊！我的思想以一言贯穿着。"曾参说："是的。"孔子出去后，曾参的学生问道："孔老夫子说的是什么意思？"曾参说："孔老夫子的思想，就是待人忠诚、宽恕别人而已。"

【解读】

"一以贯之"指由一条主线贯穿全部思想之意，或者用一个关键词来统帅其思想宗旨。曾子以"忠恕"解读孔子一贯之道，虽然"违道不远"，但并未完全揭示本质。实际上，孔子是以"仁"为根本之道的。孔子说"仁者人也"、"仁者爱人"、"克己复礼为仁"，即以"仁"为根本之道。曾子说："士不可以不弘毅，任重而道远。仁以为己任，不亦重乎？死而后已，不亦远乎？"即是以践行"仁"道为终身之责。但"仁"的表现方式是多样的，如义、礼、忠、恕都是仁的体现与落实，所以曾子以"忠恕"解读孔子"一贯之道"也未尝不可，因为"忠，仁之实也"（子思语），朱熹也说："忠近诚，恕近仁……忠恕违道不远，施诸己而不愿，亦勿施于人。"

但是曾子以"忠恕"解"一贯"，并未完全揭示二者何为体、何为用的关系，实不如以"克己复礼为仁"解"一贯"更能揭示孔子"仁本礼用"的本质。正如叶适所说："孔子言择不处仁为不智，言君子无终食之间违仁，言回也其心三月不违仁，是仁之于人相为依凭，如影随响答。今若体孔子之言，要须有用力处。'克己复礼'、'为仁由己'，其具体也……常以此用力，而一念一食无不在仁，庶可以言智矣。"

在孔子的思想中，"仁"的一种体现方式是"忠恕"，"夫仁者，己欲立而立人，己欲达而达人。能近取譬，可谓仁之方也已"（《论语·雍也》）。"子贡问曰：'有一言而可以终身行之者乎？'子曰：'其恕乎！己所不欲，勿施于人！'"（《论语·卫灵公》）"仁"以"忠恕"的形态体现出来，是讲做人的道理。而确保"仁"的实现方式即"中庸之道"。孔子说"中庸之为德也，其至矣乎！民鲜久矣"（《论语·雍也》），反对"过犹不及"，主张"执其两端，用其中于民"的方法以期达到"仁"的境界。

总之，就实质而言，孔子"一以贯之"之道的"一"，是"仁"而非"忠恕"；就体用关系而言，孔子之道是"仁本礼用"，即以仁（德）为体，以礼为用，也不仅仅是"忠恕而已矣"。不过，忠、恕确实为孔子"仁道"之主要体现，所以以"忠恕"解释"仁道"，也算"违道不远"。

5. 思不出其位

【原文】

子曰："不在其位，不谋其政。"曾子曰："君子思不出其位。"

——《论语·宪问》

【译文】

孔子说："不在那个位置，不要去考虑那个位置对应的行政活动。"曾子说："君子思考的问题不超出他所处的职位。"

【解读】

据《史记》记载：汉丞相陈平对孝文帝说："陛下问决狱，责廷尉；问钱谷，责治粟内史。"孝文帝问："苟各有主者，而君所主者何事也?"陈平说:"宰相者,上佐天子理阴阳,顺四时,下育万物之宜,外镇抚四夷诸侯,内亲附百姓,使卿大夫各得任其职焉。"于是,"孝文帝乃称善"。这个故事褒扬了各人各尽本职责任,不越权擅专的精神。社会生活如同交响乐团的演奏,每一位乐手、每一种乐器都在恰当时候发挥恰当的作用,彼此相互协调配合而不能擅自更改替代。无论站在什么立场上越权干预自身职务之外的事情,都会导致社会秩序的紊乱与失和。所以现代管理理念中称颂螺丝钉精神,现代企业家非常看重团队意识。某财经媒体的调查显示,老板最不喜欢听的三句话中,"这件事情我们公司不能做"位居第二。难道下属提出合理化建议不好吗?不是的,问题的关键在于公司是否要上这个项目是董事会的决策,不关员工的事,下属的任务只是落实细节。可见,越俎代庖从来就是一个贬义词,而且事必躬亲效果也未必好。《三国志》中,司马懿接见诸葛亮派来的使节,打听诸葛亮"寝食及其事之烦简",使者对曰:"诸葛公夙兴夜寐,罚二十以上,皆亲揽焉;所啖食不至数升。"司马懿判断说:"亮将死矣。"诸葛亮不在其位而谋其政,不仅阻碍了各司其职的部属发挥自己的长处,同时也阻挡了人才的归附。果然不久后诸葛亮因为操劳过度而殒命五丈原。

但是"不在其位,不谋其政"并不意味着"事不关己高高挂起","各人自扫门前雪,莫管他人瓦上霜",更不是明哲保身,甘当鸵鸟,而是正确地对待职权、责任与义务。孔子一生只在壮年时代担任过数年的鲁国的地方行政长官,中间很长时间没有出仕,但他无论在位在野,始终都没有停止过对不良政治以及政界人物的批评。可谓经常不在其位而谋其政,孔子所谓的"不谋"只不过是反对基于狭隘理念与偏激情绪而不顾大局、不顾法制规范的任意僭越。

"不在其位,不谋其政"也有其负面影响,尤其是诱导民众不关心社会政治,对不合理社会现象不表态、不管闲事以至于无言默许,这是导致现代社会公共良知冷漠的一个原因。严复在英国思想家约翰·斯图亚特·密尔的名著《论自由》的中文版译著中明确提出"群己权界论"的概念:私人事物,包括个人、家庭、私人企业,外人不得干预;而公众事件、公共领域,公民享有充分知情权与参与权,每个人都在其位。正如明末东林党领袖顾宪成所云:"风声雨声读书声声声入耳,家事国事天下事事事关心。"又如明清之际三大家之一的顾炎武所说:"天下兴亡,匹夫有责。"

6. 忠言逆耳

【原文】

忠言逆耳，惟达者能受之。

————晋·陈寿《三国志·吴书·吴主五子传》

【译文】

忠诚正直的劝告往往不顺耳，只有达观的人才能接受。

【解读】

公元前 207 年，刘邦率大军到咸阳后，震惊于秦王宫的穷奢极欲。刘邦的部将樊哙问他："沛公是想有天下呢，还是只想当一个富家翁呢？"刘邦回答说："我当然想有天下。"樊哙真诚地说："臣进入秦宫里，见到珍奇财宝不可胜数，后宫美人数以千计，这些都是导致秦朝灭亡的东西啊。望沛公迅速返回霸上，千万不要留在宫中。"刘邦对樊哙的劝谏不以为然，谋士张良知道这件事后，对刘邦说："秦王无道，百姓造反，打败了秦军，沛公才能来到这里。您为天下除掉害民的暴君，理应克勤克俭。如今刚入秦地，就想享乐。俗语说'忠言逆耳'，希望沛公听从樊哙的忠告。"刘邦听了，终于醒悟过来，随即率军返回霸上。

魏徵在上朝的时候，跟唐太宗争得面红耳赤。退朝以后，太宗对长孙皇后说："总有一天，我要杀死这个乡巴佬！"长孙皇后问清缘由后，向太宗下拜。唐太宗惊奇地问道："你这是干什么？"长孙皇后说："我听说英明的天子才有正直的大臣，现在魏徵这样正直，正说明陛下的英明，我怎么能不向陛下祝贺呢！"太宗的怒火烟消云散。后来，直言敢谏的魏徵病死了。唐太宗很难过，他流着眼泪说："魏徵一死，我就少了一面好镜子了。"

在传统专制集权体制下，皇帝系国运于一身，他的一个决断往往会改变整个王朝的命运，刚愎自用、乾纲独断的皇帝往往是王朝由盛转衰的转折点。相比之下，汉高祖、唐太宗都是开基立业的一代明君，他们的成功在很大程度上是因为虚心纳谏，听取不同的意见。

7. 君子有三畏

【原文】

子曰："君子有三畏：畏天命，畏大人，畏圣人之言，小人不知天命而不畏也，狎大人，侮圣人之言。"

——《论语·季氏》

【译文】

孔子说："君子有三种敬畏：敬畏天命，敬畏地位高、德行高的人，敬畏圣人的话。小人不懂得天命而无敬畏之心，轻佻地对待地位高、德行高的人，轻侮圣人的教导。"

【解读】

敬畏并不等同于懦弱。畏惧天理人伦、畏惧天下公议，岂非甚善？相反，无所畏惧、一意孤行的人容易走向肆无忌惮，放纵无度。

敬天畏命是自古以来的中华美德，而古圣先贤或明君所遗留下来的典范也借由代代传承而得以延续，甚而造就中华五千年文明的博大精深。明神宗对首辅张居正存"畏大人"之心，敬畏而规整自己的行为，得以推行万历新政，国家振兴："自正（正德）嘉（嘉靖）虚耗之后，至万历十年间，最称富庶。"1582年（万历十年）张居正病逝，失去约束的神宗沉湎于酒色财气，导致政治腐败黑暗，被史书列为明朝灭亡之祸首。人类若学不会谦虚，若不知天高地厚，违逆天意而行，后果是可想而知的。

敬畏天命，敬畏大人，敬畏圣人之言，这是孔子所要求我们的。这里实际上涉及三大方面的问题：天命关乎信仰，大人关乎社会典范，圣人之言关乎思想权威。一个人有了这些敬畏，信仰就会有所皈依，做人就会有所规范，思想就会有一个中心。这样，生活才会觉得有目的，人生才会感到有意义，一切的事业感、成就感，才会油然而生。相反，一个人如果没有这些敬畏，这些信仰、规范和中心，那就会恣意妄行，无视社会思想和行为规范，无所不为，无恶不作，因而是非常危险的。是故"君子有三畏"的"畏"字当理解为"敬"，符合孔子的一贯思想，孔子认定的"君子"是指有道德的人。有德"君子"敬重的"大人"就是"与天地合其德者也"，有德"君子"敬重"圣人之言"是孔子言中本意。敬重"民之所欲，天必从之"的"天命"也是逻辑之必然。

以现代观点来解释，天命即为万事万物遵循的自然规律，社会发展的必然规律，认识天命是人类对宇宙万物的正确信仰。在天道、地道和人道之中，人道只占三分之一，顺应天地之自然规律，才是为人类造福的正道。如果人类一定要把自己凌驾于天地之上，逆自然规律而为之，必定会为自己带来更大的灾难，当今世界绿色环保理念深入人心，不正证明了人类越来越敬畏天地自然了吗？

（六）勤学

1. 三人行，必有我师

【原文】

子曰："三人行，必有我师焉。择其善者而从之，其不善者而改之。"

——《论语·述而》

【译文】

孔子说："三个人在一起，一定有我的老师在那里，选择那些好的学习，不好的改正。"

【解读】

这句话表现出孔子自觉修养、虚心好学的精神。它包含了两个方面：一方面，择其善者而从之，见人之善就学，取长补短，是虚心好学的精神；另一方面，其不善者而改之，见人之不善就引以为戒，反省自己，是自觉修养的精神。这样，无论同行相处的人善与不善，都可以为师。韩愈《师说》里就说："故弟子不必不如师，师不必贤于弟子。闻道有先后，术业有专攻，如是而已。"《论语》中有一段记载，卫国公孙朝问子贡，孔子的学问是从哪里学的？子贡回答说，古代圣人讲的道，就留在人们中间，贤人认识它的大处，不贤的人认识它的小处，他们身上都有古代圣人之道。"夫子焉不学，而亦何常师之有？"（《论语·子张》）孔子主张随时随地向一切人学习，谁都可以是他的老师，所以说"何常师之有"，即没有固定的老师。孔子入太庙，"每事问"（《论语·八佾》）；宰予白天睡觉，孔子说："始吾于人也，听其言而信其行；今吾于人也，听其言而观其行。

于予与改是。"(《论语·公冶长》)子贡对孔子说,自己只能"闻一而知二",颜回却可以"闻一而知十"。孔子说:"弗如也。吾与汝弗如也。"(《论语·公冶长》)这样的精神和态度,是很值得我们学习的。

"三人行,必有我师"、"择其善者而从之,其不善者而改之"也体现了与人相处的一个重要原则:随时注意学习他人的长处,随时以他人的缺点引以为戒,自然就会多看他人的长处,与人为善,待人宽而责己严。这不仅是修养、提高自己的最好途径,也是促进人际关系和谐的重要条件。千万不要"痢痢头儿子自己好",不要做井底之蛙,看自己什么都顺眼,不知道学习、提高,落后是情理之中的事。成天埋怨上司的苛刻或者下属的不得力,除了徒增烦恼,没有一点用。

虽然"三人行,必有我师"可以说家喻户晓,可是人们并不是经常能够做到。人们常犯的一个通病,就是看自己的优点和他人的缺点多,看自己的缺点和他人的优点少;或者只看自己的优点和他人的缺点,看不到自己的缺点和他人的优点;或者爱拿自己的长处和他人的短处比。在与人相处中,就表现为对优于己、强于己者不服气,对有缺点错误者鄙视、嫌弃;严于责人,疏于责己;拿正确的道理当手电筒,只照别人,不照自己。这样,既堵塞了向他人学习、提高自己的道路,也难免造成人际间的不和谐,以至冲突。

2. 他山之石

【原文】

他山之石,可以攻玉。

——《诗经·小雅·鹤鸣》

【译文】

别的山上的石头,可以用来雕琢玉器。

【解读】

"他山之石,可以攻玉"这一富有哲理的成语,出自《诗经·小雅·鹤鸣》。全诗本意是赞颂园林池沼的美丽,但引申开来,却富有深刻的人生哲理。

人为什么会有这么多困惑?原因有二:第一,缺乏"认识力",一厢情愿地认为仅仅靠着思考就能解决问题;第二,"主观情绪"过高,这一点通常不涉及问题本身,但是它却经常影响着我们,使我们不能找到问题的解决方案。不安全,自我怀疑,沮丧,愤怒,急躁或抑郁?在不堪重负之前远离这个问题，以后某个时候就可能"柳暗花明又一村"了。

"他山之石，可以攻玉"，除了另辟蹊径的哲理外，还包含了认识自身不足、努力学习他人先进经验的意思。我国近年来推广的廉租房、经济适用房方案就是学习新加坡的"居者有其屋"计划的产物，自贸区、经济特区借鉴了西方国家免税区的思路，成立反贪局也借鉴了香港地区和新加坡的经验。当然，学习中还讲究创新，苏联的社会主义事业是通过十月革命实现的，而中国共产党走的是农村包围城市的道路，联邦德国、民主德国的统一是以民主德国放弃自己的社会体制融入联邦德国实现的，而我们却创出一条"一国两制"的新路子。

3. 温故知新

【原文】

子曰："温故而知新，可以为师矣。"

——《论语·为政》

【译文】

孔子说："回顾、总结历史经验，就能够更好地了解现实并预测其发展，就可以给（为政者）出谋划策了。"

【解读】

历史上对这句话的误解，在于错把它看成纯粹是关于学习方法的教诲。朱熹就如此理解，他注释说："言学能时习旧闻，而每有新得，则所学在我，而其应不穷……"（《四书章句集注》）杨伯峻也没有走出这个窠臼，所以他翻译为："在温习旧知识时，能有新体会、新发现，就可以做老师了。"[1]

从温故中会获得新知识，这是一般人都有的经验，作为一种学习方法，对谁都适合，但为什么就"可以为师"了呢？李零解读此句时，引用《礼记·学记》中的"记问之学，不足以为人师"，最后点明他对此章的理解："听老师讲授，在师说的基础上，能够提出新的想法。这样的人才能当老师。"他这只是把"新"解释为"不同于老师讲授的"，但仍然不过是"自己的新体会"，所以同样没有讲到点子上。孔子所谓"学"，主要是指学习做人，故而"师"的任务主要是教诲做人的道理，"为师"的条件必

---

[1] 杨伯峻：《论语译注》，17页，北京，中华书局，1980。

重在为人品德高尚和具有关于修养德性的学问，不会像今天这样，只看是否掌握了某种专业知识。所以，此章中的"故"字不是指"旧知识"，而是泛指过去的人事。《韩非子·五蠹》曰："古今异俗，新故异备。"其中的"故"字就是指从前的制度设施（"备"）。李泽厚将这个"故"字译为"过去"，颇有见地，改为"历史"，也许更好。"新"与这个意思的"故"对言，则是指"现实"以至"未来"。所以此句准确的翻译应该是：（谁要是）回顾、总结历史经验，就能够更好地了解现实并预测其发展。这一句其实不是要讲"温故而知新者"其人"可以为师"，而是要指明"为师"须有什么条件，这"为师"不是泛指给"别人"当老师，而是特指给官员，亦即需要去处理当今社会、家国大事的人出谋划策的谋士。联系到孔子本人一生都在谋求官职，争取参政辅政，教学生也主要是教他们如何去做官，"可以为师矣"的实际意思是：可以给主政者当参谋、出主意了。

在《论语·为政》中，孔子说："殷因于夏礼，所损益可知也；周因于殷礼，所损益可知也。其或继周者，虽百世可知也。"这证明孔子有"鉴古可以知今"的思想。在《论语·子路》中，他又说："诵诗三百，授之以政，不达；使于四方，不能专对；虽多，亦奚以为？"《诗经》记载的许多都是历史经验，"达（政）"和"专对"在这里是指有能力妥善处理好现实政治、外交事务，所以这一章更说明他认为要以史为鉴，前车之鉴乃后事之师。这一句，十个字，反映了孔子政治思想的一个方面，加以分析，可以看出他的历史观和观察、处理现实问题的方法论。

4. 举一反三

【原文】

子曰："不愤不启，不悱不发。举一隅不以三隅反，则不复也。"

——《论语·述而》

【译文】

孔子说："（学生）不想求明白时就不要去开导，不想表达时就不要去启发。给他举一个方面来讲，他不能推知到另三个方面，就不再教他了。"

【解读】

朱熹的《论语集注》注释说："愤者，心求通而未得之意。""启，谓开其意。"意思是开导启发，使学生突破盲点，领悟要旨。学生求知若渴，努力学习，用心思索，急于探询奥秘而不能，于是烦闷、着急，这个时候，才可以开导他；达不到这种程度，就不要去开导他。"不悱不发"，即不到他心里明白却不能用言辞表达出来的地步，就不要去启发他。"悱"，意思是想说却又无法用言辞表达。朱熹注释说："悱者，口欲言而未能之貌。""发，谓达其辞。"意思是使人获得启发，找到表达自己体会的言辞。朱熹认为：学生经过思考已有所领悟，但却暂时未能用适当的言辞表达，所以惆怅、痛苦，这个时候，才可以启发他，让他顺利流畅地表达出来；不然，就不要去启发他。朱熹是孔子之后儒家最著名的教育家，他创造的朱子读书法包括：循序渐进、熟读精思、虚心涵泳、切己体察、着紧用力、居敬持志共六条。所以他对于教育学生是有体会的，外因必须通过内因才能发挥作用，不愤，启也白启；不悱，发也没用。"举一隅不以三隅反，则不复也"，即告诉他一个方面，如果他不能类推出另外的三个方面，就不要再教他了。朱熹在《论语集注》中注释道："物之有四隅者，举一可知其三。反者，还以相证之义。"意思是学生不能举一反三、触类旁通，那么他的知识就没有完全掌握，经验还是不够，缺少悟性，就算告诉他结论，也是只知其一不知其二，就不要再告诉他了。学习有三种境界：狗熊掰玉米，掰一个扔一个是第一种境界；告一知一、告二知二是第二种境界；告一能知二、知三是第三种境界。孔子问子贡："女与回也孰愈？"对曰："赐也何敢望回。回也闻一以知十，赐也闻一以知二。"颜回有许多优点，子贡独独答这一条，说明举一反三是一种很重要的学习能力，因为在现实中遇到的问题可能和我们做学生时遇到的问题不一样，单纯依靠学习是永远学不尽的。因此必须掌握一套举一反三的学习方法，才能达到事半功倍的效果。

5. 有教无类

【原文】

子曰："有教无类。"

——《论语·卫灵公》

【译文】

孔子说："教学生不分类别。"

【解读】

孔子的意思是说，不应该因为贫富、贵贱、智愚、善恶等原因把一些人排除在教育对象之外，对谁都要进行教育。当然这里的"类"应指士阶层以上的人士，并不是平民教育。据《史记·五帝本纪》记载，"黄帝二十五子，其得姓者十四人"，人之"姓"原来是帝王赐给诸侯的封号，春秋战国时"百姓"指百官与贵族身份的人，庶民是有名无姓的，后来开始泛化，直至宋朝起才出现称平民为"百姓"的事例，而孔子弟子都是有"姓"的，属于士的阶层。这就是说，孔子作为当时的一个教育家，还没有能够彻底地实施"有教无类"，但必须承认，他至少扩大了受教育的范围。

何以见得？所谓"无类"其实说明人原本是"有类"的：有的聪明，有的愚笨；有的孝顺，有的不孝；有的贫穷，有的富裕。但孔子认为通过教育可以消除这些差别，这就叫"有教则无类"，简称"有教无类"。要弄清楚什么叫"有教无类"，得先弄清楚"有 A 无 B"这种句式。这种句式在汉语中有四种意思：第一，只有 A，没有 B，比如有勇无谋、有名无实；第二，有 A，没有非 A（B），比如有增无减、有过之无不及；第三，既有 A，又没有 A，比如有意无意、有一搭没一搭；第四，如果有 A，就没有 B，比如有备无患、有恃无恐。"有教无类"属于哪一种呢？能选择的只有第四种，即"有 A 则无 B"。比方说，有备则无患，有恃则无恐；同样，有教则无类。"有教无类"是教育的结果，不是前提。这个观点是谢质彬先生在 1989 年第 11 期的《文史知识》里提出来的。

6. 性相近，习相远

【原文】

子曰："性相近也，习相远也。"子曰："唯上知与下愚不移。"

——《论语·阳货》

【译文】

孔子说："每个人的本性都是差不多的，后天的染习才使他们德性相远。"孔子说："只有最聪明的与最愚笨的是不会改变的。"

【解读】

"唯上知与下愚不移"，此句流传千古，影响深远，可惜却语焉不详。关于此句大致有三种理解：一是以智愚本身分高下，即以智为上，以愚为下；二是以社会地位、社会阶层为划分标准，地位高的上层阶级为智，地位低的下层阶级为愚；三是对智愚所作的价值评判。

从孔子的思想出发，孔子认为人的性情大都是可以改变的，只有上等的聪明的人与下等的愚笨的人才是不可改变的。孔子对人性是有着很透彻的了解的。《论语》中记述孔子的话："性相近也，习相远也。"人的天性本来是相近的，因为习惯不同，他们逐渐有了差距，所以应当积极变化人性、培养理想人格。所以他强调："有教无类。"对每一个人都可以加以教育，没有贫富、贵贱等区别。实际上孔子的学生中几乎各类人等都有，他因人施教，弟子三千，贤人七十，平等对待。颜回可能是最穷的，却是他最欣赏的学生。孔子看人，并不注重这个人是否有地位有财富，他注重的是这个人的德行。

德行的培养和提高在很大程度上会受到环境的影响，孟母三迁即是一个典型的例子。《三字经》里说："昔孟母，择邻处。"孟子的母亲为了使孩子拥有一个真正好的教育环境，煞费苦心，曾两迁三地。良好的人文环境和社会环境对人的成长及品格的养成确实是至关重要的。再回头看一看当今的社会，我们的文化环境给青少年以什么样的熏陶？报纸上天天报道某某明星的绯闻，杂志上刊登的是如何时尚，网络上玩的则是血淋淋的打打杀杀。这种文化环境能熏陶出什么样的人？我们再看看周围的社会环境，父母依从社会环境追腥逐臭，给下一代以深刻影响：幼儿园的小朋友都知道贿赂拉拢，要求父母打扮得漂亮，比谁家的车子高档。环境对人的影响不可小觑。

环境影响人，环境创造人，我们要充分发挥文化环境和社会环境对人的教化作用。但同时，我们还应该认识到，环境虽然影响人，但并不起决定性的作用，更重要的还是个人的修养，如司马迁在《报任安书》中所说的："盖文王拘而演《周易》；仲尼厄而作《春秋》；屈原放逐，乃赋《离骚》；左丘失明，厥有《国语》；孙子膑脚，《兵法》修列；不韦迁蜀，世传《吕览》；韩非囚秦，《说难》、《孤愤》；《诗》三百篇，大底圣贤发愤之所为作也。"

7. 腹有诗书气自华

【原文】

粗缯大布裹生涯，腹有诗书气自华。

——宋·苏轼《和董传留别》

【译文】

粗布衣服裹身没有关系，只要肚子里有文化，气质就很华贵。

【解读】

读书不仅能够改变你的命运，也能改变你的相貌，子曰："君子博学于文，约之以礼，亦可以弗畔矣夫！"（《论语·雍也》）腹有诗书气自华，君子有礼智，博学而多识。显而易见，礼建立在博学的基础之上。博学是人的内涵，礼智是人的外在表现，两点兼而有之，一个人才能够由内而外都散发着夺目的光彩。

每个人都希望成为君子，然而如何能达到君子的境界？孔子的话便给我们指明了方向。首先要博学于文。这里的"文"是指孔子用于教学的诗、书、礼、乐等。现今社会，"文"的概念更加宽泛，一切有助于人类发展的知识理论都应称之为"文"。如今，科学技术迅猛发展，学科间的联系也愈发密切，这就要求我们每一位老师和学生都要广博地学习，博后而专。我们所熟悉的许多著名科学家，除本专业外，往往还在文学、艺术等诸多方面颇有建树。爱因斯坦、钱学森拉小提琴很棒，丘成桐的诗赋令很多文科教授自叹不如。学习是一件潜移默化的事，在广泛涉猎各种知识时，自身的修养会在不知不觉中提升，而内在修养的提升将有助于人们深刻透彻地领悟学业。但仅仅博学还远远不够。近些年来，社会上学问渊博、拥有高学历却做出不合乎道德甚至违反法律之事的人很不少，原因之一就在于他们没有"约之以礼"。"礼"是一些成形的秩序。"礼"大可以理解为法律、规范、标准，小可以理解为礼仪、礼貌、礼节等等，而孔子也在借助这句话告诉我们：人要遵从社会道德规范，自觉地进行品德修养，这样才不会离经叛道而成为祸害社会之人。"没有规矩，不成方圆"，几千年来的古话在当今社会依旧适用。尊重他人是礼，谦虚为人是礼，讲究诚信也是礼……可见它已经渗透到我们平时的一言一行当中。这些都要通过学习、通过自身修为来达到，所以提倡全民阅读很重要，有知识不一定有文化，但是没有知识，文化也不会丰富。

曾国藩说：有才无德，则近于小人；有德无才，则近于愚人。这与《论语》中的名句想表达的意思不谋而合。博学方可明理，践行臻于礼节；约之以礼能文质彬彬，文质彬彬而后君子。博学而知礼，知礼而为礼，对内修身养性，对外构建和谐，做一个怀瑾握瑜的真君子。1980 年 5 月 26 日，邓小平给《中国少年报》和《辅导员》杂志题词："希望全国的小朋友，立志做有理想、有道德、有知识、有体力的人，立志为人民作贡献，为祖国作贡献，为人类作贡献。""四有"是国家对公民的基本要求，也是提高整个中华民族的思想道德素质和科学文化素质的基本内容。任何一个民族、任何一个国家的人民都有自己的素质。这种素质的好坏决定着一个民族、一个国家的成就和进步。因此，要实现社会主义现代化，就要培养新一代有理想、有道德、有文化、有纪律的人才。学习是自身功成名就、国家繁荣富强的唯一途径。

（七）齐家

1. 君子好逑

【原文】

关关雎鸠，在河之洲。窈窕淑女，君子好逑。参差荇菜，左右流之。窈窕淑女，寤寐求之。求之不得，寤寐思服。悠哉悠哉，辗转反侧。参差荇菜，左右采之。窈窕淑女，琴瑟友之。参差荇菜，左右芼之。窈窕淑女，钟鼓乐之。

——《诗经·周南·关雎》

【译文】

关关鸣叫的水鸟，栖居在河中沙洲。善良美丽的姑娘，好男儿的好配偶。长短不齐的荇菜，姑娘左右去摘采。善良美丽的姑娘，醒来做梦都想她。思念追求不可得，醒来做梦长相思。悠悠思念情意切，翻来覆去难入眠。长短不齐的荇菜，姑娘左右去摘采。善良美丽的姑娘，弹琴鼓瑟亲近她。长短不齐的荇菜，姑娘左右去摘采。善良美丽的姑娘，敲钟击鼓取悦她。

【解读】

夫妻恩爱、家庭和睦是文明社会大众的普遍追求。但是女孩子必须先把自己修炼成窈窕淑女，才能迎来好逑的君子。

《关雎》是《诗经》第一篇，是三百篇之首，历来传诵不歇。从《关雎》的内容来看，有人认为是写一个男子对女子爱情的追求，从爱慕到思念，描写了得不到的哀伤及得到的喜悦，寤寐思服、辗转反侧，生动形象，活灵活现。但也有人认为是对美好理想的追求，古代诗人往往把自己的理想比喻为香草美人，屈原就是其中较为杰出的一位，其他如苏东坡的"望美人兮天一方"、辛弃疾的"众里寻他千百度"、柳永的"为伊消得人憔悴"等，都是通过佳人来比喻自己内心美好的理想。无论是追求佳人还是追求理想，总而言之，都是一种对美的向往，其诗篇声、情、文、义四者俱佳。"求"字是全篇的中心，表现的是追求过程及求之而不得的焦虑和求而得之的喜悦。主要运用比兴的表现手法，通过关关的叫声起发己心，以为寄托，表现手法委婉含蓄，意蕴深远。这首诗还采用了双声叠韵的联绵词，音调和谐，人物生动，诗意和音乐相得益彰。

子曰："《关雎》，乐而不淫，哀而不伤。"（《论语·八佾》）孔子说："《关雎》这首诗，快乐但不淫荡，悲哀但不伤情。"追求者没有放纵自己的情感，而是能严格控制自己的感情和行为，采用"琴瑟友之"、"钟鼓乐之"的理性途径去追求自己内心的美好，快乐和思念、忧伤都恰到好处。孔子如此称赞《关雎》，其中蕴涵着他的"和合"理想：只要人的感情与生活都是健康正常的，只要不过分沉浸于喜怒哀乐之中而不能自拔，对他人及自己的生命保持尊重与热爱，不过不欠，中庸地做人做事，寻求并把握一个平衡的点，则无论个人家庭还是整个社会就可达到一种平静和乐的和谐。"乐而不淫，哀而不伤"，呈现的将是和谐的通达与喜悦，一幕幕的世间悲剧一定可以避免。家庭是人们生存的避风港，也是提供前进动力的加油站，建设好自己的小家不仅有利于家庭成员的健康幸福，也有利于社会大家庭的和谐共荣。

2. 三十而立

【原文】

子曰："吾十有五而志于学，三十而立，四十而不惑，五十而知天命，六十而耳顺，七十而从心所欲，不逾矩。"

——《论语·为政》

【译文】

孔子说："我十五岁开始有志于学习，三十岁在社会上立足，四十岁意志坚定，不再迷惑，五十岁时知道人的命运是天定的，六十岁时听得进各种意见，七十岁时能既率性而为，又不违反规矩。"

【解读】

《礼记》、《左传》等古代书籍中对人的年龄有各种称呼，主要包括：

不满周岁称襁褓，2 岁至 3 岁称孩提；女孩 7 岁称髫年，男孩 7 岁称韶年；童年皆可称总角或垂髫，10 岁以下称黄口；13 岁至 15 岁称舞勺之年，15 岁至 20 岁称舞象之年；女孩 13 岁称豆蔻，15 岁称及笄，24 岁称花信，出嫁称摽梅之年；男子 20 岁称弱冠，30 岁称而立，40 岁称不惑，50 岁称知天命之年，60 岁称花甲或耳顺之年，70 岁称古稀，80 岁称杖期，80 岁至 90 岁称耄耋之年，100 岁称期颐。

总结全句，孔子是说要在正确的、合适的时间做正确的、合适的事情，年轻时候打好知识基础，青壮年时期就可以建功立业，不惑的时候可以游刃有余，到达完成"天命"的事业顶峰，到老了便可随心所欲，逍遥江湖，回首往事也没有遗憾。他是这么说的，也是这么做的。《毛诗·序》说："诗者，志之所之也，在心为志，发言为诗。"依此解释，"志"就是心之所至。"志于学"，就是专心求学。《史记·孔子世家》说："孔子为儿嬉戏，常陈俎豆，设礼容。"可见童年的孔子就是一心向学、有悟性的人。据《白虎通·辟雍》篇说，15 岁是入大学之年，孔子已经开始学习修身、齐家、治国、平天下的经术。所以成名要趁早的前提条件是学习更要趁早。程树德在《论语集释》中引黄式三《论语后案》："立，必先不惑，而言不惑于立之后者，何也？夫子曰，可与立，未可与权。立，守经也。不惑，达权也。"孔子认为"不惑"就是遇事可以行权，无可，无不可。

"五十而知天命，六十而耳顺。"《汉书·董仲舒传》曰："天令之谓命。"刘氏《正义》说："知天命者，知己为天所命，非虚生也……及年至五十，得《易》学之，知其有得，而自谦言无大过。则天之所以生己，所以命己，与己之不负乎天。"郑康成注：耳顺，闻其言，而知微旨也。就是耳的功能已经通顺自己以及他人的心理，故能闻他人之言，即知他人的心意。可见人生经验至关重要，察言观色不是一门简单的学问。"七十而从心所欲，不逾矩。""从心"的从字，作顺从讲。"矩"是丈量方形的木匠工具，《说文》之后引申为法度的意思。孔子说到了七十岁时，人就可以顺从心之所欲，顺心而为，只要自然合法就行。

各人的天性特长本不相同，喜欢读书的就努力读书，不喜欢读书的就学一门手艺，有远大抱负的自然可以"己欲立"，也可以选择"立人"，而做个安分守己、自食其力的普通劳动者也挺好。只是要记住，无论什么年龄，随心所欲是一种自我选择，与别人无关，也都无可厚非，但是一定要"不逾矩"，也就是要遵循法律的底线、道德的约束。

3. 孝 敬

【原文】

子游问孝。子曰："今之孝者，是谓能养。至于犬马，皆能有养，不敬，何以别乎？"

——《论语·为政》

【译文】

子游问孝道。孔子说："现在讲孝道的人，是说能供养父母。然而连狗、马都能喂养（幼崽），人若不存敬爱的心，与狗、马有什么区别呢？"

【解读】

在日渐富裕的中国，关心老人的精神世界比关心他们的衣食住行更为重要。

对父母尽孝道，很多人觉得供他们养老、让他们享福就可以了，比如到高档餐厅吃饭、到各地旅游、穿名牌、坐好车、母亲节父亲节送花送金……让父母享受优越的物质生活的行为当然值得鼓励，问题是父母到底需要什么？孔子在《孝经·纪孝行章》中说："孝子之事亲也，居则致其敬，养则致其乐，病则致其忧，丧则致其哀，祭则致其严，五者备矣，然后能事亲。"意思是说，一个孝子侍奉双亲，对父母日常生活饮食起居，能尽自己的恭敬心，用欢喜心供养父母，使父母心情愉快；父母有病，及时提供治疗，日夜侍候不轻易离开；父母临终时，能给以细致的关怀；父母去世后，认真地办好丧事；每年祭祀父母，要严肃认真，常常追思，感怀父母的养育之恩。这五样具备，才算是侍奉双亲了。父母没有劳保、退休工资，需要养儿防老；父母身体不佳，需要伺候照顾；父母年岁渐长，需要关心陪伴——所有的父母都害怕孤独，物质生活再优越也无法弥补静夜下父母那孤寂的心。关心才是他们真正需要的，而不是努力向他们提供子女自己认为他们需要的东西。

对父母如果没有恭敬之心，仅仅解决父母的吃饭问题，这不是孝的本意。孔子的弟子们曾经就如何行孝的问题多次来请教孔子。鲁国大夫孟懿子来问孝，孔子回答："无违。"意思是说，对父母不要违背礼节。在《论语·阳货》中孔子又说："夫君子之居丧，食旨不甘，闻乐不乐，居处不安。"君子守丧时，吃美味味同嚼蜡，听音乐不觉得快乐，住在家里也不感到舒适。我们从这里可以感触到古代孝子对父母的那种深情。

孔子的学生子夏来问孝。孔子回答说："色难。有事，弟子服其劳；

有酒食，先生馔。曾是以为孝乎?"（《论语·为政》）孔子说，在父母面前经常保持和颜悦色，是难能可贵的。有事情，晚辈代为效劳；有酒菜，长辈先吃。难道仅仅这样就可以算是尽孝了吗? 孔子认为孝的实行是层层深入、节节提升的：孝养父母之身，孝养父母之心，孝养父母之志。所以《礼记·中庸》中孔子提出："夫孝者，善继人之志，善述人之事者也。"意思是说：孝，就是善于继承先人的志向，善于继续先人的事业。因此，继承父母的美德、完成他们未竟的事业才是真正为家庭争光、为社会作贡献的两全其美的选择。

4. 近朱者赤

【原文】

故近朱者赤，近墨者黑；声和则响清，形正则影直。

——晋·傅玄《太子少傅箴》

【译文】

所以离红色近的也变成红色，离墨色近的也染成黑色；声音和谐就可以高亢嘹亮，身形端正才能让影子笔直。

【解读】

朱和赤可以释义为红色的东西，而墨和黑即是黑色的东西。红与黑相对，红可以理解为正义的、好的，黑则相对是邪恶的或不好的。不管你跟着其中任意一方的人，都会被其拥有的品行所感染。换句话说，就是跟好人学好，跟坏人学坏。另一种说法是赤者在古代形容将士（将军和士兵），你和他们在一起就会和他们一样拥有一颗赤红的心，从而成为一个为国家抛头颅洒热血的将士。而你若跟着那些墨者（即书生）耳濡目染，自然也就会被其书生气陶冶成为一个读书人。无论哪种解释，都是强调环境对于人的影响。

曾子曰："君子以文会友，以友辅仁。"（《论语·颜渊》）此句是辅仁大学的校训。那么什么样的人是朋友? 一起吃饭喝酒聊天的是酒肉朋友；困难的时候第一个打电话的是热心朋友；把我需要的但是你也需要的让给你，只要你过得比我好的是知心朋友。俞伯牙、钟子期对音乐有相同的兴趣爱好，而且都以高雅的音乐修养自己的言行，他们是朋友；管仲和鲍叔牙在合作经营生意的时候，从不计较利润分配的多少，不分你我，俗话说"亲兄弟明算账"，可见他们这对朋友比亲兄弟还亲；萧何为了成就汉王霸业，放下个人恩怨，月下追回韩信，他们也称得上是朋友。

5. 未雨绸缪

【原文】

宜未雨而绸缪，毋临渴而掘井。

——清·朱柏庐《治家格言》

【译文】

应当趁着天还没有下雨，把门户修整好；不要等到口渴了，才去挖井找水喝。

【解读】

工作、学习、生活的计划性、前瞻性很重要。《诗经·豳风·鸱鸮》："迨天之未阴雨，彻彼桑土，绸缪牖户。今此下民，或敢侮予！"武王灭纣后，封管叔、蔡叔及霍叔于商都近郊，以监视殷遗民，号三监。武王薨，成王年幼继位，由叔父周公辅政，致三监不满。管叔等散布流言，谓周公将不利于成王。周公为避嫌疑，远离京城，迁居洛邑。不久，管叔等人与殷纣王之子武庚勾结行叛。周公乃奉成王命，兴师东伐，诛管叔、杀武庚、放蔡叔、收殷余民。周公平乱后，遂写《鸱鸮》诗与成王。周公诗有讽谏之意，望成王及时制定措施，以止叛乱阴谋。成王虽心中不满，但是因为前面的教训，险些酿成大祸，所以也没敢苛责。

千里之堤，毁于蚁穴，防微杜渐是止乱的前提条件。生活中不乏这样的案例：天气阴沉，上街带伞；出门旅游，带常用药；平时学习认真，考试就能得高分；上飞机、坐汽车要买保险；等等。美国杜邦公司的十大安全信念：员工是安全工作的关键；安全地工作是雇佣的首要条件；所有员工都必须经过安全培训；一切事故都可以预防；管理层要抓安全工作，同时对安全负有责任；所有危害因素都可以控制；管理层必须进行安全检查；所有不良因素都必须马上纠正；工作之外的安全也很重要；良好的安全创造良好的业务。在现代安全管理中，海因里奇法则表明每起重大事故的发生都有 29 次轻微事故、300 起先兆未遂事件和 1 000 起事故隐患掩盖其后，就像浮在水面的冰山只是冰山整体的一小部分。如果看到 1 个因意外事故而致重伤的人，同样的事故可能造成 29 人轻伤；同时，或许有 300 人经历过同样的事故，但幸运地没有受伤。因此，如果能够及早发现事故苗头并且加以防范，就能够避免重大惨祸的发生。

6. 琴瑟和鸣

【原文】

结同心尽了今生，琴瑟和谐，鸾凤和鸣。

——元·徐琰《青楼十咏·言盟》

【译文】

夫妻喜结同心，今生一起走过。夫妻恩爱，就像凤凰那样和谐共鸣。

【解读】

古代典籍中有很多类似的表达，明沈受先《三元记·团圆》："夫妻和顺从今定，这段姻缘凤世成，琴瑟和谐乐万春。"琴瑟和鸣亦作琴瑟和好，"孙由是琴瑟和好。生一男两女，十余年从无角口之事"（《聊斋志异·孙生》）；也有人用琴瑟相调比喻夫妇感情融洽谐乐，"今日也鱼水和谐，燕莺成对，琴瑟相调"（元·王子一《误入桃源》四折）；亦作琴瑟调和，"琴瑟调和，百年相聚"（《群音类选〈玉钗记·桂亭赏月〉》）。

传说春秋时秦有萧史善吹箫，穆公女弄玉慕之，穆公遂以女妻之。史教玉学箫作凤鸣声，后凤凰飞止其家，穆公为作凤台。一日，夫妇俱乘凤凰升天而去，于是就有了夫唱妇随的成语。18 岁那年，李清照嫁给了太学生赵明诚。二人门当户对，意趣相投，时常诗词唱和，共同研究金石书画，有着说不尽的喜悦。李清照词云："卖花担上，买得一枝春欲放。泪染轻匀，犹带彤霞晓露痕。怕郎猜道，奴面不如花面好。云鬟斜簪，徒要教郎比并看。"汉时梁鸿和妻子孟光恩爱非常，每当丈夫回家时，孟光就托着放有饭菜的盘子，恭恭敬敬地送到丈夫面前。为了表示对丈夫的尊敬，妻子不敢仰视丈夫的脸，总是把盘子托地跟眉毛齐平，丈夫也总是彬彬有礼地用双手接过盘子。后人遂将"举案齐眉"作为赞美夫妻美满婚姻的专用词。东汉初年，刘秀起用曾任侍中的宋弘，并升他为"太中大夫"。刘秀的姐姐守寡并心仪宋弘，刘秀想把姐姐嫁给宋弘，问宋弘对"贵易交，富易妻"的看法，宋弘回答道："贫贱之交不可忘，糟糠之妻不下堂。"来人将宋弘的话向刘秀禀报后，刘秀深为宋弘的为人所感动，不仅没有责怪他，反而对他更加看重。

青年男女很容易为那些生死相依的爱情故事所打动，其实他们更应该为柴米油盐相濡以沫的平凡而感佩，毕竟生活不是演戏，平平淡淡才是真。家庭是港湾，家庭是加油站，只有努力修身、齐家，才有可能治国、平天下。

二、儒学论治国理政

（一）礼法合治

1. 以德治国

(1)

【原文】

子曰："为政以德。譬如北辰[1]，居其所而众星共[2]之。"

——《论语·为政》

【注释】

[1] 北辰：北极星。

[2] 共：同"拱"，拱卫，环绕。

【译文】

孔子说："要用道德来治理国政。比如北极星，居于它所在的位置，众多的星星环绕着它。"

(2)

【原文】

孟子曰："以力假仁者霸，霸必有大国；以德行仁者王，王不待大——汤以七十里，文王以百里。以力服[1]人者，非心服也，力不赡也；以德服人者，中心悦而诚服也，如七十子之服孔子也。《诗》[2]云：'自西自东，自南自北，无思[3]不服。'此之谓也。"

——《孟子·公孙丑上》》

【注释】

[1] 服：服从，归服。

93

[2]《诗》：这里指《诗经·大雅·文王有声》。

[3] 思：语助词，无义。

【译文】

孟子说："因为外在武力的强大所以能借来仁义之名的人可以称霸，称霸必须要有强大的国力；因为内心道德的要求所以施行仁义的人可以称王，称王不一定要以强大国力为基础——商汤仅凭方圆七十里国土起家，周文王仅凭方圆一百里国土起家。因为武力归服别人的人，并不是真心要归服，只不过是力量不如别人罢了；因为道德归服别人的人，则是心悦诚服，就像七十个弟子归服孔子那样。《诗经》上说：'从西从东，从南从北，无不心悦诚服。'说的正是这种情况。"

【解读】

在（1）中，孔子以北极星与众星的关系为比喻来描述以德治国，值得玩味。众所周知，北极星是夜晚天空中最明亮的星，但是，北极星距离众星很远，众星并不是受到北极星的引力而形成对它的环绕、拱卫，而是因为它自身突出的稳定与光明而造成了"众星共之"的效果。在（2）中，孟子进一步解释了王道与霸道的区别，王道依靠自己的道德风范，受到别国人民的敬仰，心悦诚服地主动前来投奔，从而逐步强大起来。霸道倚仗自己的军事实力强行兼并别国，虽然被征服者表面上迫于威力而屈服，但内心满怀仇恨，一有机会就会起来反抗。因此，以德治国的国家注重内政治理，首先做好自己的事情，而不以武力兼并侵略别的国家，不去干涉别国内政，这才是王道的本质。

2. 君臣关系

(1)

【原文】

定公[1]问："君使臣，臣事君，如之何？"孔子对曰："君使臣以礼，臣事君以忠。"

——《论语·八佾》

【注释】

[1] 定公：鲁国国君，在位十五年（公元前509—前495）。"定"是谥号。

【译文】

鲁定公问："君主使用臣子，臣子事奉君主，各应该怎么办？"孔子回答说："君主根据礼义使用臣子，臣子以忠诚事奉君主。"

(2)

【原文】

齐景公问政于孔子。孔子对曰："君君，臣臣，父父，子子。"公曰："善哉！信如君不君，臣不臣，父不父，子不子，虽有粟，吾得而食诸？"

——《论语·颜渊》

【译文】

齐景公问孔子如何治理国家。孔子说："做君主的要像君主的样子，做臣子的要像臣子的样子，做父亲的要像父亲的样子，做儿子的要像儿子的样子。"齐景公说："说得好啊！确实，如果做君主的不像君主的样子，做臣子的不像臣子的样子，做父亲的不像父亲的样子，做儿子的不像儿子的样子，就算是有粮食，我也吃不上啊。"

(3)

【原文】

齐宣王问曰："汤放桀，武王伐纣，有诸？"孟子对曰："于传[1]有之。"曰："臣弑其君，可乎？"曰："贼仁者[2]谓之贼，贼义者谓之残，残贼之人谓之一夫。闻诛一夫纣矣，未闻弑君也。"

——《孟子·梁惠王下》

【注释】

[1] 传（zhuàn）：文献。

[2] 贼仁者：破坏仁义的人。

【译文】

齐宣王问："商汤流放夏桀，周武王讨伐商纣，真的有这些事件吗？"孟子答："史料中有这种记载。"宣王问："臣子犯上杀死君主，行吗？"孟子答："破坏仁的人叫作'贼'，破坏义的人叫作'残'，毁仁害义的残贼叫作'独夫'。（人们）只听说处死了独夫纣，却没有听说是臣下杀害君主。"

【解读】

20 世纪新文化运动以来，孔子提出的"君臣父子"论受到诟病，批评的焦点集中在齐景公的"虽有粟，吾得而食诸"上，似乎"君臣父子"论只是为了养肥齐景公这样的寄生虫而已。结合这三段论述，我们可以看出：儒学所谓"君臣父子"关系是对等的，甚至是一种契约关系。

在（1）中，鲁定公的提问重点在于君主命令臣子、臣子服从君主，即命令与服从的关系，孔子立即加以纠正：君主不能为所欲为地役使臣子，臣子也不能无原则地被君主奴役。君主对臣子的命令一定要符合"礼"，而臣子对君主的服从要根据"忠"的原则，二者并不是人身依附关系。孟子更是指出，如果君主的行为违法仁义道德，且拒不接受谏净，反而杀害忠良，那么他就丧失了君主的资格，成为独夫民贼，人人得而诛之。

回到"君臣父子"论一章，齐景公的回答显然并不是孔子的本意，孔子强调的是，"君君"和"臣臣"是互为条件的，二者缺一不可：如果君不遵守为君的道德规范，君臣关系即告破裂。而齐景公的理解是，君君的本质是不受制约的权威，而臣臣就是要求大臣无条件地服从君主。所以，孔子对齐景公的评价非常低，《论语·季氏》云："齐景公有马千驷（四千匹马），死之日，民无德而称焉。伯夷叔齐饿于首阳之下，民到于今称之。其斯之谓与？"齐景公不关心民生疾苦，过着奢侈的生活，所以他死后，没有老百姓称颂他，这就是齐景公没有正确地理解孔子的"君臣父子"论的明证。

3. 民为邦本

(1)

【原文】

孟子曰："民为贵，社稷[1]次之，君[2]为轻。是故得乎丘民[3]而为天子，得乎天子为诸侯，得乎诸侯为大夫。诸侯危社稷，则变置。牺牲[4]既成，粢盛[5]既洁，祭祀以时，然而旱干水溢，则变置社稷。"

——《孟子·尽心下》

【注释】

[1] 社稷（jì）：古代帝王、诸侯所祭的土神和谷神。社，土神；稷，谷神。古代常以社稷代指国家。

[2] 君：不单指天子，也包括诸侯。古时凡有国者皆称君。

[3] 丘民：众民，即老百姓。

[4] 牺牲：祭祀用的牛、羊、猪。

[5] 粢盛（zī chéng）：盛放在祭器中的谷物。粢，祭祀用的谷类总称。

【译文】

孟子说："百姓最重要，其次是土神谷神，王侯为轻。所以得老百姓欢心的当天子，得天子欢心的当诸侯，得诸侯欢心的当大夫。诸侯危害土神谷神，那就改立贤人为诸侯。祭祀用的牲口已合乎标准，盛在祭器中的谷物已洁净，祭祀按时举行，但仍然遭受旱灾水灾，那就改立土神谷神。"

（2）

【原文】

万章曰："尧以天下与舜，有诸？"

孟子曰："否，天子不能以天下与人。"

"然则舜有天下也，孰与之？"

曰："天与之。"

"天与之者，谆谆[1]然命之乎？"

曰："否，天不言，以行与事示之而已矣。"

曰："以行与事示之者，如之何？"

曰："天子能荐人于天，不能使天与之天下；诸侯能荐人于天子，不能使天子与之诸侯；大夫能荐人于诸侯，不能使诸侯与之大夫。昔者，尧荐舜于天，而天受之；暴[2]之于民，而民受之。故曰，天不言，以行与事示之而已矣。"

曰："敢问荐之于天，而天受之；暴之于民，而民受之，如何？"

曰："使之主祭，而百神享之，是天受之；使之主事，而事治，百姓安之，是民受之也。天与之，人与之，故曰：天子不能以天下与人。舜相尧二十有八载，非人之所能为也，天也。尧崩，三年之丧毕，舜避尧之子于南河之南，天下诸侯朝觐者，不之尧之子而之舜；讼狱者，不之尧之子而之舜；讴歌者，不讴歌尧之子而讴歌舜。故曰：天也。夫然后之中国[3]，践天子位焉。而居尧之宫，逼尧之子，是篡也，非天与也。《太誓》[4]曰：'天视自我民视，天听自我民听。'此之谓也。"

——《孟子·万章上》

【注释】

[1] 谆谆：反复叮咛。

[2] 暴（pù）：显明。

[3] 之中国：来到都城。此处"中国"特指帝王定都所在的政治中心。

[4]《太誓》：《尚书》篇名，亦作《泰誓》。

【译文】

万章问："尧拿天下授予舜，有这回事吗？"

孟子说："不，天子不能够拿天下授予人。"

万章问："那么舜得到天下，是谁授予他的呢？"

孟子回答说："天授予的。"

万章问："天授予他时，反复叮咛告诫他吗？"

孟子说："不，天不说话，拿行动和事情来表示罢了。"

万章问："拿行动和事情来表示，是怎样的呢？"

孟子回答说："天子能够向天推荐人，但不能强迫天把天下授予这人；诸侯能够向天子推荐人，但不能强迫天子把诸侯之位授予这人；大夫能够向诸侯推荐人，但不能强迫诸侯把大夫之位授予这人。从前，尧向天推荐了舜，天接受了；又把舜公开介绍给老百姓，老百姓也接受了。所以说，天不说话，拿行动和事情来表示罢了。"

万章说："请问推荐给天，天接受了；公开介绍给老百姓，老百姓也接受了，是怎么回事呢？"

孟子说："叫他主持祭祀，所有神明都来享用，这是天接受了；叫他主持政事，政事治理得很好，老百姓很满意，这就是老百姓也接受了。天授予他，老百姓授予他，所以说，天子不能够拿天下授予人。舜辅佐尧治理天下二十八年，这不是凭一个人的意志能够做得到的，而是天意。尧去世后，舜为他服丧三年，然后避居于南河的南边去，为的是要让尧的儿子继承天下。可是，天下诸侯朝见天子的，都不到尧的儿子那里去，却到舜那里去；打官司的，都不到尧的儿子那里去，却到舜那里去；歌颂的人，也不歌颂尧的儿子，却歌颂舜。所以这是天意。这样，舜才回到帝都，登上了天子之位。如果先前舜就占据尧的宫室，逼迫尧的儿子让位，那就是篡夺，而不是天授予他的了。《太誓》说过：'上天所见来自我们老百姓的所见，上天所听来自我们老百姓的所听。'说的正是这个意思。"

【解读】

《孟子》中对民本思想有极其丰富的论述，这里只摘录最著名的"民贵君轻"论。

在（1）中，"社稷"按照字面理解指的是土神和谷神，这两个神决定了农业的收成，而农业又是古代国家的命脉所在，重要性不言而喻。但结合孟子关于民本思想的其他论述看，社稷更代表了政权的合法性。

孟子在（2）中说，政权的合法性来源有二：天与之，人与之。天与之的象征是，君主主持祭祀上天，所有神明都来享用他所奉献的祭品，回应他的祈祷，这是君主的合法性被上天承认的标志。如果像（1）所说的那样，祭品丰洁，祭祀按时举行，但国家仍然遭受旱灾水灾，这说明天已经抛弃了君主，到了这个时候，表面上是要"变置社稷"，实质上是要改变政权的归属了。

那么，天的意志由何而知呢？天最终根据人民的意愿来决定政权是否具有合法性，孟子引用了《尚书·太誓》的话，解释道："天不言，以行与事示之而已矣。"天能够体察到人民是否继续拥护、信赖政权，根据体察的结果，天会以明确的征兆来表达它的意向，拒绝接受祭祀和贡献，而不是用语言或者文字来指定或废黜不义的君主和不义的政权。

在孟子看来，天其实并没有独立的意志，天的意志就是人民的意志，因此只要关注人民的意愿和要求就可以了。到了两汉时期，在儒家学者中兴起了专门研究天的意志的谶纬之学和天人感应之学，但这些学问都是企图以超自然的力量吓阻和平衡日益膨胀、日益骄纵的皇权，努力使皇帝的治国理政回归到民本思想的主轴上来。

可是，纵观中国五千年古代文明史，执政合法性的来源的主流始终是血统，即皇位在同姓的父子、兄弟、祖孙之间传承。在孟子以前的历史上，政权已经开始在一家一姓内部传承，即"家天下"。孟子没有正面否定"家天下"的正当性，但认为"家天下"并非唯一正当的政权传递模式。譬如，尧并不是要将天下传给亲生儿子，而是禅让给了没有血缘亲属关系的舜，但是舜没有接受，而企图远离政治中心，从而让尧的亲生儿子即位，但是人民最终不认可尧的儿子，而向往舜的治理，最终舜回到政治中心，获得了执政的合法性。孟子赞扬舜的抉择是合乎道义的：舜没有被个人欲望所驱使，想当然地以为自己应该拥有天下；也没有盲从尧的判断，而去强力篡夺尧的儿子的权力；舜选择了谦卑地等待人民的挑选，因为人民的挑选代表了上天的意志，而上天是不可违抗的。

孟子强烈地主张，政权的转移和归属最终是由人民的意志所决定的，这一民本思想几乎自诞生之日起就代表了传统中国民本思想的高峰，在孟子以后至少一千年内，几乎没有思想家在君权和人民的关系问题上提出比他更激进、更"现代"的主张，这种"早熟"既是中国文化的光荣，也是一种悲哀。

在赞誉孟子之余，我们要问，既然天的意志与人民的意志是完全合一的，那么"社稷"还有何存在的必要？为什么不直接根据人民的意志来判断政权的合法性呢？孟子又否认了天直接以语言、文字来表达意图的可能性，而只说通过"行与事"表达，那么谁能够解读天的"行与事"？很显然，孟子要说的是，只有儒者能够正确地判断人民的意愿，倾听人民的呼声，体察自然异象，因此君主应该尊敬、重用儒者，以儒学之道来治国理政。

4. 大同社会

【原文】

大道之行也，天下为公。选贤与能，讲信修睦。故人不独亲其亲，不独子其子，使老有所终，壮有所用，幼有所长，鳏寡孤独废疾者皆有所养。男有分，女有归。货恶其弃于地也，不必藏于己。力恶其不出于身也，不必为己。是故谋闭而不兴，盗窃乱贼而不作，故外户而不闭，是谓大同。

——《礼记·礼运》

【译文】

圣人的大道能够实行的时代，天下是为天下人所共有的。大家选举贤能的人来治理，人人讲求诚信，彼此和睦相处。不独敬赡自己的父母，不独慈爱自己的儿女，更能推广爱心到其他人身上，使得社会上老人皆能安享天年，青壮者都有用武之地，儿童都能很好地成长，那些孤苦无依及残疾者，也都能受到适当的照顾。男人恪尽自己的本分职责，女人也各有自己的家室归宿。各种物质资源不能被浪费、弃置，希望能发挥应有的功效，但也不能私藏囤积。有能力不应该舍不得服务奉献，但也不能只是图利自己，不是自己专用，而要为更多人服务。能够做到这样，整个社会就不会发生钩心斗角、损人利己的事，也不会再有抢劫、偷窃、杀人的事，纵然窗不关、门不闭，也不用担惊受怕，生活自在安乐，这就是所谓的大同世界。

【解读】

"大同"是孔子理想的社会形态，也是儒家的"大道"在历史时空中全面实践之后的社会形态，这个社会的特点是"天下为公"，同时也充满了爱。大同社会中的爱是从哪里来的？儒家认为，人与人之间的爱有一个可靠的、先天的、合法的来源，即血缘关系构成的家庭之爱，也就是"亲亲"，即人各亲其亲，人各子其子。如果一个人不能关心、照料自己的父亲、子女、配偶，这样的人不可能爱社会、群体。但人又不能仅仅把爱局限在自己的家人亲属范围内，他应该把这种小范围的爱扩展到群体乃至天下国家之中。由于人对家人的爱是最无私、无尽的，如果普天之下人与人之间充满了这种无私无尽的爱，形成人人为我、我为人人的格局，那么这个社会就是大同社会。

然而，过去有许多人将大同社会视为没有差异、没有私产甚至没有家庭的社会，这其实是严重的误解。东汉经学家郑玄在"是谓大同"句下注曰："同犹和也，平也。"据此，则"大同"就是"大和"、"大平"。古音"大"读为"太"，则"大同"就是"太和"、"太平"，就是说，大同社会就是最高境界的和谐、和平社会。郑玄的解说是符合孔子的大同理想的。在这个社会里，仍有贤愚之别，能与不能之异，所以需要选举贤能的人来治理社会；"人不独亲其亲，不独子其子"，就是还有亲疏之别；"男有分"，说明社会有分工；"女有归"，说明有家庭；"外户而不闭"，说明有门户。有家庭、有门户，就可能有私有财产。尽管整个社会是"天下为公"，即以公有制为主体，但并不排斥家庭与私有财产的存在，因此，大同社会决非完全平均、大公无私的社会，而是和而不同、太平和谐的社会。

5. 小康社会

【原文】

今大道既隐，天下为家。各亲其亲，各子其子，货力为己。大人世及[1]以为礼，城郭沟池以为固。礼义以为纪[2]，以正君臣，以笃父子，以睦兄弟，以和夫妇，以设制度，以立田里，以贤勇知[3]，以功为己。故谋用是作，而兵由此起。禹、汤、文、武、成王、周公，由此其选也。此六君子者，未有不谨于礼者也。以著[4]其义，以考其信，著有过，刑仁讲让，示民有常。如有不由此者，在埶[5]者去，众以为殃，是谓小康。

            ——《礼记·礼运》

【注释】

[1] 大人世及：大人，天子诸侯；世及，世代相传。
[2] 纪：纲纪，准则。
[3] 知：通"智"。
[4] 著：明，说明。
[5] 埶：权势。

【译文】

如今大道已经消逝了，天下成了一家一姓的财产。人们各把自己的亲人当作亲人，把自己的儿女当作儿女，财物和劳力都为私人拥有。诸侯天子们的权力变成了世袭的，并成为名正言顺的礼制，修建城郭沟池作为坚固的防守。制定礼仪作为纲纪，用来确定君臣关系，使父子关系淳厚，使兄弟关系和睦，使夫妻关系和谐，使各种制度得以确立，划分田地和住宅，尊重有勇有智的人，为自己建功立业。所以阴谋诡计因此兴起，战争也由此产生了。夏禹、商汤、周文王、周武王、周成王和周公旦，由此成为三代中的杰出人物。这六位君子，没有哪个不谨慎奉行礼制。他们彰显礼制的内涵，用它们来考察人们的信用，揭露过错，树立讲求礼让的典范，为百姓昭示礼法的仪轨。如果有越轨的反常行为，有权势者也要斥退，百姓也会把它看成祸害。这种社会就叫作小康。

【解读】

"小康"一词最早出现在《诗经·大雅·民劳》："民亦劳止，汔可小康。"意思是人民（因输赋税服徭役）已经很劳瘁了，差不多可以让他们休息一下了。可见，"小康"的"康"，是安乐、休息、安宁的意思。在《礼运》篇中，这段关于"小康社会"的论述是紧接在上文"大同社会"之后的。孔子认为，大同社会退化之后，就是小康社会。与大同社会不同，小康社会的人回到了自私自利的状态，各亲其亲，各子其子，对财产的独占被强化了，没有血缘关系的人与人之间充满了竞争而非合作。为了防止人类社会因为无止境的相互斗争而灭亡，禹、汤、文、武、成王、周公这些圣贤制作了礼仪、道德、刑法，界定了人与人、群体与群体之间的差异性，保护私有财产，强化家庭观念，强化阶级分层。小康社会也是安定有序的社会，但这种安定有序建立在外部制度约束的基础之上，人们畏惧刑法，敬服明君，服从命令，遵守道德，不敢作乱；与此相比，大同社会的人们则是发自内心、自觉自愿地讲信修睦。

《礼记》和儒家的其他经典都没有明言，人类历史的进步方向到底是从小康社会迈向大同社会，还是先从大同社会退化为小康社会，然后再回到更高层次的社会阶段，最后走向大同社会的。但是，《礼运》篇对大同社会与小康社会的描述说明，二者的根本区别在于人的道德觉悟水平。小康社会是现实的、当下的，小康社会的民众是一个个具体的、有血有肉的普通人，他们的道德觉悟是"主观为自己，客观为别人"，这与他们所处的历史阶段相一致，与当下的社会生产力水平相一致。

6. 王霸兼用，礼法合治

【原文】

君人者，隆礼尊贤而王，重法爱民而霸，好利多诈而危。

——《荀子·大略》

【译文】

统治人民的君主，崇尚礼义、尊重贤人就能称王天下，注重法治、爱护人民就能称霸诸侯，贪图财利、多事欺诈就会走向危亡。

【解读】

"王"与"霸"的关系，是先秦儒家反复讨论的热点问题。在孟子那里，王道与霸道势不两立，以仁政为核心的王道是治国理政的唯一正确道路，以富国强兵为目标的霸道则是取败灭国之路。荀子的看法与孟子颇不相同：王道与霸道并不是水火不相容的两条道路，而是国家治理水平的不同阶段。在霸道的阶段，国家注重法治，爱护百姓；在王道的阶段，国家弘扬礼义，尊重贤士。因为，法是强制性的规范，礼是引导性的规范，只有首先以强制性的法治去规范全体社会成员的道德操守，外在的道德要求才有可能转化为个体的道德自觉，以礼治国才有可能推行。因此，王道是从霸道的基础上升华而来的，以礼治国本身已经吸收了法治的合理成分。最危险的治国理政方式则是贪图财富、与民争利、朝令夕改、无信多诈，人民会对执政者失去信心，使得国家陷入危险的状态。在荀子看来，无论是隆礼尊贤还是重法爱民，都不会导致"好利多诈而危"的境地。从这个意义上说，荀子是"王霸兼用，礼法合治"的主张者，是对孔子"足食，足兵，民信之矣"治国理政思想的继承与发展。《荀子·大略》篇提出"人主仁心设焉，知其役也，礼其尽也，故王者先仁而后礼，天施然也"的主张，也是与其"王霸兼用，礼法合治"主张相辅相成的。

（二）德主刑辅

1. 刑政与教化

（1）

【原文】

子曰：“道之以政，齐[1]之以刑，民免而无耻[2]。道之以德，齐之以礼，有耻且格[3]。”

——《论语·为政》

【注释】

[1] 齐：一律要求。

[2] 耻：廉耻。

[3] 格：规矩。

【译文】

孔子说：“用政令法规来指导，用刑法来整治，老百姓能免于犯罪，但不会有廉耻之心。用道德来指导，用礼义来整治，老百姓有廉耻心，而且遵守规矩。”

（2）

【原文】

季康子问政于孔子曰：“如杀无道[1]，以就有道，何如？”孔子对曰：“子为政，焉用杀？子欲善，而民善矣。君子之德风，小人之德草，草上[2]之风，必偃[3]。”

——《论语·颜渊》

【注释】

[1] 无道：没有道德的人。

[2] 上：上面。

[3] 偃：仆倒。

【译文】

季康子向孔子问行政的问题："假如杀掉没有道德的人，亲近有道德的人，怎么样？"孔子回答说："您执政，何必用杀的手段。您想追求善，老百姓就会趋向于善。官员的道德像风，老百姓的道德像草，风在草上吹，草一定会被吹倒。"

(3)

【原文】

季康子问政于孔子，孔子对曰："政者，正也。子帅以正，孰敢不正？"

——《论语·颜渊》

【译文】

季康子向孔子讨教执政的要领。孔子说："政，就是正。您带头走正道，谁敢不走正道？"

(4)

【原文】

子曰："其身正[1]，不令而行[2]；其身不正，虽令不从。"

——《论语·子路》

【注释】

[1] 身正：自身行为端正。指起到表率作用。

[2] 行：执行，实行。

【译文】

孔子说："统治者自身行为端正，即使不发号施令，政策也能执行下去；自身行为不端正，即使发号施令也没有人听从。"

(5)

【原文】

子曰："无为而治者，其舜也与？夫何为哉？恭己[1]正南面[2]而已矣。"

——《论语·卫灵公》

【注释】

[1] 恭己：自身恭敬谦逊。

[2] 正南面：南面，朝南面坐，指君王的位置。

【译文】

孔子说："顺乎自然、不人为干涉地治理国家，大概只有舜吧？他做了什么呢？自身恭敬谦逊，端正地坐在朝廷上而已。"

【解读】

礼治和法治孰轻孰重，历来是一个有争议的问题。显然，法不讲情面，然而短期见效；礼则和风细雨，润物无声，但久久为功。孔子并不否定使用刑法，他所担心的是，民众畏惧刑法的威力，不敢犯罪，但是从内心深处并未建立正确的是非观，而是被动地屈服于国家刑法。相比之下，礼治则可以改造人们的主观世界，引导人民建立正确的是非观，自觉地不触犯法律。在孔子看来：法解决了人犯罪之后怎么办的问题，礼则解决了如何避免人们犯罪的问题。从孔子之后中国历史的实际情况看，二者相互配合，密不可分，礼与法在社会治理方面都能发挥各自的效力。

早在西周时代，礼是立国的根本这一点已经被人们广泛地接受，因此孔子时代的执政者们知道民众遵守道德的重要性，可是他们自己很少有人能够在道德上成为民众的表率，却热衷以命令和法律的形式强迫民众成为道德的楷模。针对这种现状，孔子在向各国统治者推荐礼治时，就要指出实行礼治的前提是执政者自身也是道德模范和表率，如果做不到这一点，礼治比法治更加难以推行。可以说，孔子提出了一个尖锐的问题：当法律和命令成了统治者言行不一的遮羞布时，法律和命令就是邪恶的，这种"恶法"最终会被推翻。

2. 国家闲暇明政刑

【原文】

孟子曰："仁则荣，不仁则辱。今恶辱而居不仁，是犹恶湿而居下也。如恶之，莫如贵德而尊士，贤者在位，能者在职。国家闲暇，及是时明其政刑，虽大国必畏之矣。《诗》[1]云：'迨[2]天之未阴雨，彻彼桑土[3]，绸缪牖[4]户。今此下民[5]，或敢侮予？'孔子曰：'为此诗者，其知道乎！能治其国家，谁敢侮之？'今国家闲暇，及是时般[6]乐怠敖，是自求祸也。祸福无不自己求之者。《诗》[7]云：'永言配命，自求多福。'《太甲》[8]曰：'天作孽，犹可违；自作孽，不可活[9]。'此之谓也。"

——《孟子·公孙丑上》

【注释】

[1]《诗》：这里指《诗经·豳风·鸱鸮》。

[2] 迨（dài）：趁。

[3] 桑土（dù）：桑树根。

［4］牖（yǒu）：窗。

［5］下民：树下之人。民，人。此诗以鸱鸮（一种形似黄雀而身体较小的鸟）的口吻写，其巢在上，所以称人为"下民"。

［6］般（pán）：乐。

［7］《诗》：这里指《诗经·大雅·文王》。

［8］《太甲》：《尚书》中的一篇，今已失传。

［9］活：通"逭"（huàn），逃。

【译文】

孟子说："施行仁政就会有荣耀，不行仁政就会受屈辱。现在一些诸侯既厌恶屈辱却又居于不仁的境地，这就好像既厌恶潮湿却又居于低洼的地方一样。假如真的厌恶屈辱，那最好是以仁德为贵，尊重读书人，使贤德的人处于合适的官位，有才能的人担任相当的职务。趁着国家无内忧外患的时机修明政治法纪，这样做了，即使是大国也会畏惧。《诗经》上说：'趁着天晴没阴雨，剥些桑树根上皮，补好窗子和门户。现在你们下面人，有谁还敢欺侮我？'孔子说：'作这首诗的人很懂得治国之道呀！能够治理好自己的国家，谁还敢欺侮他？'如今国家没有内忧外患，却趁着这个时候沉溺享受，懈怠游乐，这是自找灾祸。祸和福都没有不是自己找来的。《诗经》上说：'永远与天命相配合，自己就会求得更多的幸福。'《尚书·太甲》上说：'上天降下的灾祸还可以躲避，自己造成的罪孽可就没法逃脱了。'说的就是这个道理。"

【解读】

国家如同的人的肌体一样，无事时需要加强锻炼，有事时方能从容应对。如果平日注意身体锻炼，生活有规律，饮食节制，那么身体的免疫力就会增强，即使遭遇病毒或细菌的侵袭，也能够用自身的免疫力战胜疾病，而每次与病毒或细菌的斗争都可以强化人的免疫系统，从而进一步增强整体的免疫能力；如果在身体健康时不加保养锻炼，身体免疫力实际上在暗自减弱，猝然染疾，往往需要很长时间的治疗，而外来药物进入人体后，对免疫系统本身也是一种破坏。

"政刑"既指国家的司法体系，也指整体的执政能力。"国家闲暇"，即国家太平无事的时期，这一时期没有严重的内部动乱，没有全国性的严重自然灾害，没有大规模的外敌入侵，社会秩序安定有序，这就相当于人体的健康状态。在这种状态下，为政者要"明其政刑"，建立和维护公平、公开、公正的司法体系，通过司法体系维护正义，不断提高执政者的公信力，从而凝聚人心，强化全社会对国家政权的向心力。"政刑大明"的国家是一个具有凝聚力、战斗力的国家，司法公正本身构成了国家软实力的重要组成部分。这样的国家即使遇到严重的外部挑战（自然灾害、外敌入侵），也能迅速反应，有效应对。

孟子"国家闲暇明政刑"的观点与一般的认识有点出入，俗话说："乱世用重典。"意即，国家越动乱，那么为了平定动乱，就越要用严刑峻法，从而建立权威，稳定秩序。实际上，"重典"就是超乎正常量刑尺度的重刑，这种重刑只是维护了统治者的权威，引起民众对统治者的恐惧，而不是培养民众对于法治的发自内心的认同。故"乱世用重典"是治标不治本的权宜之计、无奈之举，从长远来看是对正常司法体系的破坏。

以"国家闲暇明政刑"与"乱世用重典"相比，前者是主流，后者是支流，前者是常态，后者是变态，做到了前者（政刑大明），后者（乱世）就不会出现。

3. 必也无讼

【原文】

子曰："听讼[1]，吾犹[2]人也，必也使无讼[3]乎！"无情[4]者，不得尽其辞[5]，大畏民志[6]，此谓知本。

——《礼记·大学》

【注释】

[1] 听讼：听取诉讼，审理案件。

[2] 犹：如同。

[3] 无讼：没有诉讼案件发生。孔子这句话亦见《论语·颜渊》篇。

[4] 情：真实情况。

[5] 辞：言辞，这里指辩解的花言巧语。

[6] 畏：让人敬畏。民志：民心。

【译文】

孔子说："听断诉讼案件，我与别人并无什么区别。要是能够做到使人们都自觉地以礼义自持，不再互相攻击打官司，那才是我理想中的最终目标吧。"这是说，要做到使那些本来理屈而没有实情的坏人不敢尽情地陈说他编造的谎言，这是平日施行教化、足以畏服民众心志的效果。这样，才可以称为认识根本的道理。

【解读】

本章传文征引孔子的一句关于听讼的名言，用以解释经文中的"本末"之义。儒家素有所谓本末之论，认为凡事都有本末之分，而且必须先本后末，然后谓之近道。儒家的治国之道，一贯主张"以德为本，以刑为辅"的路线，所以此处引用孔子关于刑法诉讼的观点来强调"德治"的重要性。听讼，是听断民众狱讼的曲直；无情，是没有实情而无理兴讼之意。因为发生这种"无理兴讼"现象的本身就说明了教化的失败导致的民风的不醇美，所以，教民化俗，以礼义引导百姓向善，从而在根本上化解无理争讼的出现，才是治本之道。其关键在于使那些违背情理的坏人在思想上大为畏惧，不敢编造谎言以掩盖事实，从而使无理的诉讼案件根本不能发生。而要达到这一目标，就应在思想上对人们进行道德教化，增强人们自觉遵守道德规范的意识。这样，社会上争讼之事就自然减少了，甚至可以达到"刑措而不用"的境界。

孔子用断案为例，就是为了说明抓住根本性事物的重要性。只要先抓住了根本性的事物，其他问题就会迎刃而解。《大学》提出任何人的立身处世都应以修身为本，齐家、治国、平天下等大事业，都是在修身的基础上逐步展开的。然而修身是以"明明德"为内容的，齐家、治国、平天下都属于"新民"的事业。所以，从"明明德"与"新民"的关系而言，"明明德"是本，"新民"是末；从"新民"与"听讼"的关系而言，则"新民"是本，"听讼"是末。因此，若要从根本上治理狱讼这一社会现象，只有首先抓住"新民"这项治国之本，并由此而追溯到"明明德"这项本中之本，才是治理狱讼的治本之道。

然而，本末虽有先后之分，却没有轻重之分。所谓"明德为本，新民为末"，也只是说明"新民"必须先有"明明德"作为基础而已，并非认为"新民"不重要，相反，"明明德"的最终目的就是为了"新民"，"明明德"的价值也只有在"新民"的事业中才得到有效的体现。如果以树木为喻，自然是地下的根部是"本"，地上的枝干花果是"末"。然而，若从树木所体现的实际价值而言，其真正的经济价值一般都体现在树木的枝干花果之上，而生在地下的根部，一般都被视为无用之物。可是，如果培植树木不从根部着手，则其枝干花果必将枯萎而无从体现其价值；只有先从根部加以培植，然后将根部和枝干花果并重加以护理，其枝干花果才能茂盛丰硕，从而体现其经济价值。又如以房屋为喻，显然是以地基为"本"，而建筑在地基上面的各层楼房是"末"。然而，若从房屋所体现的实用价值而言，建筑在地基上面的各层楼房才是人的居住之所，是体现其实用价值的地方，而埋在地下的地基好像是毫无用处之物。可是，如果建筑者不先从打实地基着手，而是把工夫专务于装饰地面上的各层楼房，那么整座楼房必将成为危房，不仅实用价值无从兑现，相反还将造成巨大的损失。因此，对于本末的关系必须要有深刻而正确的认识，不能把儒家的"先本后末"简单地解释为"重本轻末"。其实，儒家的本末观是：在强调"先本后末"的前提下主张"本末并重"。这一观点始终贯穿于先秦儒家的经典之中。

孔子虽然把"无讼"定为自己所追求的理想目标，但也没有轻视现实所需的"听讼"才能。他说"听讼，吾犹人也"，实际上就是说自己在断案的方法和公正上并不逊于他人，说明他对于"听讼"的方法和公正性是非常重视的。其实，从治国而言，断案明察乃是一项非常重要的内容，不过只是治标之法，而非治本之道。孔子的意思是：为政者首先要自身修养美德，再用美德去感化百姓、引导百姓，使百姓都能改过自新，形成以仁存心、以义为断、以礼为行动的规范，这样，才能从根本上减少争讼的发生，这才是治本之道。

4. 上有所好，下必甚焉

【原文】

子曰："下之事上也，不从其所令，从其所行。上好是物，下必有甚者矣。故上之所好恶，不可不慎也，是民之表也。"

——《礼记·缁衣》

【译文】

孔子说："下级事奉上级，不是去听从上级的命令，而是模仿上级的行为。上级喜好的东西，下级一定会有过之而无不及。因此，上级所喜爱和厌恶的东西，一定要非常谨慎，因为这些都要成为人民的表率。"

【解读】

"上有所好，下必甚焉"（《资治通鉴·唐纪十八》），自古皆然。这就是说，上级的一言一行，往往会成为下级效仿的对象。但是，效仿至多是等同，这里为什么强调"甚焉"呢？因为行政体系是一个多层级的金字塔结构，金字塔的顶端是君主，君主的好恶传达给身边的重臣，重臣效仿君主的好恶后又为一般大臣所效仿，朝廷的风气传播到地方，自行省至于道、府、县，代表价值观的好恶每经过一个层次的传播，就会在程度上加重一次，传导到了最基层，必然是"甚焉"了。因此，在全社会营造良好的道德氛围，首先是最高执政者作出道德表率，因为他占据金字塔的最顶端，他能够最大限度地辐射道德的正能量；反之，如果要败坏一个社会的道德风气，也是从最高执政者开始的。在很多情况下，最高执政者自己并无倒行逆施，但他默许、容忍朝廷重臣或者家人亲属的徇私舞弊，这种负面效应层层放大传导到基层，弊害不可估量。

5. 徒法与徒善

【原文】

孟子曰："离娄[1]之明，公输子[2]之巧，不以规矩[3]，不能成方员。师旷[4]之聪，不以六律[5]，不能正五音[6]。尧舜之道，不以仁政，不能平治天下。今有仁心仁闻[7]，而民不被其泽，不可法于后世者，不行先王之道也。故曰：徒善不足以为政，徒法不能以自行。《诗》云：'不愆不忘[8]，率[9]由旧章。'遵先王之法而过者，未之有也。圣人既竭目力焉，继之以规矩准绳[10]，以为方员平直，不可胜用也。既竭耳力焉，继之以六律，正五音，不可胜用也。既竭心思焉，继之以不忍人之政，而仁覆天下矣。故曰：为高必因丘陵，为下必因川泽。为政不因先王之道，可谓智乎？是以惟仁者宜在高位，不仁而在高位，是播其恶于众也。上无道揆[11]也，下无法守也。朝不信道，工不信度，君子犯义，小人犯刑，国之所存者幸也。故曰：城郭不完[12]，兵甲不多，非国之灾也；田野不辟，货财不聚，非国之害也；上无礼，下无学，贼民兴，丧无日矣。诗曰：'天之方蹶[13]，无然泄泄[14]。'泄泄犹沓沓也。事君无义，进退无礼，言则非先王之道者，犹沓沓也。故曰：责难于君谓之恭，陈善闭[15]邪谓之敬，吾君不能谓之贼。"

——《孟子·离娄上》

【注释】

[1] 离娄：相传是黄帝时目力极强的人。

[2] 公输子：名班（亦作"般"），鲁国人，故亦称为鲁班，是春秋末年的著名巧匠。

[3] 规矩：规，圆规，是画圆的工具；矩，曲尺，是画方的工具。

[4] 师旷：春秋时的著名乐师，生而目盲，善辨音乐。

[5] 六律：我国以律管确定乐音的标准音高，一套完整的律管共十二个，单数的六个管称"阳律"，简称"律"；双数的六个管称"阴吕"，简称"吕"。此处的"六律"是概称定音律管。

[6] 五音：古代以宫、商、角、徵、羽为音阶。

[7] 闻（wèn）：声誉。

[8] 愆（qiān）：过错。忘：疏漏。

[9] 率：遵循。

[10] 准绳：准是测量水平的仪器，绳是规范直线的工具。

[11] 揆（kuí）：尺度，准则。

[12] 完：坚牢。

[13] 蹶（guì）：动。

[14] 泄泄（yì）：多语的样子。

[15] 闭：通"辟"，意为排斥、抵制。

【译文】

离娄眼神好，公输班技巧高，但如果不使用圆规、曲尺，也不能画出方圆；师旷耳力聪敏，但如果不依据六律，也不能校正五音；虽有尧舜之道，如果不施行仁政，也不能使天下太平。现今有些国君虽有仁爱之心、仁爱之誉，但老百姓却不能得到他们的恩惠，也不能被后世效法，就是因为不实行先王之道的缘故。所以说："仅有善心不足以治理好国政，仅有法度不能自行实施。"《诗经》说："没有过失，没有疏漏，一切都按先王的典章。"遵循先王的法度而犯错误的，还从来没有过。圣人既已竭尽了视力，再加以圆规、曲尺、水准、墨线，来制作方、圆、平、直的东西，使这些东西用之不尽；既已竭尽了听力，又用六律来校正五音，使各种音阶应用无穷；既已竭尽了心思，再接着推行不忍心别人受苦的政策，使仁爱足以遍惠天下。所以说："筑高台必定要依傍山丘，掘深池必定要依傍河泽。"治理国政却不依靠先王之道，能称得上明智吗？因此，只有仁者才适宜处在领导地位，不仁的人如果处在领导地位，就会把他的罪恶传播给天下的百姓。在上者没有行为准则，在下者不守法规制度，朝廷不相信道义，工匠不相信尺度，官员触犯义理，百姓触犯刑律，这样的国家还能保存下来，那是侥幸。所以说："城垒不坚固，武器甲胄不充足，不是国家的灾难；土地没有开垦，财物没有积蓄，不是国家的灾害；在上者不讲礼义，在下者没有学问，作乱的小人兴起，国家的灭亡就在眼前了。"《诗经》上说："上天正在震怒，不要那样多嘴。"多嘴，就是啰嗦。侍奉国君不讲道义，进退之间没有礼仪，言谈诋毁先王之道，就好像多嘴啰嗦一样。所以说："要求国君克服困难叫作恭，陈述善德、抵制邪说叫作敬，认为国君不能行善而坐视不管叫作贼。"

【解读】

孟子本章的警句是："徒善不足以为政，徒法不能以自行。"

对于儒家的很多道德伦理，执政者不仅应该在主观上认同，落实于自我的道德修养之中，更应该在治国理政的过程中充分贯彻落实。历史上有些君主，尽管自己宅心仁厚，视民如伤，却缺乏施政的本领，这种人就是孟子说的"有仁心仁闻，而民不被其泽"。南朝梁武帝就是一个很好的例子。仅有仁心而无仁政，就不可能实现平治天下的理想。

接着，孟子提出："故曰，徒善不足以为政，徒法不能以自行。"赵岐《孟子章句》云："但有善心而不行之，不足以为政。但有善法度而不施之，法度亦不能独自行也。"赵岐的"但有"，意即仅有，执政者只有善良的动机，而缺乏将善良的动机付诸实践从而造福人民的制度规定（"法"），则"仁政"也不可能实现。孟子认为，"法"与"善"是两种知识，为了实现平治天下的理想，必须二者兼备。

善于制定各种规章制度，用客观的律法强制性地规范人们的行为，整合各种社会资源，是不是就能够实现"仁政"呢？孟子说"徒法不能以自行"，任何制度都需要明确的价值关怀作为引导，否则，"法"也可能沦为暴政的工具。

（三）民生为本

1. 民足，君孰与不足

（1）

【原文】

子曰："道[1]千乘之国，敬事而信，节用而爱人[2]，使民以时[3]。"

——《论语·学而》

【注释】

[1] 道：同"导"，指导，治理。

[2] 人：官吏。"人"与"民"有区别，民指老百姓。

[3] 时：这里指农闲的时候。

【译文】

孔子说："治理具有千辆兵车的国家，要做事认真，讲信誉，节约费用，爱护官吏，役使老百姓要在农闲时间。"

（2）

【原文】

哀公问于有若曰："年[1]饥，用不足，如之何？"有若对曰："盍彻[2]乎？"曰："二[3]，吾犹不足，如之何其彻也？"对曰："百姓足，君孰[4]与不足？百姓不足，君孰与足？"

——《论语·颜渊》

【注释】

[1] 年：年成。

[2] 盍：何不。彻：十分抽一的税制。

[3] 二：十分抽二的税制。

[4] 孰：怎么。

【译文】

鲁哀公向有若问道："年成不好有饥荒，国家费用不足，怎么办？"有若回答说："为何不实行十分抽一的税制？"鲁哀公说："十分之二我还不够，怎么可以抽十分之一呢？"有若回答说："老百姓费用够了，您怎么会不够？老百姓费用都不够，您怎么会够呢？"

【解读】

"唯以一人治天下，岂为天下奉一人"，这是紫禁城养心殿中的一副对联，传说是清世宗雍正皇帝所撰。所谓"一人"即是君主。君主既是一个有血有肉的个体，又是国家的元首，这两个身份之间经常会打架：作为个体，他的欲望因受不到制约而无限膨胀；作为国家元首，他又要领导国家富裕强盛，社会安定有序。儒家认为，全国人民以自己的赋税供养君主与国家机器，君主作为一个个体的欲望是很容易就得到满足的，故与国家富强、人民富裕相比，君主的个人欲望应该而且也是可以节制的。在传统中国，比较明智的君主都能领会这一点，遇到大的饥荒，皇帝会从自己的小金库（"内帑"）中拿出钱赈灾，因为他知道，只要社会秩序安定，国家机器正常运转，财富会继续源源不断地流向他的小金库。但很多君主是贪婪自私而且鼠目寸光的，哀公听说要减税，他首先想到的并不是国家机器的正常运转会不会受到影响，而首先担心自己的奢侈生活能不能继续维持，这在古代君主中算是下下之品了。

2. 藏富于民

【原文】

《诗》云："乐只[1]君子，民之父母。"民之所好，好之；民之所恶，恶之。此之谓民之父母。《诗》云："节[2]彼南山，维石岩岩[3]。赫赫师尹[4]，民具尔瞻[5]。"有国者不可以不慎。辟则为天下僇[6]矣。《诗》云："殷之未丧师[7]，克配上帝[8]。仪监[9]于殷，峻命[10]不易。"道[11]得众则得国，失众则失国。是故君子先慎乎德。有德此[12]有人，有人此有土，有土此有财，有财此有用[13]。德者，本也；财者，末也。外本内末[14]，争民施夺[15]。是故财聚则民散，财散则民聚。是故言悖而出者，亦悖[16]而入；货悖而入者，亦悖而出。《康诰》曰："惟命不于常[17]。"道善则得之，不善则失之矣。

——《礼记·大学》

【注释】

[1] 只：语气助词，无意义。

[2] 节：高大、险峻的样子。

[3] 维：句首语气词。岩岩：山石矗立高峻的样子。

[4] 赫赫：势位显盛的样子。师：太师，周代最高的官职"三公"（太师、太傅、太保）之一。尹：尹氏，太师的姓。

[5] 具：通"俱"，都，全。尔：你。瞻：看。尔瞻：看着你。

[6] 辟：通"僻"，邪僻。僇（lù）：同"戮"，杀戮，这里引申为推翻。

[7] 殷：商朝从盘庚迁都到殷（今河南省安阳市）以后，史称为"殷"。师：众。丧师：丧失众人，引申为失去民心。

[8] 克配上帝：能够配得上祭祀上帝，意指接受"天命"做天子。

[9] 仪监：《诗经》原文作"宜鉴"，宜以……为借鉴。

[10] 峻命：大命，即"天命"。

[11] 道：言，"说是"。下文"道善"之"道"同。

[12] 此：则，就。

[13] 用：指供国家享用的各项货物。

[14] 外本内末：本，指德；末，指财；外，表面化的；内，实质性的。这句的意思是：将道德这个根本作为表面文章，而将财富这个枝末当作实际利益。意为喧宾夺主，本末倒置。

[15] 争民：与民争利。施夺：进行掠夺。

[16] 悖（bèi）：逆，违背，意为违背正理。

[17] 惟：句首语气词。命：指"天命"。常：始终如一。惟命不于常：意谓上天赋予的统治权并非固定不变的。

【译文】

《诗经·小雅·南山有台》篇说："和善快乐的君子，犹如人民的父母。"这是因为，人民所喜欢的，他也喜欢；人民所厌恶的，他也厌恶。这样的君子，就叫作百姓的父母官。《诗经·小雅·节南山》篇说："那巍峨险峻的终南山啊！山石矗立势不可攀。赫赫有名的太师尹氏啊！人民都在仰望着你。"所以，统治国家的人不可以不谨慎，如果偏离了道德规范，就会被天下的人所推翻。《诗经·大雅·文王》篇说："当殷朝还没有丧失民心的时候，能够符合配享上帝的资格。（后来因为失去了民心，于是被周武王推翻了。）后世的君王应该以殷朝为借鉴，得到天命真不容易！"这就是说，统治者只有得到人民的拥护，才能保有国家的政权，如果失去人民的支持，就会失去国家的政权。因此，国君首先应该慎重地修养自己的品德。只有具备好的德行，才能得到人民的拥护；有了人民的拥护，才能占有广阔的国土；占有了广阔的国土，才能拥有充足的财富；有了充足的财富，才可供给国家的用度开支。由此可见，道德是治国的根本，财富是治国的枝末。如果表面虽讲道德而内心唯财是重，那就会与民争利并导致人民之间互相争夺起来。所以说，如果把财富聚集于国库，那么民心却离散了；如果把财富施散给人民，那么民心却凝聚起来了。因此，如果君主违背民心而发号施令，那么人民也会以违背君心的话来回敬他；如果君主违背民心而聚敛财富，那么人民也会以违背君心的方式使财富丧失掉。《尚书·康诰》篇说："天命是没有定准的。"这是说，行善积德就能得到天命，不行善积德就会失去天命。

【解读】

"有德此有人，有人此有土，有土此有财，有财此有用。"德、人、土、财、用这五者体现了先后的优先顺序。国家的根本是什么？不是土地，也不是人民，而是正确的价值追求，有了正确的价值追求后，人民才会追随执政者。没有正确价值追求的政权只能煊赫一时，不能长久，因此要将"德"确立为立国之本，并且贯彻始终。夏、商、周乃至先秦时代，人少地广，因此建立一个政权并不缺乏土地，缺乏的是人力，有了追随的民众，才有可能垦殖拓荒，形成聚落，建设城市。土地得到人类开垦后，就成为一切社会财富的源泉，财富生产出来之后，国家通过向人民征收赋税才能获得财政收入，然后才能管理各种事务，建立军队、监狱、衙门等等国家机器。

因此，国家的根本并不在于疆域是否辽阔，也不取决于国家机器多么强大，根本在于执政者的价值观对于民众而言是否有吸引力。那么如何才能建立和维系政权对民众的吸引力呢？《大学》云："是故财聚则民散，财散则民聚。"国家应当处理好人民财富与财政收入的关系，如果财富过度集中于执政者手中，人民生活困苦，就会离心离德；藏富于民，人民安居乐业，生活幸福，则会更加爱戴君主，民心更加凝聚。

可是，战国时代的统治者很少有人按照《大学》的教诲治国理政，其执政逻辑经常是颠倒的：有用此有财，有财此有土，有土此有人，有人此有德。也就是说，以满足君主的奢侈生活和维持国家机器为目的的财政开支是第一位的，财政开支决定了所有的路线、方针、政策，决定了国家机器要向社会聚敛多少财富；由于贪得无厌，社会财富不能满足开支所需，君主就要发动战争，这时才考虑到维持战争所需要的人力资源，农民被赶出田地，走上开疆拓土的战场；最后，才考虑应该树立一种与这套聚敛的统治逻辑相适应的价值观，以哄骗、麻醉民众，使之安于受奴役和压榨的地位，同时以财富供养一支精锐庞大的军队和复杂的国家机器，使受到压迫的民众慑于武力不敢反抗。但是，这样的统治是不可能长久的。《大学》说："是故言悖而出者，亦悖而入；货悖而入者，亦悖而出。"发出违反道德的政令，一定会遭到民众背叛，受到民众的反抗；那些用不道德的手段和目的所聚敛的财富，也一定会被民众用不道德的方式抢回去。回顾秦以后的历史，每一次农民起义都是因为社会财富分配不公而引起的，而起义的结果都是社会财富的重新分配。从这个意义上说，《大学》是有预见性的。

3. 五十步笑百步

【原文】

梁惠王曰："寡人之于国也，尽心焉耳矣。河内[1]凶，则移其民于河东，移其粟于河内。河东[2]凶亦然。察邻国之政，无如寡人之用心者。邻国之民不加少，寡人之民不加多，何也？"孟子对曰："王好战，请以战喻。填[3]然鼓之，兵刃既接，弃甲曳兵而走，或百步而后止，或五十步而后止。以五十步笑百步，则何如？"曰："不可。直不百步耳，是亦走也。"曰："王如知此，则无望民之多于邻国也。不违农时，谷不可胜食也。数罟不入洿池[4]，鱼鳖不可胜食也。斧斤以时入山林，材木不可胜用也。谷与鱼鳖不可胜食，材木不可胜用，是使民养生丧死无憾也。养生丧死无憾，王道[5]之始也。五亩之宅[6]，树之以桑，五十者可以衣帛矣。鸡豚狗彘[7]之畜，无失其时，七十者可以食肉矣；百亩之田，勿夺其时，数口之家可以无饥矣；谨庠序[8]之教，申之以孝悌之义，颁白者不负戴于道路矣。七十者衣帛食肉，黎民不饥不寒，然而不王[9]者，未之有也。狗彘食人食而不知检，途有饿莩而不知发；人死，则曰'非我也，岁也'，是何异于刺人而杀之，曰'非我也，兵也'。王无罪岁，斯天下之民至焉。"

——《孟子·梁惠王上》

【注释】

[1] 河内：河，古专指黄河。魏国的河内在今山西运城市安邑一带。

[2] 河东：魏国的河东在今河南济源市一带。

〔3〕填：拟声词，击鼓声。

〔4〕数罟（cù gǔ）：细密的网。洿（wū）：深。

〔5〕王道：与"霸道"相对，指用仁义道德治天下的统治方法。

〔6〕五亩之宅：孟子理想中最好的经济制度是井田制，其中每家分一百亩田，另加五亩宅园。宅园包括居住的房屋、放农具的庐舍和水井等，周围栽植树木。

〔7〕鸡豚（tún）狗彘（zhì）：豚，小猪；彘，猪。

〔8〕庠（xiáng）序：古代地方上的学校，商代称庠，周代称序。这里泛指学校。

〔9〕王（wàng）：成就王业，以仁义得天下。

【译文】

梁惠王说："我对于国家总算尽了心啦。河内遇到饥荒，就把那里的老百姓迁移到河东去，把河东的粮食转移到河内；河东遇到饥荒也是这样。考察邻国的政治，没有像我这样用心的。邻国的百姓没有减少，我的百姓没有增多，这是为什么呢？"孟子回答说："大王喜欢打仗，让我用战争来比喻吧。战鼓一敲响，两军的兵器刚接触，就扔掉盔甲拖着武器逃跑。有的人逃跑了一百步然后停下来，有的人逃跑了五十步然后停下来。凭自己只跑了五十步而耻笑别人跑了一百步，行不行呢？"惠王说："不行。只不过没有跑上一百步罢了，这也是逃跑啊。"孟子说："大王如果懂得这个道理，就不要指望自己的百姓比邻国多了。不耽误农业生产的季节，粮食就会吃不完。密网不下到池塘里，鱼鳖之类的水产就会吃不完。按一定的时令入山伐木，木材就会用不完。粮食和水产吃不完，木材用不完，这就使百姓对生养死葬没有什么不满了。百姓对生养死葬没有什么不满，这是王道的开端。五亩大的住宅场地，种上桑树，五十岁以上的人就可以穿丝织品了。鸡、猪、狗的畜养，不耽误它们的繁殖时机，七十岁以上的人就可以吃肉食了。百亩大的田地，不耽误它的生产季节，几口之家就可以不受饥饿了。认真地兴办学校教育，把尊敬父母、敬爱兄长的道理反复讲给百姓听，须发花白的老人就不会背负或头顶重物在路上行走了。七十岁以上的人能够穿上丝织品、吃上肉食，百姓没有挨饿受冻的，这样还不能统一天下而称王，是不曾有过的事。贵族家的猪狗吃掉人所吃的食物，不知道制止；道路上有饿死的人，不知道开仓赈济。百姓死了，就说：'这不是我的过错，是因为年成不好。'这种说法与拿刀把人杀死后，说'杀死人的不是我，是兵器'有什么不同？大王不要归罪于年成，那么天下的百姓都会来归顺了。"

【解读】

孟子此章提出了一个严肃的问题：国家对于人民最大的意义是什么，或者说，人民对于国家最大的期待是什么？

在梁惠王看来，他的爱民之心已经无微不至：河内、河东等地区发生饥荒，他及时赈灾、安排移民。但即使如此，他的国家的人民并未增多，别国的人民并未减少。而在耕战立国的战国时代，人口意味着劳动力，意味着兵源，人口是国家最大的财富。

孟子认为，梁惠王对仁政的理解太狭隘、太功利、太短视。发生自然灾害时进行救援，固然是执政者分内之事，但仁政真正的意义在于，执政者在没有发生饥荒的承平岁月，就进行了充分的准备，这种准备不仅是防灾减灾的储备蓄积，更是增进民生幸福。与人民的幸福生活相比，与减灾防灾相比，国家应对饥荒的临时救援乃是亡羊补牢。人民需要国家为他们创造安定有序的社会秩序、公正清明的治理体系、公平合理的财富分配，所有这些落实到民众切身的、直观的感受，就是"养生丧死无憾"。养生和丧死是两个方面：养生，是注重民生，发展经济，保护和促进生产力发展；丧死，是指民众失去劳动能力之后，能够从国家、社会、家庭那里得到的福利保障。当然，在孟子的时代，社会保障基本上是抽象的、广义的，失去劳动能力的老者从国家那里得不到多少直接的、具体的保障，养老保障的主要责任集中在家庭。因此，国家应该大力发展经济，轻徭减赋，不误农时，让劳动者为家庭和个人创造更多的社会财富，从而能够抚养子女、赡养老人。

孟子对民生福利的重视，很容易让人联想到他所理想的国家是一个"福利国家"。这也是一种误解，在孟子的理想中，五十岁以上的人才可以穿丝织品，七十岁以上的人才可以吃肉食。北宋大儒程颐说："且博施济众，固圣人所欲，然却五十者方衣帛，七十者方食肉。如使四十者衣帛，五十者食肉，岂不更好？然力不可以给，合当衣帛食肉者便不足也。此所以伤惠。"（《河南程氏遗书》卷十八）孟子这个生活标准即使在北宋人看来，也有点低得过分了。难道圣人不愿意民众的物质生活更加丰裕，让大家四十岁的时候就能穿上丝织品，五十岁的时候就能吃上肉吗？程颐说："力不可以给。"战国时代的社会生产力，只能保障一小部分人能够食肉、衣帛，那么就应该让丧失劳动力的老者食肉、衣帛，让已经成为一家之主的五十岁的人衣帛（而吃不上肉）。可见，国家一方面要发展民生，保障福利，另一方面又要使人民的物质文化需求与社会生产力相适应，不能提出超出生产力水平的民生目标。

4. 通功易事

(1)

【原文】

陈相见孟子，道许行之言曰："滕君则诚贤君也，虽然，未闻道也。贤者与民并耕而食，饔飧[1]而治。今也滕有仓廪府库，则是厉民而以自养也，恶得贤?"

孟子曰："许子必种粟而后食乎?"

曰："然。"

"许子必织布而后衣乎?"

曰："否! 许子衣褐。"

"许子冠乎?"

曰："冠。"

曰："奚冠?"

曰："冠素。"

曰："自织之与?"

曰："否，以粟易之。"

曰："许子奚为不自织?"

曰："害于耕。"

曰："许子以釜甑爨[2]，以铁耕乎?"

曰："然。"

"自为之与?"

曰："否! 以粟易之。"

"以粟易械器者，不为厉陶冶；陶冶亦以其械器易粟者，岂为厉农夫哉? 且许子何不为陶冶，舍皆取诸其宫中而用之? 何为纷纷然与百工交易? 何许子之不惮烦?"

曰："百工之事，固不可耕且为也。"

"然则治天下独可耕且为与? 有大人之事，有小人之事。且一人之身，而百工之所为备，如必自为而后用之，是率天下而路[3]也。故曰：'或劳心，或劳力；劳心者治[4]人，劳力者治于人；治于人者食人，治人者食于人；天下之通义也。'"

——《孟子·滕文公上》

【注释】

［1］饔飧（yōng sūn）：早餐和晚餐。此处用作动词，指做饭。

［2］以釜甑（fǔ zèng）爨（cuàn）：釜甑，皆古炊具名。釜似锅，甑底部有孔，用以蒸食。爨，燃火。

［3］路：奔走道路，比喻失其常居，疲于奔命。

［4］治：能抓住要点并使之符合条理。

【译文】

陈相来见孟子，转述许行的话说："滕国国君的确是贤明的君主。尽管如此，还是不懂得治国的大道。贤君应和百姓一起耕作而取得食物，一面做饭，一面治理天下。现在，滕国有粮仓和收藏财物布帛的仓库，这就是损害百姓来奉养自己了，哪里算得上贤明呢！"

孟子问道："许子一定要自己种粮才吃饭吗？"

陈相说："对。"

孟子说："许子一定要自己织布才穿衣吗？"

陈相说："不，许子穿没纺织过的粗麻布衣。"

孟子说："许子戴帽子吗？"

陈相说："戴。"

孟子说："戴什么帽子？"

陈相说："戴生绢做的帽子。"

孟子说："自己织的吗？"

陈相说："不，用粮食换的。"

孟子说："许子为什么不自己织呢？"

陈相说："因为对耕种有妨碍。"

孟子说："许子用铁锅瓦甑烧火做饭、用铁器耕种吗？"

陈相说："对。"

孟子说："是自己制造的吗？"

陈相说："不，用粮食换的。"

孟子说："用粮食换炊具农具，不算损害陶工铁匠；陶工铁匠用他们的炊具农具换粮食，难道能算损害农夫吗？再说，许子为什么不亲自烧陶炼铁，不愿意一切东西都从自己家里拿来用呢？为什么忙忙碌碌地同各种工匠进行交换呢？为什么许子这样不怕麻烦呢？"

陈相说："各种工匠的活儿本来就不可能和耕地同时兼着干的。"

孟子说："那么治理天下难道就可以和耕地一起兼着干吗？有做官的人干的事，有当百姓的人干的事。况且每一个人的生活中，各种工匠制造的东西都要具备，如果每件东西一定要自己制造才能用，这是驱使天下的人疲于奔命。所以说，有的人使用脑力，有的人使用体力；使用脑力的人能治理好其他人，使用体力的人需要他人来治理；需要他人治理的人供养他人，治理他人的人被人供养：这是天下通行的道理。"

（2）

【原文】

彭更问曰："后车数十乘，从者数百人，以传食于诸侯，不以泰[1]乎？"孟子曰："非其道，则一箪食不可受于人；如其道，则舜受尧之天下，不以为泰——子以为泰乎？"曰："否。士无事而食，不可也。"曰："子不通功易事，以羡补不足，则农有余粟，女有余布。子如通之，则梓匠轮舆皆得食于子。于此有人焉，入则孝，出则悌，守先王之道，以待后之学者，而不得食于子。子何尊梓匠轮舆而轻为仁义者哉？"曰："梓匠轮舆，其志将以求食也；君子之为道也，其志亦将以求食与？"曰："子何以其志为哉？其有功于子，可食而食之矣。且子食志[2]乎？食功[3]乎？"曰："食志。"曰："有人于此，毁瓦画墁，其志将以求食也，则子食之乎？"曰："否。"曰："然则子非食志也，食功也。"

——《孟子·滕文公下》

【注释】

[1] 泰：舒服。

[2] 食志：根据动机给他饭吃。

[3] 食功：根据效果给他饭吃。

【译文】

彭更问道："跟在身后的车几十辆，跟随的人几百个，从这个诸侯国吃到那个诸侯国，不是太过分了吗？"孟子说："如果不正当，就是一篮子饭也不能够接受；如果正当，就是像舜那样接受了尧的天下也不过分。你觉得这样过分吗？"彭更说："不，我不是这个意思。我是觉得，读书人不劳动而白吃饭，是不对的。"孟子说："你如果不互通有无，交换各行各业的产品，用多余的来补充不足的，就会使农民有多余的粮食没人吃，妇女有多余的布没人穿。你如果互通有无，那么，木匠车工都可以从你那里得到吃的。比如说这里有一个人，在家孝顺父母，出门尊敬长辈，奉行先王的圣贤学说，来培养后代的学者，却不能从你那里得到吃的。你怎么可以尊重木匠车工却轻视奉行仁义道德的人呢？"彭更说："木匠车工，他们干活的动机就是为了求饭吃。读书人研究学问，其动机也是为了求饭吃吗？"孟子说："你为什么以他们的动机来看问题呢？只要他们对你有功绩，应该给他们吃的，那就给他们吃的罢了。况且，你是论动机给他们吃的呢，还是论功绩给他们吃的呢？"彭更说："论动机。"孟子说："比如这里有一个人，把屋瓦打碎，在新刷好的墙壁上乱画，但他这样做的动机是为了弄到吃的，你给他吃的吗？"彭更说："不。"孟子说："那么，你不是论动机，而是论功绩的了。"

【解读】

这两段话代表了孟子对于社会分工和商业交换的观点，即"劳心者治人，劳力者治于人"和"通功易事"。

在第一段话中，许行等农家学派要求全民从事农业生产，孟子在辩论中指出，农家学者从事农业生产所需要的农具、基本生活用品全部来自于商品交换，这就证明手工业、商业、农业三者相互依存，相互需要，不能片面地强调其中某一种。

在第二段话中，彭更认为，孟子一类的学者游食于诸侯之间，不直接从事劳动生产，实际上是寄生虫。孟子则认为，健全的社会本来就由两种成员组成：直接从事劳动生产的体力劳动者与不直接从事劳动生产的社会成员，二者缺一不可。知识分子不直接生产劳动产品，不直接创造社会财富，但他们肩负着传承文化、弘扬道德、传播知识的重任，如果没有知识分子，那么全社会会陷入蒙昧黑暗的原始状态中。推而广之，不直接从事劳动生产的人还包括那些从事公共事务管理的社会成员，他们发挥了稳定社会秩序、维护市场体系、发行货币的经济职能。如果没有这些不直接从事劳动生产的人，那么就没有人发行货币，手工业与农业的交换就永远是物物交换，商品流通也只能是低层次、小范围的。

如果用现代人的理解来看，直接从事劳动生产的社会成员基本上是体力劳动者（"劳力者"），而不直接从事劳动生产的社会成员基本上就是脑力劳动者（"劳心者"），在现代社会中，二者只是社会分工的关系，但在孟子时代乃至整个传统中国，二者实有尊卑贵贱之分、阶级隶属之分。故体力劳动者对脑力劳动者既羡慕又鄙视，在体力劳动者的代言人许行、彭更们看来，脑力劳动者不直接从事劳动生产，是社会的蛀虫，就有这个原因。孟子恰恰回避了这种分工所导致的阶级分化和身份等级的问题，而从分工的必要性来论证脑力劳动者是社会所必需的。如果从人类社会发展的长时段趋势而言，农业作为第一产业的地位是不断下降的，农业的从业者也是不断减少的，那么，孟子的论证不仅是现代的，甚至是过于超前的。但结合战国时期的实际情况看，不少脑力劳动者并未履行自己应有的职责，而沦为"无事而食"的寄生虫，这也是一个不争的事实。孟子多次批评统治者们骄奢淫逸，不顾民众的生活疾苦，说明他也注意到了这个问题，即脑力劳动者应该对社会有自己应有的贡献："非其道，则一箪食不可受于人。"

5. 正谊明道与谋利计功

(1)
【原文】

"仁人正谊[1]不谋利，明道不计功。"此语初看极好，细看全疏阔。古人以利与人，而不自居其功，故道义光明。后世儒者行仲舒之论，既无功利，则道义者乃无用之虚语尔。然举者[2]不能胜，行者[3]不能至，而反以为诟于天下矣。

————宋·叶适《习学记言序目》卷二十一

【注释】

[1] 谊：通"义"。此语出自《汉书·董仲舒传》。

[2] 举者：发起一种学说的人。

[3] 行者：践行者。

【译文】

"仁人弘扬道义而不谋求利益，阐明大道而不计较事功。"这句话乍看很有道理，仔细琢磨却漏洞百出。古人以现实的功利惠及人民，但不自居功劳，因此他的道德才能弘扬光大，为人信服。后世儒者践行董仲舒这一观点，不敢致力于现实功利的实现，嘴上却大谈仁义道德，殊不知没有功利的道德只是空话。儒者由于轻视功利，提出新的学说却缺乏竞争力，想践行圣贤的教诲却不知道从哪里下手，反而受到天下人的耻笑诟病。

(2)
【原文】

世有耕种而不谋收获者乎？世有荷网持钩而不计得鱼者乎？抑将恭而不望其不侮，宽而不计其得众乎？这"不谋不计"两"不"字，便是老无释空之根[1]。惟吾夫子"先难后获"[2]、"先事后得"[3]、"敬事后食"[4]三"后"字无弊。盖正谊便谋利，明道便计功，是欲速，是助长；全不谋利计功，是空寂，是腐儒。

————清·颜元《颜习斋先生言行录》卷下《教及门》第十四

【注释】

[1] 老无：主张"有生于无"的老庄之学。释空：主张"万法皆空"

的佛教。

　　[2]　先难后获：语出《论语·雍也》："仁者，先难而后获，可谓仁矣。"

　　[3]　先事后得：语出《论语·颜渊》："先事后得，非崇德与？"

　　[4]　敬事后食：语出《论语·卫灵公》："事君敬其事而后其食"。

【译文】

　　世上难道有不追求收获的耕种者吗？有拿着渔网和鱼钩却不追求捕到鱼的渔民吗？难道我恭敬待人却不希望别人不侮辱我吗？宽以待人却不指望得到众人的信服吗？董仲舒的"不谋"、"不计"站不住脚，受到了老庄、佛教思想的影响。孔子说过三句话："克服困难然后有所收获"、"努力工作然后有所得"、"恭敬地服务君主，然后才能安心接受君主的俸禄"。这三句话中的三个"然后"才是毫无弊端。在阐明道理的同时就计较利益，在弘扬道义的同时就计较功利，这是急功近利；自始至终不考虑功利效果，则是腐儒。二者都是错误的。

【解读】

　　董仲舒与叶适双方的主张，看似对立，实则是一个硬币的两面。道义和功利的问题，同时也是动机和效果的问题。

　　董仲舒认为，只要确认了目标在道德上是正确的，那么就应该排除一切功利的考虑，全力以赴地努力实践，而现实功利的考虑会损害道德的纯洁性。从实现理想信念的角度说，董仲舒的观点值得重视：那些让人感到实现之日遥遥无期，感到过于抽象、过于理想化的目标，恰恰需要心无旁骛、聚精会神的奋斗；一旦认定了有价值的、正确的价值观，就应该不计阶段性的收获和得失，矢志不渝地干下去。

　　叶适则认为，古圣先贤以造福人民、收获功利为根本追求，他们所主张的道德伦理之所以能够为人们所接受，一定是因为其在历史上曾经发生现实的功效。"谋利"、"计功"是"正谊"、"明道"的题中应有之义，如果道义不能带来现实的功利，则道义亦成为虚伪的道义。若毫不考虑现实的功利效果，道德伦理就变会成一句空话。这实际上是从另一个角度完善补充了董仲舒的论断：那些值得人们心无旁骛、矢志不渝长期奋斗的目标，必须是曾经在局部的实践中被证明是可行有效的，如果没有局部实践效果的佐证，这些理想信念就不会被坚持。

　　颜元的主张综合了董仲舒、叶适两个人的观点。他批评董仲舒的措辞容易引起误会，"不谋"、"不计"的说法将道义与功利完全对立起来，仿佛道义追求本来就不可能收获现实功利的效益一样。相比之下，孔子的"先难后获"、"先事后得"、"敬事后食"的说法更加准确：只要有树立目标，持之以恒，克服重重困难，道义就一定能收获长远的功利之果，而在努力的过程中，不能因为看不到短期效益而半途而废；从书本上来，到书本中去，脱离实际，悬空揣摩，那些目标是空洞的，鼓吹的道义也是虚伪的，是腐儒所为。尤其值得注意的是，颜元在批评急功近利与全不谋利计功两个极端的时候，明确地将董仲舒之言改成"正其谊以谋其利，明其道而计其功"（颜元《四书正误》）的新论述，这比叶适的论述又进了一步。

6. 乐民之乐，忧民之忧

（1）

【原文】

《诗》云："乐只[1]君子，民之父母。"民之所好，好之；民之所恶，恶之。此之谓民之父母。

——《礼记·大学》

【注释】

[1] 只：语气助词，无意义。

【译文】

《诗经·小雅·南山有台》篇说："和善快乐的君子，犹如人民的父母。"这是因为，人民所喜欢的，他也喜欢；人民所厌恶的，他也厌恶。这样的君子，就叫作百姓的父母官。

（2）

【原文】

齐宣王见孟子于雪宫[1]。王曰："贤者亦有此乐乎？"孟子对曰："有。人不得，则非[2]其上矣。不得而非其上者，非[3]也；为民上而不与民同乐者，亦非也。乐民之乐者，民亦乐其乐；忧民之忧者，民亦忧其忧。乐以天下，忧以天下，然而不王者，未之有也。"

——《孟子·梁惠王下》

【注释】

[1] 雪宫：齐宣王玩乐的郊外别墅。

[2] 非：动词，认为……非，即非难，埋怨。

[3] 非：不对，错误。

【译文】

宣王在别墅雪宫里接见孟子。宣王说："贤人也有在这样的别墅里居住游玩的快乐吗？"孟子回答说："有。人们要是得不到这种快乐，就会埋怨他们的国君。得不到这种快乐就埋怨国君是不对的，可是作为老百姓的领导人而不与民同乐也是不对的。国君以老百姓的快乐为快乐，老百姓也会以国君的快乐为快乐；国君以老百姓的忧愁为忧愁，老百姓也会以国君的忧愁为忧愁。把天下人的快乐当作快乐，把天下人的忧愁当作忧愁，这样还不能够使天下归服，是没有过的。"

【解读】

范仲淹的《岳阳楼记》千古传诵，其中的警句"先天下之忧而忧，后天下之乐而乐"，实则化用了《大学》、《孟子》这两章的语义。具体而言，与民同忧乐就是：老百姓有什么样的愿望，就极力帮助其实现；老百姓有什么样的担忧和顾虑，就千方百计地为其排忧解难；老百姓欢迎什么样的政策，就不遗余力地推行之；什么样的政策对老百姓不利，就立刻修正乃至废除；老百姓爱戴什么样的官员，就奖励提拔之；老百姓厌恶什么样的官员，就惩罚罢黜之。孟子指出，个体的利益只有在国家利益得到保障的前提下，才有可能实现。执政者只有以人民的忧乐为自己的忧乐，人民才能支持拥戴执政者所要推行的一系列政策，才能心甘情愿地缴纳赋税、当差服役。孟子不仅要求君主关心人民，也要求人民适当地放弃一己私利，也就是说，君与民双方都不能将自己的利益置于国家的利益之上，都要在特定条件下牺牲自己的利益，这样才能实现国家利益的最大化。

（四）选贤举能

1. 才 难

(1)

【原文】

舜有臣五人[1]而天下治。武王曰："予有乱臣[2]十人。"孔子曰："才难，不其然乎？唐虞之际[3]，于斯[4]为盛，有妇人焉[5]，九人而已。三分天下有其二[6]，以服事殷。周之德，其可谓至德也已矣。"

——《论语·泰伯》

【注释】

[1] 舜有臣五人：传说是禹、稷、契（xiè）、皋陶（yáo）、伯益等人。

[2] 乱臣：据《说文》："乱，治也。"此处所说的"乱臣"，意为"治国之臣"。

[3] 唐虞之际：传说尧在位的时代叫唐，舜在位的时代叫虞。

[4] 斯：指周武王时期。

[5] 有妇人焉：指武王的"乱臣十人"中有武王之妻邑姜。

[6] 三分天下有其二：据《逸周书·程典》篇："文王令九州之侯，奉勤于商。"相传当时分九州，文王得六州，是三分之二。

【译文】

舜有五位贤臣，就能治理好天下。周武王也说过："我有十个帮助我治理国家的臣子。"孔子说："人才难得，难道不是这样吗？唐尧和虞舜之间及周武王这个时期，人才是最盛的了。但十个治臣当中有一个是妇女，实际上只有九个人而已。周文王尽管得了天下的三分之二，仍然事奉殷朝，周朝的德，可以说是最高的了。"

(2)

【原文】

子言卫灵公[1]之无道也，康子曰："夫如是，奚而不丧？"孔子曰："仲叔圉[2]治宾客，祝鮀治宗庙，王孙贾治军旅，夫如是，奚[3]其丧？"

——《论语·宪问》

【注释】

[1] 卫灵公：春秋时期卫国国君（公元前534—前493），姬姓，名元。

[2] 仲叔圉：人名。下面的祝鮀、王孙贾，也是人名。

[3] 奚：哪里，怎么。

【译文】

孔子讲卫灵公昏乱，康子说："假如这样，为何没有灭亡？"孔子说："有仲叔圉负责接待宾客，祝鮀负责祭礼宗庙，王孙贾负责指挥军队，像这样，怎么会灭亡？"

【解读】

在（1）中，孔子说周文王三分天下居其二，却仍然率领诸侯臣服殷商，并非周文王本人的才德不够，也不是因为商王是贤君明主，而是因为当时商朝大臣中还有微子、箕子、比干这三个仁人（即《论语·微子》中所说的"殷有三仁焉"）。与"三仁"相比，文王自觉团队里的人才还不够多、不够强，一时不足以与商王抗衡。到了文王之子武王时代，人才不断积累，遂敢于声称："予有乱臣十人。"治国理政的人才达到十人之数，便顺利地灭亡了商朝并建立周朝，孔子于是感叹："才难。"人才是多么重要，而发现、使用人才又是多么不容易啊。

在（2）中，卫灵公是个无道的昏君，但暂时看不出有亡国的迹象，原因何在？孔子说，卫灵公虽然无道，外交、礼仪、军事三个关键岗位上却有仲叔圉、祝鮀、王孙贾三个杰出的人才，这三个人能够在一定程度上抵消卫灵公无道带来的负面效应，因此卫国一时还不会亡国。

孔子在《论语》中很少表彰统领全局的帅才，因为居于这个层次的人往往是君主，而君主的根本是"德"，而非"才"。所谓"才"，是针对负责具体工作的中高层干部而言的。孔子甚至以卫灵公的例子说明，即使处于一把手地位的是个庸人，但只要中高层干部立得住、靠得牢，那么这个国家仍然能够保持一定的活力。

2. 知其政事，不知其仁

(1)

【原文】

孟武伯[1]问："子路仁乎？"子曰："不知也。"又问。子曰："由也，千乘之国，可使治其赋[2]也。不知其仁[3]也。""求也何如？"子曰："求也，千室之邑，百乘之家，可使为之宰也。不知其仁也。""赤[4]也何如？"子曰："赤也，束带[5]立于朝，可使与宾客言也。不知其仁也。"

——《论语·公冶长》

【注释】

[1] 孟武伯：仲孙彘，"武"是谥号。

[2] 赋：军赋税收。

[3] 不知其仁：意指不知道他们的行为能否达到仁的境界。

[4] 赤：姓公西，名赤，字子华，孔子弟子。

[5] 束带：指穿着礼服。

【译文】

孟武伯问："子路有仁德吗？"孔子说："不知道。"孟武伯又问。孔子说："子路这个人，有千辆战车的国家，可以叫他去治理军赋税收，但不知道他能否达到仁的境界。"孟武伯问："冉求怎么样？"孔子说："冉求这个人，千户人家的私邑，有一百辆马车的大夫封地，可以叫他担任长官，但不知道他能否达到仁的境界。"孟武伯问："公西赤怎么样？"孔子说："公西赤这个人，能穿着礼服立在朝廷中，可以叫他接待宾客，但不知道他能否达到仁的境界。"

(2)

【原文】

季康子问："仲由可使从政也与？"子曰："由也果[1]，于从政乎何有！"曰："赐也可使从政也与？"曰："赐也达[2]，于从政乎何有！"曰："求也可使从政也与？"曰："求也艺[3]，于从政乎何有！"

——《论语·雍也》

【注释】

[1] 果：果断。

[2] 达：通达。

[3] 艺：才能。

【译文】

季康子问："仲由可以叫他治理政事吗？"孔子说："仲由做事果断，对于治理政事有什么难！"又问："端木赐可以叫他治理政事吗？"孔子说："端木赐通达，对于治理政事有什么难！"又问："冉求可以叫他治理政事吗？"孔子说："冉求多才多能，对于治理政事有什么难！"

【解读】

孔子对举贤用能有很多论述，这里只是摘录了比较有代表性的几条。孔子的人才观有两个要点：第一，要发现人才；第二，要根据每个人的才能，将其安排在适当的位置上。发现部下有很多人才还不够，还要使用他们，并且激励、提拔他们；发现而不使用，只使用而不激励，那么这种发现、使用是毫无意义的。

孔子的深刻之处在于，他认识到每个人的才能是千差万别的，不应笼统地、草率地给某人贴上"人才"的标签，而应该清楚特定的人具有特定的才能；特定的人只有在特定的岗位上发挥作用，才能称为"人才"。在（1）中，孟武伯问子路能不能称得上"仁"，用现在的话说，就是问子路是不是人才，孔子干脆地回答说："不知道！"孟武伯再次发问后，孔子才说，你让子路去一个千乘的大国管理赋税，他是胜任的。言下之意是，放在其他岗位我就不能保证他还是人才了。孔子的另外两个弟子，冉求、公西赤的情况也是如此。

在（2）中，季康子没有问"仁"，而是问孔子的哪些弟子可以"从政"。孔子说，你这样问，还是太抽象了。"从政"包括政治、经济、军事、文化各个方面的内容，你到底需要哪个领域的人才呢？我只能告诉你这几个弟子的情商各有特点：有的人果断，适合充分授权，临机决断；有的人性情通达，与物无忤，适合协调人际关系或者外交礼宾工作；有的人多才多能，适应性强，但专精不足，可以安排在综合岗位上工作。请问你到底要什么样的人才啊？

孔子的反问其实还有一层揶揄的意思：发现人才可以带来美誉，季康子可能为了沽名钓誉而来向孔子求才，其实他并不知道自己需要什么样的人才。

3. 举尔所知

（1）

【原文】

仲弓为季氏[1]宰，问政。子曰："先[2]有司，赦[3]小过，举[4]贤才。"

曰："焉知贤才而举之?"曰："举尔所知。尔所不知，人其舍诸?"

——《论语·子路》

【注释】

[1] 季氏：季桓子。

[2] 先：带头，做出表率。

[3] 赦：赦免。

[4] 举：推荐，提拔。

【译文】

仲弓担任季氏的家宰，向孔子请教行政的问题。孔子说："给有关官员带头，赦免下属的小过失，选拔优秀人才。"仲弓问："怎么知道他是优秀人才而把他选拔上来?"孔子说："选拔你所了解的人才，你不了解的人才，别人会埋没他吗?"

(2)

【原文】

子游为武城[1]宰。子曰："女[2]得人焉耳乎?"曰："有澹台灭明[3]者，行不由径[4]，非公事，未尝至于偃之室也。"

——《论语·雍也》

【注释】

[1] 武城：鲁国的城邑。

[2] 女：同"汝"。

[3] 澹台灭明：字子羽。子游发现的人才，孔子的后期弟子。

[4] 径：小道。

【译文】

子游担任武城的长官。孔子问："你得到人才了吗?"子游回答说："有一个叫澹台灭明的人，走路不循小道，不为公事，不曾到我的屋里来。"

【解读】

仲弓担任季氏的家宰，总管季氏这个大家族的家务，管理众多封地，要与上上下下各色人等打交道，故仲弓向孔子请教如何行政。在《论语》中，孔子弟子多次向孔子"问政"，但每次得到的回答侧重点各有不同。对仲弓此问，孔子的回答侧重于如何打造一支高效的干部队伍。

打造一支高效的干部队伍，首先要在下属面前以身作则，用自己的工作作风和工作才能树立威信，赢得部下的敬畏，这就叫作"先有司"。其次要在团队内部营造团结和谐的气氛，宽以待人，容忍小的过失，获得部下的爱戴。最后，也是最重要的，就是选拔人才，即"举贤才"。仲弓对前二者都表示理解，但觉得自己初来乍到，人地两生，一下子很难发现谁是贤才。孔子告诉他，在选拔人才这件事情上，主要依靠自己的眼睛，通过实际工作观察和判断下属的才能，反过来说，不要听信第三方的评价和议论，更不要根据第三方的评价和议论举荐你没有共事过、观察过的人。那些不在视野内的贤才，虽然一时没有被你发现，但是金子迟早要发光，自然有别的人会发现、荐举他的。

强调选拔自己视野内的下属，自然会给下属一种暗示：应该多在领导面前表现自己，"密切联系领导"。在（2）中，子游发现他的下属澹台灭明，如果不是因为公事的话，从来不到自己屋里来。用今天的话说，八小时之外与领导没有交集。子游说，这样的人才是正派的，他与领导之间的距离是适当的：为了公事，可以不厌其烦地到领导那里请示汇报，进入领导的视野；如无公事，决不往领导那里跑，因为在无公事的情况下，他与领导所谈的只能是私事，这就是公私混淆。

毋庸讳言，孔子选拔人才的方式效率不高，具有一定的经验主义气息，但有一点却是正确的：越是求贤若渴，越要以细心、耐心、恒心发现人才。

4. 毁誉必察

（1）

【原文】

子贡问曰："乡人[1]皆好之，何如？"子曰："未可也。""乡人皆恶之，何如？"子曰："未可也。不如乡人之善者好之，其不善者恶之。"

——《论语·子路》

【注释】

[1] 乡人：乡党邻里。

【译文】

子贡问："乡党邻里都喜欢他，怎么样？"孔子说："还不行。"子贡又问："乡党邻里都讨厌他，怎么样？"孔子说："也不行。不如乡党邻里中善良的喜欢他，不善良的讨厌他。"

（2）

【原文】

孟子见齐宣王曰："所谓故国[1]者，非谓有乔木[2]之谓也，有世臣[3]之谓也。王无亲臣矣，昔者所进，今日不知其亡[4]也。"王曰："吾何以识其不才而舍之？"曰："国君进贤，如不得已，将使卑逾尊，疏逾戚，可不慎与？左右皆曰贤，未可也；诸大夫皆曰贤，未可也；国人皆曰贤，然后察之，见贤焉，然后用之。左右皆曰不可，勿听；诸大夫皆曰不可，勿听；国人皆曰不可，然后察之，见不可焉，然后去之。左右皆曰可杀，勿听；诸大夫皆曰可杀，勿听；国人皆曰可杀，然后察之，见可杀焉，然后杀之。故曰国人杀之也。如此，然后可以为民父母。"

——《孟子·梁惠王下》

【注释】

[1] 故国：指历史悠久的国家。

[2] 乔木：高大的树木。

[3] 世臣：累代功勋的老臣。

[4] 亡：去位，去国。

【译文】

孟子见到齐宣王说："之所以叫'历史悠久的国家'，不是因为国中有高大树木，而是指有累代功勋的老臣。现在大王没有可以信任的大臣。过去使用提拔的人，如今已被罢免而不知跑到那里去了。"齐宣王说："根据什么识别他无用而舍弃他呢？"孟子说："国君选拔贤臣，如果是迫不得已而选用新臣，将会使地位低的人超过地位高的人，使疏远者超过亲近者，怎能够不慎重对待呢？左右亲信的人都说某人贤能，还不成；大夫们也都说贤能，还不成；全国的人都说贤能，然后去考察他，证实他的确贤能，然后再任用他。左右亲信的人都说某人不行，不必听信；大夫们也都说不行，也不必听信；全国的人都说他不行，然后去考察他，证实他的确不行，然后才罢免他。左右亲信的人都说某人该杀，不必理睬；大夫们都说该杀，也不必理睬；全国的人都说该杀，然后去考察他，证明他的确该杀，然后才处死他。所以说，这是全国人判他死刑。做到这些，才称得上百姓的父母。"

【解读】

孔子和孟子的这两段话讲的是一个意思：在选拔人才时，应该正确对待舆论。

在当代组织文化中，群众意见、民主评议是选拔人才的重要指标。但是，群众首先是由具体的个体组成的，而每一个个体都有自己的立场和利害关系。因此判断一个人的品德时，要十分谨慎地对待群众意见和舆论。孔子说，要看那些品头论足的人自己是什么样的人，如果是君子，那么他所认同的君子多半可信；如果是小人，那么他的是非标准完全不足取，毫无参考价值。因此，不要根据舆论声音的大小来判断一个人的品德，而应该考察这些评价的声音是基于何种背景、何种立场、何种利害关系而发的。

和孔子一样，孟子也认为评判者自身的情况决定了他们所作出的评判是否公道。但孟子更加重视舆论声音的大小。孟子把君主周边的人际关系环境分为左右、大夫、国人三个层次，是否要提拔或者罢黜一个人，左右亲信和大夫的意见都只具有参考价值，不能据以下最后的决定，只有根据国人的意见才能作最后的决断。而从数量上说，国人的群体是最庞大的。处决一个人也是如此，必须是国人皆曰可杀，然后才能杀之。这样处决一个人，就不是君主个人的意志，也不是小团体的意志，而是民众的意志。

（五）取信于民

1. 民无信不立

【原文】

　　子贡问政，子曰："足食，足兵，民信之矣。"子贡曰："必不得已而去，于斯三者何先？"曰："去兵。"子贡曰："必不得已而去，于斯二者何先？"曰："去食。自古皆有死，民无信不立。"

——《论语·颜渊》

【译文】

　　子贡问政治问题，孔子说："使粮食充足，使武备充足，使老百姓信任自己。"子贡问："不得已一定要去掉一项，在这三项中先去掉哪一项？"孔子说："去掉武备。"子贡又问："不得已一定要再去掉一项，在这两项中去掉哪一项？"孔子说："去掉粮食。自古以来都有死，但是老百姓不信任就不能建立国家。"

【解读】

　　春秋是一个耕战立国的时代，左肩扛锄，右肩荷戈，如车之双轮不可或缺，但是车往什么方向前进，取决于驭手的决断。孔子说，人民对政府的信赖或者说政府的公信力好比驾车的驭手，两个轮子可能会破损，车子可能会半路抛锚，但只要有优秀的驭手在，换上新的车轮，车子可以继续前进。但如果没有驭手，那么轮子再新再好，车子永远原地不动。

　　子贡的问题是，如果碰到饥荒年景，国家应该首先放弃粮食、武备、诚信三者中的哪一样呢？孔子答，应该首先削减武备，节省开支用于赈济人民；如果削减武备之后，粮食还是不够吃，那该怎么办呢？孔子说，在这种情况下，首先考虑的是维持国家的公信力，绝不可以为了维护政府的脸面，掩饰治国理政的过失而欺骗人民，造成粮食充足的假象，而应该坦白地向人民说明国家现在遇到的巨大困难，需要大家一起降低口粮标准，一起饿肚子。显然，在全民饿肚子的时期，必然有年老体弱的人会饿死。但是因为自然灾害造成的死亡，是人类社会的必然现象，大家都能理解，但如果政府欺骗了民众，那么这种死亡就是人为造成的死亡。

常言道："留得青山在，不怕没柴烧。"在孔子看来，"青山"就是公信力，政府无论付出何种代价都应该把维护公信力放在第一位，物质的财富可能一时遭到损失，却可以用勤劳的双手重新获得，而政府的公信力一旦受损，将是无法弥补的。

2. 民可使由之，不可使知之

【原文】

子曰："民可使由之[1]，不可使知之。"

——《论语·泰伯》

【注释】

[1] 由之：指顺道而行，意思是按规定要求做。

【译文】

孔子说：有办法让老百姓顺着规定做，但没办法让他们都知道这样做的理由。

【解读】

关于这段话，历来有很多争论，否定者批评孔子主张愚民，欺骗百姓，肯定者则以重新断句来提出新解。实际上，这段话代表了孔子的思想水平，今人无须过分褒贬，更不必改变断句。北宋时期，就有学者就这段话的意义问理学大师程颐："是圣人不使之知耶？是民自不可知耶？"到底是圣人不想让老百姓知道呢，还是老百姓自己不想知道呢？程颐说，既不是圣人不想让老百姓知道，也不是老百姓不想知道，而是孔子自认为没有力量让每一个老百姓都知道制度、政策的理由："盖圣人设教，非不欲家喻户晓，比屋皆可封也。盖圣人但能使天下由之也耳，安能使人人尽知之？此是圣人不能，故曰'不可使知之'。"（《河南程氏遗书》卷十八）"不可"，是做不到的意思。

程颐的解释恰恰符合现代民主制度。因为，古往今来没有哪一种政治制度保障法令需要征得全体人民同意后才推行。在古代的直接民主制度下，多数公民同意就可以推行一种政策或法令；现代社会主流的代议制是间接民主制度，人民选举民意代表，代表自己决定国家日常事务。因此，只需要占人口极小比例的民意代表（议员、人大代表）的多数表决同意就可以使法令生效，成为政府行为。至于人人投票的全民公决虽然没有绝迹，但只是在极其重要的事项（选举民意代表或元首）或极端情况下才会审慎采用。

这说明，公平和效率永远是一种矛盾。就知情权而言，不征得全体人民同意而由民意代表票决，当然是在一定程度上牺牲了公平而突出了效率。但是，政治维持着国家的正常运转，如果事事都采取全民公决，那么千头万绪都会陷入"扯皮"，国家不可能运转。从这个意义上说，"民可使由之，不可使知之"是颠扑不破的真理。

3. 尊五美，屏四恶

【原文】

子张问于孔子曰："何如，斯可以从政矣？"子曰："尊五美，屏四恶，斯可以从政矣。"子张曰："何谓五美？"子曰："君子惠而不费，劳而不怨[1]，欲而不贪，泰而不骄，威而不猛。"子张曰："何谓惠而不费？"子曰："因民之所利而利之，斯不亦惠而不费乎？择可劳而劳之，又谁怨？欲仁而得仁，又焉贪？君子无众寡，无小大，无敢慢，斯不亦泰而不骄乎？君子正其衣冠，尊其瞻视[2]，俨然[3]人望而畏之，斯不亦威而不猛乎？"子张曰："何谓四恶？"子曰："不教而杀谓之虐，不戒视成[4]谓之暴，慢令致期[5]谓之贼，犹之与人也，出纳之吝，谓之有司[6]。"

——《论语·尧曰》

【注释】

[1] 劳而不怨：使人劳作但不使之怨恨。

[2] 尊其瞻视：衣冠端正，目不斜视。

[3] 俨然：庄严的样子。

[4] 不戒视成：不去告诫，就要看到成绩。

[5] 慢令致期：发出指令怠慢，制定期限。

[6] 有司：管具体事务的人。

【译文】

子张问孔子："怎么样就可以做行政工作了？"孔子说："尊重五种美

德，屏弃四种恶习，就可以做行政工作了。"子张问："五种美德指什么？"
孔子说："有道德修养的人给别人好处但不耗费，使人劳作但不使之怨恨，
有欲求但不贪求，安泰矜持但不骄傲，威仪但不凶猛。"子张问："给别人
好处但不耗费是什么意思？"孔子说："循从百姓想得到的而使他们得利，
这不也是给别人好处但不耗费吗？选择可以劳作的时间使之劳作，又会使
谁怨恨？想追求仁德而得到了仁德，又怎么会贪求？有道德修养的人不论
多少，不论小大，都不敢怠慢，他不也安泰矜持但不骄傲吗？有道德修养
的人衣冠端正，目不斜视，样子庄严，别人看到就敬畏他，这不也是有威
仪但不凶猛吗？"子张问："四种恶习指什么？"孔子说："不去教化，只会
杀人，叫作残虐。不去告诫，只要看到成绩，叫作暴躁。自己前期发出指
令拖拖拉拉，导致整个工作延期，叫作贼害。看似给予别人好处，但出手
悭吝，叫作小家子气。"

【解读】

此为《论语·尧曰》的第二章，《尧曰》是《论语》的最后一篇，全
篇只有三章，第一章为尧告诫舜的话，第二章即是此章。故此章的意义未
可轻视。宋人尹焞说："告问政者多矣，未有如此之备者也。故记之以继
帝王之治，则夫子之为政可知也。"（《四书章句集注》）意即，《论语》中弟
子或他人请教孔子如何治国理政的记录很多，但在这一章孔子的回答最全
面、最详细。尹氏之言诚为不虚，孔子不但提出了"五美四恶"，且对每
一"美"、每一"恶"都详加解释，这在辞微旨远的《论语》中是极为难
得的。

先看"五美"。"惠而不费"，体察和满足民众的物质文化需求是为
"惠"，"不费"则指不能泛滥过度，换言之，消费和享受不能超出生产力
发展水平。儒家向来倡导节俭，即是此意。"劳而不怨"，则指动员民众的
劳力，但不使他们感到困窘，即爱惜民力。"欲而不贪"，"欲"指干事创
业的企图心，孔子在《论语》中也提倡"无欲则刚"，但那种"欲"是私
欲；可是干事创业的企图心不能超出客观条件的限制，脱离实际空想蛮
干，此之谓"贪"。"泰而不骄"、"威而不猛"说的是同一个问题，即官员
代表国家的公权力，因此是庄重的、威严的，但这种庄重和威严不应该成
为执政者亲近民众的隔阂、体察民情的障碍。在个人修养方面，执政者更
不能骄傲和粗暴。对一个党员干部来说，"泰"意味着言行得体、仪表庄
重，力戒俚俗轻浮和江湖气息；"威"指路线、方针、政策所赋予的凛然
正气，群众从官员身上所感受到的"威"，是不可侵犯的组织性和原则性，
而不是狐假虎威、虚声恫喝。

"四恶"之中，前三"恶"的问题是一样的，即执政者推动任何工作要尽职尽责、周密筹备，而不是将失败的责任推给下属。"不教而杀"，即执法不是单纯的处罚，处罚是教育不能生效而采取的最后手段，可是教化是长期的、琐碎的，久久为功，短期难以收效。处罚具有威慑力和简易性，然而孔子说"不教而杀谓之虐"，没有进行教化引导而一味依赖刑罚，这就是蓄意杀害人民啊。"不戒视成谓之暴"，"不戒"就是没有尽到提醒告知的义务。在向下属布置任务时，要详尽地告知对方相关任务的背景、优先次序和主要目标，要反对那种布置任务时语焉不详，事中、事后却提出这样那样要求的粗暴工作作风。"慢令致期"是指，由于自己在筹划工作时见事晚、决策迟，不能及时布置任务、发布命令，导致整个工作进度拖后，在这种情况下，不但不自我反省、勇担责任，反而怪罪执行命令的下属工作拖拉，这种作风叫作"贼"，简直是蓄意陷害下属。以上三种"恶"，都是官僚主义的各种表现。孔子指出的第四种"恶"，则指要及时奖励出色的下属，迟到的正义即是非正义，迟到的奖励也不成其为奖励。明知应该给予奖励，但又感到舍不得，犹豫良久，最后虽然兑现了奖励，但对受到奖励者来说，奖励已经失去激励的意义了。楚汉争霸时，项羽就是这样："至使人有功当封爵者，印刓敝，忍不能予。"（《史记·淮阴侯列传》）应该颁赏的印玺，直到印玺棱角磨圆了，还舍不得给人家，最后项羽落了个众叛亲离的下场。项羽缺乏宏观的战略格局，认识不到奖励人才的战略意义，因而也不具备成为领袖的素质，他只能当一个"有司"，负责某项具体的业务工作。

4. 事豫则立，不豫则废

【原文】

凡事豫[1]则立，不豫则废。言前定则不跲[2]，事前定则不困，行前定则不疚[3]，道前定则不穷。

——《礼记·中庸》

【注释】

[1] 豫：通"预"，预先有准备。

[2] 跲（jiá）：本义为绊倒，这里引申为说话受阻不流畅。

[3] 疚（jiù）：对于自己所犯的过失，从内心深处感到惭愧。

【译文】

凡是办理事情，能预先做好准备，就能取得成功；没有预先准备，就有可能失败。例如：说话预先考虑好，就不会语塞不畅；做事预先计划好，就不会遭遇困难；修养德行预先立有主张，就不会引起悔恨和愧疚；预先确定路线方针，就会无所不通而不致陷入困境。

【解读】

做任何事情，都需要计划周全，预先准备，否则就不能成功。即使有紧急事态发生，譬如地震、火灾等等，这个时候也应有应对预案，平时就储备好相关物资，制定好动员救灾力量的方案，这叫"豫则立"。但是，新的矛盾、新的问题一旦出现，客观上不可能准备预案，随之而来的是问题突发时各个环节手忙脚乱、左支右绌，这时候想做到"不跲、不困、不疚"是不可能的。未知的世界永远等待人们去探索，未知的事物永远层出不穷，不容你从容预备。因此《中庸》说："道前定则不穷。"儒家所谓的"道"是超越时空的宇宙终极奥义，只要把握了"道"，没有问题不能解决。"道"的现代意义可以理解为价值观，对于未知的突发事件，我们永远无法在技术上做好万全的准备，但是抽象的价值观能够帮助我们找到解决技术层面问题的线索，如果没有价值观，那么只会淹没在技术细节的"豫则立，不豫则废"之中。

5. 上行下效

【原文】

樊迟[1]请学稼，子曰："吾不如老农。"请学为圃[2]，曰："吾不如老圃。"樊迟出，子曰："小人哉，樊须也！上好礼，则民莫敢不敬；上好义，则民莫敢不服；上好信，则民莫敢不用情[3]。夫如是，则四方之民襁负[4]其子而至矣，焉用稼？"

——《论语·子路》

【注释】

[1] 樊迟：姓樊，名须，字子迟，孔子弟子。

[2] 圃：菜圃。

[3] 情：真情实感，意思是不弄虚作假。

[4] 襁负：用布包着婴儿背着。襁，婴儿的被子。

【译文】

樊迟请求学习种庄稼，孔子说："我不如老农民。"樊迟又请求学习种蔬菜，孔子说："我不如老菜农。"樊迟出去后，孔子说："樊迟真是小人啊！君上喜好礼仪，那么老百姓没有敢不尊敬的；君上喜好道义，那么老百姓没有敢不服从的；君上喜好信誉，那么老百姓没有敢不用真情实感的。假如做到这些，那么四面八方的老百姓都会背负着婴儿来投奔，哪里需要学种庄稼？"

【解读】

批评者认为，孔子在这一章中鄙视农业生产和体力劳动。其实，儒家高度重视农业生产，主张以农立国，孔子自称"少也贱"、"多能鄙事"，他对农业生产并不陌生。孔子回答樊迟时仅仅表示"吾不如老农（老圃）"，而不是说自己不会，就证明了这一点。但是孔子何以批评希望学习农业技能的樊迟是"小人"呢？在孔子看来，尽管他对于农业生产并不陌生，但他的特长是教授治国理政之道和修身齐家之道，他希望自己的弟子能够成为管理国家事务的正人君子，而不是普通劳动者或缺乏价值信仰的官僚。因此，樊迟需要学习的是礼、义、信，而不是具体的生产技术。礼、义、信代表了儒家的政治价值观，推行了这三者，百姓就会拥戴政权，服从政令，别国的百姓也会闻风而来，国家才能日益繁荣昌盛。

从这个意义上说，学习农业技术能只能增加自己一家人的收成，而成为礼、义、信的为政者能够改变全社会的道德风尚和价值追求，进而提高全国的农业生产水平，二者所能带来的社会效益是完全不可同日而语的，孔子对樊迟的批评正是着眼于此。

6. 庶、富、教

(1)

【原文】

子适卫，冉有仆[1]，子曰："庶[2]矣哉。"冉有曰："既庶矣，又何加焉？"曰："富之。"曰："既富矣，又何加焉？"曰："教之。"

——《论语·子路》

【注释】

[1] 仆：赶马车。赶车的人叫仆夫。

[2] 庶：众多。

【译文】

孔子到卫国，冉有驾车。孔子说："人口真多啊。"冉有问："已经多了，还应该增加什么呢？"孔子说："使他们富起来。"冉有又问："已经富了，又应该增加什么呢？"孔子说："使他们有文化教养。"

（2）

【原文】

任人有问屋庐子[1]曰："礼与食孰重？"曰："礼重。""色与礼孰重？"曰："礼重。"曰："以礼食，则饥而死；不以礼食，则得食。必以礼乎？亲迎[2]，则不得妻；不亲迎，则得妻。必亲迎乎？"屋庐子不能对，明日之邹，以告孟子。孟子曰："于！答是也何有？不揣其本而齐其末，方寸之木，可使高于岑楼。金重于羽者，岂谓一钩金与一舆羽之谓哉！取食之重者，与礼之轻者而比之，奚翅[3]食重！取色之重者，与礼之轻者而比之，奚翅色重！往应之曰：紾[4]兄之臂而夺之食，则得食，不紾则不得食，则将紾乎？逾东家墙而搂其处子，则得妻，不搂则不得妻，则将搂之乎？"

——《孟子·告子下》

【注释】

[1] 屋庐子：姓屋庐，名连，孟子弟子。

[2] 亲迎：古代结婚六礼之一，新郎亲自至女家，迎新娘入室，行交拜合卺之礼。

[3] 翅：同"啻"，止。

[4] 紾（zhěn）：扭。

【译文】

有个任国人问屋庐子："礼和食哪个重要？"屋庐子说："礼重要。""色和礼哪个重要？""礼重要。"那人说："如果按照礼节来吃饭，则会饥饿而死；不按照礼节来吃饭，则能够吃到食物。那必定要按照礼节来吃饭吗？如果按照礼节娶亲，则娶不到妻子；不按照礼节娶亲，则能娶到妻子。那还必定要按照礼节娶亲吗？"屋庐子回答不上来。第二天到邹国去，把此事告诉孟子。孟子说："回答这样的问题，有何困难？不考虑事物的根本，只比较事物的极端之处，那仅仅一寸高的木头也能比高楼还高。金子比羽毛重，岂是指一个衣带钩的金子和一车厢的羽毛之间的对比？拿吃饭重要的方面和礼节次要的方面进行对比，岂不是吃饭更重要？拿美色重要的方面和礼节次要的方面进行对比，岂不是美色更重要？你去回答他说：'如果扭转哥哥的手臂然后夺取他的食物，则能吃饭；不这样做，则不能吃饭，那要不要扭他的手臂呢？如果跳墙去搂东边人家的处女，则能有妻子；不这样做，则没有妻子，那要不要去搂她呢？'"

【解读】

儒家主张以德治国，但也知道道德并不能当饭吃，在百姓吃不饱饭的情况下，第一要务并不是对百姓进行道德教化，而是要想方设法让他们吃饱饭。孔子来到卫国，看到当地人口众多，发展经济的劳动力条件已经具备，但显然并不富裕，因此要让民众富裕起来，然后才谈得上教化。吃饱饭就要提高生产力，提高生产力就需要大量的劳动力。在从庶到富的阶段，民众从事生产的目标就是生存，孔子承认生存是第一位的，如果生存发生问题，其他一切都是空谈。但是，维持生存只是满足了人最原始、最基本的生理需求，富裕到一定程度之后，人不能继续仅仅为了满足最原始的生理需求而活着，而应该追求更高的价值目标。

在（2）中，任国人问屋庐子，如果不遵循礼仪就能获得食物而活下去，遵循礼仪就得不到食物而饿死，那么还要遵循礼仪吗？屋庐子被问倒了，回去求助孟子。孟子说，这完全是诡辩，遵循礼仪和满足食欲并不是一对矛盾，人们完全可以根据礼仪获得食物满足食欲。但是，如果不能合乎礼仪地获得食物，而不得不在礼仪和生存二者中选一样的话，当然首先要选择活下去。可是，如果并未遇到因粮食缺乏而导致的生存危机，而仅仅是出于贪婪抢夺他人的食物，那么二者的选择是显而易见的：拒绝抢夺因而"不得食"是正当的、高贵的，通过抢夺而得食是错误的、可耻的。

有人问程颐："人或居孀贫穷无托者，可再嫁否？"程颐回答说："只是后世怕寒饿死，故有是说。然饿死事极小，失节事极大。"（《河南程氏遗书》卷二十二）程颐并未否定贫穷无托的寡妇再嫁，他批判的重点是"怕"，即实际上寡妇的生活尚未发生困难，而只是贫穷，便起意改嫁，这是不光彩的。"饿死事极小，失节事极大"的理路与孟子是完全一致的。

总之，满足生理欲望和满足精神需求是人类社会不同阶段的不同要求，在生理欲望得到满足后，自然而然地会提出更高的精神需求，这种精神需求反过来会制约生理欲望的放纵和泛滥；如果始终停留在满足生理欲望的阶段，这样的社会是极其危险且必将走向动乱的。

三、儒学重要名词术语简释

（一）儒学历史

1. 殷周天命观和孝、礼观

我国古代社会是生产力极端低下的农业社会，收成取决于天气，人们自然会对天产生依赖和敬畏，这是古代天命观的客观基础。殷周时期的人们都相信天命的存在和力量，他们认为天是至高无上的，对天命既迷信又崇拜。殷人炮制出了最高主宰"帝"，盲目地崇信天命的永恒性和绝对性，不重视"修德惠民"以"祈天永命"。《尚书·吕刑》中说帝"乃命重、黎，绝地天通"，割断了天帝与人间联络，帝有绝对的至上性，天、祖合一，在礼仪上没有很具体的区分。周人的天命观是在殷人的基础上发展而来的，但更加系统化、条理化。周人的天命观与殷商相比有了很大进步，从外在超越性的盲目崇信转为注重内在道德的培养以契悟天道的自觉意识。周人提出了"德"教和"以德配天"的理论，认识到"天命靡常"，需要推行德政以赢取民心，所谓"皇天无亲，惟德是辅。民心无常，惟惠之怀"。因而，要"怀保小民"才可"克配上帝"，使天命不致转移。周人对于天命观的发展，是中国人文精神摆脱原始宗教意识的第一步，为儒学的建立提供了理性发展的方向。

殷周是以血缘为纽带的宗法制社会，在敬天、畏天的同时也很重视祖宗传承关系和人伦姻亲关系，而"礼"和"孝"就是宗法制社会的产物。

礼（豊、禮）最初指祭神的器物，起源于对自然神和祖宗神的祭奠仪式，其观点和制度从祭祀而来。《礼记·表记》载："殷人尊神，率民以事神，先鬼而后礼。"另一方面，礼也是私有制、等级制的产物。从"天下为公"到"家天下"，礼从无到有，是社会的进步。周代，礼逐步完备化、系统化，除了指仪式外，还含有道德规范和人伦观念。"礼，经国家，定社稷，序民人，利后嗣者也。"（《左传·隐公十一年》）这时，礼已经不单单是"祭祖"、"配天"，还含有了干预社会生活和人际关系的思想、规范及典章制度。由此可知，礼大体可分为以下五个层面：第一，用以表达对至高无上的天的崇敬之情的祭天、祭神之礼；第二，用以表达对祖先崇敬感情的祭祖、祭鬼之礼；第三，用以维护社会秩序的礼治之礼；第四，用以规范人与人社会等级的伦常之礼；第五，用以指导社会风尚、陶冶情操的教化之礼。

孝是和礼相联系的，在殷商时代已经产生，是与父子传承关系和亲缘感情相联系的，起源于父系氏族社会末期有了独立的家庭之后。在西周时期，"孝"的内涵已相当丰富。首先是道德观念，表现为对父母、长辈的敬爱、服从和赡养。其次是伦理规范，表现为子孙后代对祖宗先辈的追念、孝思、恭敬之情。再次是维护宗法的工具，归入伦理政治的范畴。《礼记·祭统》篇说："凡治人之道，莫急于礼。"从伦理的角度进一步阐明了孝道与治道的关系。

总之，殷周时代的天命观和孝、礼观从原始的敬天、敬祖以及以血缘为纽带的亲情演变而来，形成于由宗法关系维系的等级制社会。此后，天命、孝、礼成了后世儒家理论的重要内容。而儒家道德人文主义哲学，就是从对超越性天道、天命的认识及对孝、礼的反思中逐步建立起来的。

2. "儒分为八"

"儒分为八"的说法出自《韩非子》，是一个关涉孔子弟子、孔门后学内部分化、演变、发展的问题。《韩非子·显学》篇记载："世之显学，儒、墨也。儒之所至，孔丘也……自孔子之死也，有子张之儒，有子思之儒，有颜氏之儒，有孟氏之儒，有漆雕氏之儒，有仲良氏之儒，有孙氏之儒，有乐正氏之儒。……故孔、墨之后，儒分为八。"

孔子去世后，儒家分派，不是一次性完成的。孔子学说博大精深，它本身还有一个发展变化的过程。同时，孔子注重因材施教，不同的弟子有不同的秉性气质，他们各得"圣人之一体"。因而，在弘扬师说方面就会各有侧重。孔子自己也对弟子有个大致的分类，如，德性方面有颜渊、闵子骞、冉伯牛、仲弓，语言方面有宰我、子贡，政事方面有冉有、季路，文学方面有子游、子夏。韩非子并没有把较有名气的子贡、子路、子夏、子游等列入儒家八派，可见，其划分是有片面性的。

然而，无论孔门如何分化，传承的都是儒家之道，只不过侧重点不同罢了，他们始终都围绕着核心观念"仁"和"礼"展开论述。曾子明确指出："士不可以不弘毅，任重而道远。仁以为己任，不亦重乎？死而后已，不亦远乎？"（《论语·泰伯》）子思认为"仁"并不在外，而是存在于内心，是成为君子的内在德行。孟子对孔子"仁"的思想的最大发展即是系统地提出了"仁政"学说。荀子也认为人有为仁的基本前提条件，其基本点是爱，由个人推演到社会时，内在的道德修养也就外化为社会伦理的准则，应用到政治，就转化成了行政治国之道。对于"礼"，子夏、子张、曾子等人认为"礼"可以节制人情、涵养性情，进而成为伦理规范。子思强调的是"礼"的内在性与行"礼"的自觉性，孟子把"礼"列为四德之一，认为"礼"根源于心，具有先天性。而荀子是儒家礼学后期的代表，认为礼是道德准则、伦理规范及政治原则。无论是孔子还是其后学，都认为"仁"与"礼"是里表关系。"仁"是"礼"的支撑，而"礼"是"仁"得以实现和表现的方式，二者同时指向君子人格，以期达到内圣外王。

由此可见，"儒分为八"的说法有一定的道理，孔门弟子接受和传授儒家学说时有所不同，各有侧重。但这一分法也存在问题，我们不必将各派的分歧看得太绝对，而应具体分析。

3. 子　思

子思即孔伋，孔子之孙，春秋战国时期著名的思想家，曾受业于曾参。子思继承发展了孔子的"仁"和"中庸"思想，使之系统化为自己的学说，并为孟子的思想奠定了基础，成为孔孟之间不可或缺的过渡环节。

子思的主要思想有三。首先，《史记·孔子世家》云："子思作《中庸》。"《中庸》开宗明义第一句说："天命之谓性，率性之谓道，修道之谓教"，从人的内在情感和道德境界去讨论孔子的"不可得而闻"的"性与天道"。子思认为天有德。《中庸》说"诚者，天之道也"，是说天道贵诚。这个天还是造物主，不仅要成己，还要成物。"成己，仁也；成物，知也。"（《中庸》第二十四章）如此可知，人性实际上是由天命决定的。其次，子思提出"修道之谓教"，就是要实践中和之道。"喜怒哀乐之未发，谓之中；发而皆中节，谓之和。中也者，天下之大本也；和也者，天下之达道也。致中和，天地位焉，万物育焉。"这就是子思的中和之道，修道即是孔子"克己复礼为仁"式的自我完善。最后，子思提出了"诚"这一概念。通观子思的思想，可以看出其思想核心是"诚"。在《中庸》中子思论及的"天命"、"天道"的"性"是道德悟性，用"诚"来说明。

"诚"作为核心观念，在子思的思想体系中究竟指的是什么呢？"诚者，天之道也；诚之者，人之道也。""诚者非自成己而已也，所以成物也。成己，仁也；成物，知也。""诚"即是一个圆满自足、成己成物、仁智合一、内外合一的根本之道，而所谓"诚之"，其实是要求人们通过自觉的道德修养去体悟"诚"这一根本。但子思这个"诚"，其实就是"仁"，《中庸》第二十章引孔子之言："故为政在人，取人以身，修身以道，修道以仁。"讲的就是"诚之"的体道途径。通过对"诚"和"诚之"的理论论证，就把孔子所讲的"仁"与天道性命贯通起来了，并作出了道德形上学的解释。

自从《郭店楚简》出土问世之后，人们对子思的思想有了更全面深切的了解。其中不少简篇，人们普遍认为是出于《子思子》。其中所反映的核心价值观，显然与孔子一脉相承。特别是论述"五行"、"六德"（详见下题），进一步发展了孔子的"仁本礼用"思想。

总之，子思的思想与孔子思想一脉相承，并且上承曾子，下启孟子，与孟子合称为"思孟学派"，在儒学体系化进程中发挥了重要作用。

4. 《郭店楚简》

1993 年 10 月，湖北荆门郭店村发掘的战国楚国墓葬即"郭店一号墓"，出土了一批以战国楚文字书写的竹简。经过考古专家的整理，共得804 枚竹简，其中 730 枚为有字简。经过专家的整理，1998 年 5 月文物出版社以《郭店楚墓竹简》为名正式出版了这批竹简的图版及释文。

《郭店楚简》的出土，引起了学术界的轰动，其内容十分丰富。其中，道家文献有《老子》、《太一生水》、《语丛四》三种，而属于儒家的文献占了竹简的绝大多数，有以下十种：

（1）《缁衣》，出于《子思子》，是一篇对君主行为进行规劝的文章，勾勒出了儒家的理想君主形象。"上人疑则百姓惑"，"上好仁则下之为仁也争先"，"上之好恶，不可不慎也。民之柬也"，君主对民众的感召力是巨大的，更要注重道德伦理。

（2）《鲁穆公问子思》，当出自子思弟子之手，记述的是鲁穆公与子思和成孙弋之间的对话，刻画的是儒家理想忠臣的形象。子思和成孙弋都认为"恒称其君之恶"者方为忠臣，体现了为人臣之道。

（3）《穷达以时》，在思想上强调"时"和"反己"。"察天人之分，而知所行矣。有其人，无其世，虽贤弗行矣。苟有其世，何难之有哉?"穷困与显达都与"时"有着密切的联系。儒学从一开始就是道德人文的，"子不语怪力乱神"，而是辩证地看待问题，"善否，己也。穷达以时，德行一也"，"故君子敦于反己"。

（4）《五行》，是子思的作品。本篇把"德"提到了道德总目的地位，"唯有德者，然后能金声而玉振之"。"德"是至高的，同时也是和谐的。"德之行五，和谓之德"，仁、义、礼、智、圣五种道德规范，各方面都做好了，五德和谐才是最高境界的"德"，体现了浓厚的和谐思想。

（5）《唐虞之道》，本篇有力地证实了《尚书·尧典》、《论语·尧曰》和《孟子·万章》有关尧舜禅让说的可信，同时也证实了禅让说起于儒家。"爱亲尊贤。爱亲故孝，尊贤故禅。孝之方，爱天下之民。禅之传，世无隐德。孝，仁之冕也。禅，义之至也。"

（6）《忠信之道》，简文可能是子张本于孔子之说而写成，通篇论述的都是"忠信"，指出"忠，仁之实也。信，义之期也"，"忠信"与仁义是统一的。君子只有做到言行一致、表里如一，才能成为"忠人"、"信人"，这样，百姓才会亲附。

（7）《成之闻之》，专论君子"求之于己"。由于后天的原因，"求之于己为恒"，才造就了圣人和凡人一般人的区别。君上应善于"求之于己"，为万民做表率。如"身服善以先之"、"穷反诸己而可以知人"、"欲人之爱己也，则必先爱人；欲人之敬己也，则必先敬人"、"治人伦以顺天德"等。

（8）《尊德义》，当出自孔子弟子之手。"尊仁、亲忠、敬壮、归礼，行矣而无违，养心于慈良，忠信日益而不自知也。民可使道之，而不可使知之。民可导也，而不可强也。"这是在强调内因的前提下谈论教民、导民，使"尊仁、亲忠、敬壮、归礼"成为老百姓出自内心的自觉行为，而不是"愚民"。

（9）《性自命出》，当属子游之作。本篇论述了"性"和"情"，认为"性"是生而有之的，"喜怒哀悲之气，性也"。"情生于性"，"以其情，虽过不恶；不以其情，虽难不贵"，强调的是"诚"。

（10）《六德》，当为子思一派之作，或以为孔子弟子县成之作。简文认为人类的社会关系中最重要的是夫妇、父子、君臣六种人，称之为"六位"。这六种人处在不同的位置，各有其不同的职责，称为"六职"，即夫、妇、父、子、君、臣，与"六职"相应的是"六德"：夫智、妇信、父圣、子仁、君义、臣忠，即圣、智、仁、义、忠、信。每个人各守其职，各尽其责，也就是常说的君君、臣臣、父父、子子、夫夫、妇妇。

另外，《语丛一》、《语丛二》、《语丛三》虽杂有道家和纵横家的思想，但基本上以儒家之说为主，其中有些语录出自孔子之口。如"小不忍，败大势"、"志于道，据于德，依于仁，游于艺"等。这些儒家文献，丰富了孔子到孟子之间的儒家思想。

5. 孟 子

孟子（约前372—前289），名轲，子子舆，战国中期邹人。他一生对孔子十分敬仰，"乃所愿，则学孔子也"（《孟子·公孙丑上》）。自觉担当起传播和捍卫儒学的历史使命，被尊为"亚圣"。孟子主要继承发展了孔子的"仁学"思想，提出了其思想的主旨："性善论"和"仁政"说。

众所周知，孔子的"仁学"是对"亲亲之情"的推扩，是从人的心理情感引申出来的道德自觉，并没有从人性本有的角度去论述，而孟子因循孔子"仁者人也"、"仁者爱人"的思路，从人自身寻求道德的主体性。孟子曾说："人之所以异于禽兽者几希，庶民去之，君子存之。舜明于庶物，察于人伦，由仁义行，非行仁义也。"这里就指出了仁与物的根本区别在人有内在的道德。孟子把孔子谈及的"仁、义、礼、智"都放到人的内在精神结构中，从而使其从主体的方面加以深化，进而提出了"性善论"。他认为人都有"四端"之心，即"恻隐之心"、"羞恶之心"、"辞让之心"、"是非之心"，此四端是仁义礼智由以产生的本源。"君子所性，仁义礼智根于心"（《孟子·尽心上》），更加突出地表现出孟子的心性之学将孔子仁学进一步导向确立内在道德主体性的方向。

孟子"性善"论推广到政治领域便是"仁政"。《孟子·公孙丑上》云："人皆有不忍人之心。先王有不忍人之心，斯有不忍人之政矣。以不忍人之心，行不忍人之政，治天下可运之掌上。"这里的"不忍人之心"即"仁心"，"不忍人之政"即"仁政"，"仁心"是"仁政"的道德基础。实际上，孟子贯彻的仍然是孔子从道德理想入手提升现实社会文明程度的理念。"仁政"的内容非常丰富，涉及"民贵君轻"、"得民心者得天下"、"先义后利"、批判暴政等方面，其中最可贵的是他的"民本"和"革命"思想。

孟子的"民本"思想是对孔子"仁学"的继承和发展。《孟子·尽心下》说："民为贵，社稷次之，君为轻。"人民是政治的重心所在，"桀纣之失天下也，失其民也；失其民者，失其心也。得天下有道：得其民，斯得天下矣；得其民有道：得其心，斯得民矣；得其心有道：所欲与之聚之；所恶勿施尔也。民之归仁也，犹水之就下，兽之走圹也"（《孟子·离娄上》）。这里直接揭示了"得民心者得天下，失民心者失天下"这一真理。在"仁政"、"民本"的观照下，孟子主张用革命的手段推翻暴君的统治。齐宣王曾问孟子，讨伐桀纣是否"臣弑其君"？孟子答曰："贼仁者谓之贼，贼义者谓之残，残贼之人谓之一夫。闻诛一夫纣矣，未闻弑君也。"（《孟子·梁惠王下》）可见，是否实施"仁政"、是否得民心是长治久安的关键。孟子的"民本"思想虽然不同于西方式"民主"，但它是东方民主传统的最早理论资源，是可以走向现代"民主"的。

总之，孟子的"性善论"、"仁政"说、"民贵"论、"革命"说，确立了儒家人文主义的道德主体性，并且为政治注入了道德的正当性，在中国思想史上有极其重要的地位。

6. 荀 子

荀子（约前313—约前238），名况，又称孙卿，战国时期赵国人，他吸取各家学说的精华建立了自己的政治思想体系，成为先秦时期最后一位大儒。有人认为他属于杂家或法家，实是片面之论。我们从汉人记载"孙卿善为诗、礼、易、春秋"（《风俗通义·穷通》）不难看出，他善习的是儒家经典，秉持的是儒家立场。在荀子的学说中，"仁"是其思想的支撑和旨归，"礼"是"仁"的外在表现和通往"仁"的路径。明了了"仁"和"礼"的这种关系，荀子归属儒家就显而易见了。

"仁"字在《荀子》一书中共出现了133次，其内容涉及方方面面。从自身的修养到治国安邦之道，"仁"始终贯彻其中并作为一个内在支点支撑起荀子的思想。《大略》篇云："仁，爱也，故亲。"这是典型的儒家论述。在政治上，"仁"则转化为治国行政之道。荀子指出："仁眇天下，故天下莫不亲也。"（《荀子·王制》）但无论是修身还是治国，最后所要达到的是一种境界，这就需要以"礼"为途径，通过"礼"的规范来达到"仁"的本真。

荀子的"礼"是一种灵活的准则，有天人一体的意味。可以说，礼是荀子天人一体的终极建构。荀子以不同于孔孟的另一种意义上的天人一体丰富了"礼"的内涵。另一方面，荀子也会不自觉地将"礼"理解为道德准则。《臣道》中释"礼"为恭敬之类的德，"恭敬，礼也"。"礼也者，贵者敬焉，老者孝焉，长者弟焉，幼者慈焉，贱者惠焉。"（《荀子·大略》）

礼是敬、孝、弟、慈、惠等诸德的总称。礼作为道德准则作用于人，是道德修养的内容与目的，不仅是外在的伦理准则，更是内化于人的道德自觉。它还可以起到规范社会分工的作用。

荀子的"礼"细致地规范了日常生活中的各个方面，以伦理的形式规范各种行为，丰富了"礼"的内涵。"礼"作为中国古代的一种思想形态，落实到具体的礼仪制度中，被统治者定为"经国家，定社稷，序民人"（《左传·隐公十一年》）的治国大纲，与王权结合在一起。荀子言："故人无礼则不生，事无礼则不成，国家无礼则不宁。"（《荀子·修身》）"礼"既是一种德行修养，又是社会伦理准则及政治原则，在身心修养及社会整合过程中发挥着重要作用。它把内在道德外化为社会规则及治国行政之术，走的还是"内圣外王"的儒家之路。

在荀子的思想逻辑中，虽然仁、义、礼、法都是很重要的概念，但四者之中，"仁"是最根本的。义是仁之理的表述，礼、法是仁的运用。荀子认为"王者先仁而后礼"（《荀子·大略》），可见"仁"在先"礼"在后，"仁"为里"礼"为表，二者是"仁本礼用"的关系。由此可见，荀子坚持的是儒家的核心理念。有些人根据荀子提倡"隆礼"、"重法"而将荀子归入法家，其实是个误解。荀子主张"隆礼"、"重法"的原文是："故人之命在天，国之命在礼。人君者，隆礼尊贤而王，重法爱民而霸，好利多诈而危，权谋倾覆幽险而亡。"（《荀子·强国》）显然，荀子所谓"隆礼"、"重法"是站在儒家尊贤、爱民立场上，提倡"王霸兼用，礼法合治"的主张，而反对法家式的"好利多诈"与纵横家式的阴谋权术，因此，荀子是继承孔子"仁本礼用"之学的儒家，而非与商鞅、韩非为伍的法家。

7. "性恶"与"性善"之争

人性是中国哲学史上的一个重大问题，历来争论不休。孔子以"性相近，习相远"一言揭开了探讨"性"的序幕。孔子所言的"性"是没有善恶之分的，指的是人的天性，是相似的，其不同皆由以后的"习"造成。孔子之后，人性善恶的问题成为一个争论焦点，主要代表是孟子和荀子。一个主张"性善"，一个主张"性恶"，二者之间既有差异又有相同之处。

"性善论"和"性恶论"的不同之处主要表现在对"性"的定义及道德修养的方法两个方面。首先，孟子认为不是人生来具有的所有本能都是性，如口、目、耳、鼻和四肢的感官功能是人的天性，"有命焉，君子不谓性也"，只有如"恻隐之心"、"羞恶之心"、"辞让之心"、"是非之心"

等植根于人心的"四端"才成为性，即人的道德属性才可称为性。荀子则把人性理解为生而固有的、原始质朴的自然属性。"目好色，耳好听，口好味，心好利，骨体肤理好愉佚，是皆生于人之情性者也。"（《荀子·性恶》）在荀子的思维中，生理需求就是人的本性，人性生来好利多欲，道德善性是后天培养的。这与孟子的认识截然相反。其次，在道德修养方法方面，由于孟子和荀子对于性的不同定义，直接导致了他们道德修养方法的不同。孟子认为人性本善，恶的产生是由于被利欲蒙蔽了本心。因而，人生首要的任务是涵养道德、修身养性，以"求其放心"。孟子以"扩充"的路径诉诸"良心"、"内省"，把自身固有的"善端"找回来，也就是"养气"的过程。而在荀子思想中，"性"生来就恶，若顺其发展泛滥，就会产生争夺、残贼、淫乱、暴虐等，而辞让、忠信、礼义等道德行为和伦理尺度都是后天人为的，因而，只能通过后天的教化使人性向善。于是，他提出"化性起伪"的主张，也就是用礼义法度去改造人的本性，使人性向善。

"性善论"和"性恶论"的相同之处在于其理论实质，二者都认为通过后天的教育可以完善人性。孟子说"学问之道无他，求其放心而已矣"，即通过后天的学、问找回迷失的善性。荀子也强调"学"，认为"君子博学而日参省乎己，则知明而行无过矣"（《荀子·劝学》）。虽然荀子与孟子所走的道路不同，但二者最终目的却是一致的，可谓殊途同归。

总之，孟子所论之性是人之所以为人的道德属性，以性善为前提，把善端通过学习、修养进而培养扩充为人伦的和谐、人格的完美以及仁政的实施。荀子所论之性则是人的自然属性，以人性本恶为前提，通过"化性起伪"的方式改造人性，进而改造社会，以达到人格的全粹、人伦的中介及政治的合理性。两者都属于儒家道德人文主义的范畴，其理论实质和终极目标是相同的。

8. 百家争鸣

春秋战国时期社会动荡不安，从经济基础到上层建筑都在经历着大变革。多数君主看重能使他们迅速称霸的学说，价值信念和道德权威发生了危机。当时形势，一方面，在政治上，以血缘关系为基础而建立起来的礼乐制度受到了严重冲击，阶级矛盾日益尖锐，诚如孔子所谓"天下无道"、"礼崩乐坏"，孟子所谓"圣王不作，诸侯放恣，处士横议"的时代。在这种背景下，以往的信仰体系崩溃，思想上处于一种混乱状态。另一方面，

"天子失官，学在四夷"，长年的战争使一些贵族沦落为普通民众，他们把原本只属于贵族阶级的文化教育带到了民间，私家之学兴起。士这一新兴阶层对"百家争鸣"产生了直接的推动作用。大量学者涌现，教授弟子也成为一种新的职业，只要学说能被国君采用，即可做官。这不仅刺激了文化的普及，士的地位也得到了前所未有的提高。各国诸侯从自己的需求出发，积极招贤纳士以治理自己的邦国。这间接地造成了尊重多元文化的思想氛围，兴起重视士的风尚。在这一环境下，战国早中期的齐威王于临淄西门附近的稷下设学宫，招揽各地的贤人志士讲学议政，其子齐宣王继续兴学，直至齐愍王时代学宫逐渐式微。稷下学宫是一个思想意识能够自由争鸣的场所，一时间学者群至，就成了百家学说汇聚之地。学者们在这里从事讲学研究、著书立说的同时还为统治者提供咨询服务，进一步促进了文化的繁荣。他们针对当时的现状各抒己见，或施仁政或行仁义，或倡无为或尚法治，各种思想得到空前发展。于是，就出现了一个诸子辈出、百家争鸣的局面。

所谓"百家"主要指儒家、墨家、道家、法家、名家、阴阳家、纵横家、杂家、农家、小说家十家，后来去掉小说家，称为"九流"，俗称"十家九流"，但最主要的是儒、墨、道、法、名、阴阳六家。诸子百家自由论争，文章放言无惮，没有统一的意识形态。到战国末期，逐渐出现了百家合流、综合的趋势，可以《荀子》为代表。及至秦并六国，焚书坑儒，中国文化遭受了一次大挫折。汉初实行休养生息、无为而治的政策，促成了宽松、自由的学术氛围，诸子各派此时得到了继战国之后的又一次发展。黄老学家站在道家立场上综合了阴阳、儒、墨、名、法思想成为新道家（以《黄老帛书》、《淮南子》为代表）。

9. 董仲舒和"独尊儒术"

董仲舒（前179—前104），广川（今河北景县）人，汉代著名的思想家、哲学家、政治家。他以《公羊春秋》为依据，吸取儒墨道法和阴阳五行各家之说，建立了一个以"天人感应"目的论为特色的新儒家思想体系，使儒学具有了神学化倾向。其主要著作有《天人三策》、《春秋繁露》、《公羊治狱》等。

纵观董仲舒的哲学，最显著的特点是在阐发《春秋》"微言大义"的名义下托天论道、托孔改制，建立了一套以"变政更化"、实行"德治"为目的的哲学。他的这一套天人关系理论杂糅阴阳、儒、法诸家之学，有加强中央集权、维护君主专制的作用，成为此后两千年儒家思想传统的一部分。然而就其本质看，董仲舒的"天人感应"说中的天神权威，是儒家仁爱之天、道义之天、德治之天。其"天人感应说"是建立在儒家王道理想基础上的。董仲舒实质上建立的是以道德为本位的政治哲学、历史哲学和人生哲学，主要有以下四方面内容：

一，"变政更化"理论。董仲舒提出了"继治世者其道同，继乱世者其道变"（《天人三策》）的原理，重点强调的是"变"。在《春秋繁露》中，董仲舒论证了"变"与"常"的关系，认为"《春秋》之道，固有常有变，变用于变，常用于常"（《春秋繁露·竹林》）。并提出以"省徭役，薄赋敛"、"举贤良，赏有德，封有功"、"省宫室"、"恤黎元"、"去奴婢，除专杀之威"、"举孝廉，立正直"、"忧囹圄，案奸宄"为内容的符合道德人文精神的"变政更化"理论。

二，"用德不用刑"理论。董仲舒将黄老学的"刑德相养"理论加以改造，提出了"用德不用刑"的理论。《天人三策》中说道："天道之大者在阴阳。阳为德，阴为刑，刑主杀而德主生。是故阳常居大夏而以生育养长为事，阴常居大冬而积于空虚不用之处，以此见天之任德不任刑也。"在《春秋繁露·执贽》篇，董仲舒也说道："天之道任阳不任阴，王者之道，任德不任刑，顺天也。"又说："阴阳，理人之法也。阴，刑气也；阳，德气也。……是故天数右阳而不右阴，务德而不务刑……为政而任刑，谓之逆天，非王道也。"（《春秋繁露·阳尊阴卑》）董仲舒这一理论的提出，是总结秦亡汉兴的历史经验，为批判秦政之严刑峻法，要求改制更化而发的。

三，人性三品理论。董仲舒认为人有性有情，人性中有贪也有仁。性就像禾，善就好比米，米出于禾而禾不全是米，即善出于性而性不全是善。性是天质之朴，善是王教之化，人性要王者施以教化才可为善。性在董仲舒的理论中分三类：圣人之性、斗筲之性、中民之性。圣人和斗筲之性不能作普遍之性讨论，唯有中民之性乃可以"名性"。他承认人性中有可教之善，特别强调"万民之性，待外教然后能善"（《春秋繁露·深察名号》）的观点。

四，道德教化论。董仲舒立足于"王者务德不务刑"的阴阳刑德论和"民性待教而为善"的人性论，认为人生而有义利之求，统治者应当为民兴利除弊，又对人民施以道德教化。他针对当时的情况向汉武帝提出了恢复什一税、官不与民争利、省徭薄赋等主张，还强调王者应当修饬"仁义礼智信五常之道"，进一步发挥先秦儒家的"民本"思想。后世一切无道之君皆可被有道者讨伐取代，公开宣称"有道伐无道，此天理也"，体现了儒家道德人文主义历史观的革命性。

董仲舒开创了儒家籍经议政、托孔改制的学风，今文经学和谶纬神学直接在这一学风的影响下产生。诚然，经学并非自董仲舒始，但他提出了保证儒学独尊和广泛传播的政策性、制度性的建议，而且为儒生解经论道议政提供了一套阴阳五行相生相灭、天道人事相感相应的思维方法以阐述经典中"微言大义"的方法论。《汉书·五行志》高度概括了董仲舒建立汉代新儒学体系的功绩，称："董仲舒治《公羊春秋》，始推阴阳，为儒者宗。"

战国末年到西汉武帝近百年间，儒学总体上处于衰退时期。秦始皇吞并六国，实行极端专制主义统治，"焚书坑儒"，以行政力量沉重地打击和摧残了儒家。到汉高祖刘邦建国之后，启用儒生叔孙通等制定朝仪，文景时期设立经学博士，儒学稍稍复兴。及至武帝，儒家思想取得了"独尊"地位。表现有四：

第一，推崇孔子，以经为法。由于董仲舒等人的推崇，孔子在汉代被神化了。《诗》、《书》、《礼》、《易》、《春秋》等先秦古籍被奉为国家经典，特别是《春秋》，被奉为改革制度、治理国家、断案决狱、移风易俗的大经大法，所以孔子被称为"素王"，并有《春秋》"为汉立法"之说。儒家经典从纲常伦理向礼仪制度过渡。

第二，从政治上看，汉武帝一反前任崇尚黄老、清静无为的政策，采用"罢黜百家，独尊儒术"的思想统制政策。如启用崇尚儒术的赵绾、田蚡、公孙弘为丞相，诏举贤良方正，征举景帝时受窦太后打击的儒生辕固生为"贤良方正"之士，任用董仲舒为江都相，并且还采纳董仲舒、公孙弘等人的建议，设立"五经博士"学官，设置太学。这些措施，改变了战国时期百家争鸣、秦代尊法反儒、汉初崇尚黄老的状态，儒学开始出现大转机，儒家学术直接为政治服务，学术权威与政治权威合为一体，儒家的道德、伦理、政治理想部分地落实到政治制度上。

第三，儒学自身具有发展包容的特点，尤其是汉代儒学的思想内容较之先秦孔孟儒学，表现出一种"驳杂不纯、兼容并包"的特点，不仅继承了孔孟荀道德人文主义的精神，而且吸收、糅合了先秦"阴阳五行"的学说和道家、法家的一些主张，以后又出现了"谶纬神学"。因而，我们不应将以经学形式出现的汉代儒学与非经学的先秦儒学混为一谈，而应看到这是儒学发展的一个新阶段。

第四，这一时期出现了几位大思想家，对儒学取得"独尊"地位起到了巨大的推动作用。比如董仲舒等儒者，他们掺和了阴阳五行家和法家的观念重新整合儒学，构建起以"天人感应"说为基础的新儒学体系，借天神的权威来论证汉王朝政权的合法性，同时用灾异说、天谴论鼓吹德治、限制君权。至于精通一经或者兼通五经而以解经、注经闻名的经学博士、讲师更是不胜枚举。

经过汉初几十年的发展和思想争鸣，儒学逐步从秦的衰退走向复兴，至汉武帝时基本奠定了"独尊"地位。

我们还应该看到，在儒学复兴的同时，也产生了一系列问题。当儒学成为官方统治思想之后，就逐渐丧失其价值信仰的意义，而蜕变为一种教条，很容易成为儒生谋取功名利禄的手段。儒生通经方可做官，如是，经学流为章句、训诂之学，儒家的义理精髓反而不受重视，那么道德诉求也就会成为一种外在装饰。在儒学官方化、独尊化的同时，还有工具化的倾向。

10. "六经"、"五经"

《诗》、《书》、《礼》、《乐》、《易》、《春秋》称为"六经"，后来《乐》流失，只剩下五部经典，称为"五经"。这六部典籍由来已久，在孔子之前就在流传，是儒家必读之书，但开始并不都是儒家经典。经过孔子整理编辑后，"六经"流传更为广泛。及至汉代，汉武帝独尊儒术，设立了五经博士，并设太学研讨、讲习"五经"，民间儒生争相讽诵，于是"五经"成为儒家经典。

孔子处于"礼崩乐坏"的时代，他希望通过恢复周礼、实施仁政来解决社会问题。他周游列国，建议不被采纳，退而讲学，并本着不语怪力乱神的原则编辑"六经"。《庄子·天运》篇载："孔子谓老聃曰：'丘治《诗》《书》《礼》《乐》《易》《春秋》六经，自以为久矣，熟知其故矣。'"《郭店楚简·性自命出》也有孔子关于诗书礼乐之教的记载："《诗》《书》《礼》《乐》，其始出皆生于人。《诗》，有为为之也；《书》，有为言之也；《礼》《乐》，有为举之也。圣人比其类而论会之，观其先后而逆训之，体其义而即度之，理其情而出入之，然后复以教。教，所以生德于中者也。"司马迁在《史记·滑稽列传》中也提到："孔子曰：'六艺于治一也，《礼》以节人，《乐》以发和，《书》以道事，《诗》以达意，《易》以神化，《春秋》以道义。'"东汉王充《论衡·效力篇》中也认为："孔子，周世多力之人也，作《春秋》，删五经。"孔子整理《诗》，内容上"思无邪"，艺术上合乐，"《雅》、《颂》各得其所"，风格上追求"温柔敦厚"；孔子编《书》，称"吾从周"；孔子编《礼》，因循周礼而有所损益；孔子编《乐》，与《诗》配；孔子编《易》，有所增删，如范文澜《中国通史》所云："孔子把主要与'鬼谋'（向鬼神问吉凶）的《易》改变为主要与'人谋'（人自造吉凶）的《易》，是思想上的一个进步。"孔子删《春秋》，"笔则笔，削则削"，"据鲁，亲周，故殷"（《史记·孔子世家》），将历史书改编成了经世致用的政治书。

自汉武帝立五经博士，这些博士们除了教书授徒外，往往出使、议政，担当国家重任，职位较为尊贵。因而，通晓儒家"五经"成了做官的必备前提，儒学经典依附王权，从而进一步提高了"五经"的经典地位。

"六经"或"五经"是一个整体，《易》为总纲，《书》为政典，《礼》为礼书，《乐》为乐书，《春秋》为刑典，《诗》则包括了社会生活的方方面面。中国古代社会以"礼"作为制度，政教合一。"六经"是这种制度的呈现，不仅是文化建设的纲领，也是政治统治的工具，经过孔子修订及汉代的提高，最终成为至高无上的儒家经典。

11. 三纲五常

"三纲五常"思想起源于先秦儒家与法家，成型于西汉而确立于东汉。

孔子提出"君君、臣臣、父父、子子"（《论语·颜渊》），并在不同场合分别论述过仁、义、礼、智、信等观念的内涵，但他除了特别重视"仁"、"礼"观念外尚无纲常思想。孔子的孙子子思（孔伋）提倡以"仁义礼智圣"为核心的"五行"之德（《郭店楚简·五行》），也无纲常之论。孟子称"仁义礼智根于心"（《孟子·尽心上》），提出"父子有亲，君臣有义，夫妇有别，长幼有序，朋友有信"（《孟子·滕文公上》）的"人伦"思想，则具有了儒家"伦常"的基本要素。但先秦时期最明确的"三纲"思想当属法家的韩非。《韩非子·忠孝》篇说："臣事君，子事父，妻事夫，三者顺则天下治，三者逆则天下乱，此天下之常道也。"在这里，君、父、夫显然占有主导地位，这个"常道"也就是纲常了。

西汉的董仲舒综合了法家韩非的三纲"常道"和阴阳家、黄老道家的"阳尊阴卑"思想，进一步发展成为"王道三纲"思想，其所著《春秋繁露·基义》篇说："凡物必有合……阴者阳之合，妻者夫之合，子者父之合，臣者君之合，物莫无合，而合各有阴阳……君臣、父子、夫妇之义皆取诸阴阳之道：君为阳，臣为阴；父为阳，子为阴；夫为阳，妻为阴……

王道之三纲，可求于天。"这已经是很明确的"君为臣纲、父为子纲、夫为妻纲"的"三纲"思想了。关于"五常"之德，先秦大儒孔孟荀均已分别论及，但没有连称，是董仲舒首先连称的，说："夫仁、谊（义）、礼、知（智）、信五常之道，王者所当修饬也"（《汉书·董仲舒传》）。

后来，历史学家班固根据东汉章帝亲自主持的白虎观会议"讲论五经同异"的记录编定的《白虎通义》继承董仲舒之说，正式将"三纲五常"的内涵作了官方的解读，说："三纲者何谓也？谓君臣、父子、夫妇也……君为臣纲，父为子纲，夫为妻纲"（《白虎通义·三纲六纪》），"五常者何？谓仁义礼智信也"（《白虎通义·情性》）。从此以后，"三纲五常"被确立为长期封建社会的"核心价值观"。正如宋儒朱熹所说："三纲五常，礼之大体，三代相继，皆因之而不能变"（《四书集注》）。

"三纲五常"道德伦理观在中国长期封建社会中既有其积极的作用，也有消极的作用。一方面，"三纲五常"价值观有利于维护家国伦理秩序的稳定以保持中华帝国的大一统局面，有利于凝聚与传承中华民族的道德人文传统，诸如仁、义、礼、智、信这类道德价值观念不仅在古代，而且在现代与未来都具有历久弥新的永恒性价值，对于我们今天的思想道德建设也有着非常重要的积极意义。另一方面，传统的"三纲"思想和礼仪制度是封建宗法制的产物，由于过分强调了君、父、夫的主导乃至主宰的作用，过分渲染了臣、子、妻的顺从、服从之德行，可能产生禁锢、窒息人性的结果，因此必然会阻碍人的主体性的发挥，从而阻碍人性的解放与社会的进步。《礼记》有言："礼，时为大，顺次之。"礼是与时俱进、因时制宜的，需要不断革故鼎新。在当今全球化、现代化的时代背景下，我们应当批判地继承"三纲五常"价值观的精神遗产，批判、淘汰和摈弃那些不合时宜的伦理规范与烦琐礼仪制度，而继承并弘扬其仁爱民本、明道尚义、持敬守礼、好学求真、诚信贵和的道德人文精神，为建设中华民族的精神家园服务。

12. 今文经学与古文经学

两汉经学分为今文经和古文经。秦统一后实行高压独裁统治，秦始皇下令"焚书"，许多儒家典籍被焚毁或散失。及至汉初，一批儒生凭借自己的记忆用当时流行的隶书把儒家经典重新复写下来，就称为"今文经"。后来，从旧宅墙壁或其他地方陆续发现一批用先秦篆体写的经典，这批经典就被称为"古文经"。治今文经称为"今文经学"，治古文经称为"古文经学"，二者的不同在于以下几点：

第一，文本不同。今文经学所据经典大都没有先秦旧本，而是一些学者口口传授或根据回忆记录下来的。今文经学主齐、鲁、韩三家《诗》、大小戴《礼记》和《春秋公羊传》等。西汉中叶以后，古文经学逐渐兴起，古文经学以训解古文经籍为特征。据古文经学家的说法，秦始皇焚书，项羽毁典，使孔子所编的"六经"多所残缺。尚存者或藏于宅壁，或散佚民间，至汉代才陆续被重新发现。古文经学家所据经典用的是先秦"古籀文字"写成的，主要有《古文尚书》、《周官》、《春秋左传》等，他们主《毛诗》、《周礼》及《春秋左氏传》等。

第二，对孔子的态度及对"五经"的排序不同。"六经"中《乐经》失传，只剩"五经"。今文经学家认为孔子删定"六经"，立万世不易之法，故为经学始祖，把孔子尊奉为给后世制法的"素王"。他们按照各经的难易程度和教化作用进行排序，《诗》、《书》、《礼》、《易》、《春秋》，认为越往后排越高深、越重要。《春秋》排在最后，显示了对孔子至高无上的推崇。古文经学家崇尚周公，认为孔子是一个述者，是"述而不作、信而好古"的先师。他们认为"六经"是孔子整理古代史料之书，并按照时间顺序进行排列，即《易》、《书》、《诗》、《礼》、《春秋》。春秋排在最末，传递出了孔子地位在古文经学家那里有所下降的意涵。

第三，解经方法不同。出于当时政治上的需要，今文经着重阐发经文的"微言"、"大义"，注重言外之意。今文经学家主张从言辞中把握思想，但不能拘泥于言辞，力图从古典中找到能解决现世问题的药方，为"大一统"作论证，特别重视公羊家的春秋学，其解释的进路是哲学与神学的。古文经学家则主张通过对经书字词的理解得到其中的古帝王之道，因此偏重于名物训诂，其特色为考证。他们重经籍记录的事实，倡导文字学和考古学，其解释的进路是史学的。

第四，学术思想不同。今文经是先秦儒学的发展，它融合了先秦诸子之学和上古王官之学，为大一统的帝国服务，并且影响了整个中国的宗法制社会。而古文经则针对西汉末年的社会问题，以回归三代官学的形式对今文经的思想进行修订，以期适应社会的需求。

西汉今文经学流行，但它拘泥于师承家法，流于诞妄，遂逐渐走向衰落。及至东汉后期，古文经学占据了主导地位，其弊在于烦琐。到了汉末魏晋时期，今古文经出现了融合的趋势，汉末的郑玄与魏晋的王肃注经，都有综合今古文的倾向。

两汉之际，经学有今文经和古文经两种。一方面，今文经着重阐发经文的微言大义，大讲"天人感应"和灾异之说，势必导致迷信附会之风滋生，这种情况下，产生出谶纬学，出现了很多用谶语解释经典的纬书，如《春秋纬》、《礼纬》、《白虎通义》等。另一方面，从民间发掘出不少先秦古文写的古文经典，如《周礼》、《毛诗》、《春秋左氏传》、《古文尚书》等。西汉末年经学大师刘歆不仅率一批儒生对古文经进行了一次大整理，还奏请设立古文博士，遭到了今文经学家的反对，于是，出现了经今古文之争。

王莽执政时，任用刘歆为国师，设立古文博士，古文经学发展起来，与今文经学相抗衡。今古文经学除了在文字、训诂方面有别，还有一个重要区别就是古文经学反对今文经学的"天人感应"说和谶纬说。两汉之际的扬雄、桓谭、王充、张衡等都是支持或倾向于古文经学派的，东汉时马融、许慎也是古文经学派的代表人物。两派代表着不同的思想倾向，其实质是官方经学与非官方经学之间的对立。东汉末年至曹魏初年，两派趋于合流，今古文之争逐渐平息。郑玄兼通古今文，他剔除谶纬学的糟粕，糅合各家学说，不拘泥于各家的"师法"、"家法"，重新注释诸经。曹魏王肃注经也是兼通今古文不拘师法、家法的。

今古文经学虽有争论，有师法、家法之别，但从几个主要思想家来说，如董仲舒、司马迁、扬雄、王充、王符、郑玄等，他们对于儒家人文主义精神的继承和发扬则是一脉相承的。虽然在"天人关系"上有种种不同甚至对立，但在王道政治和道德伦理学说方面却是基本一致的。尤其是王充和董仲舒两个人，在天道观和天人关系上，王充固然颇多批评董仲舒之言，但在王道政治理论和道德思想方面，却肯定而且赞美董仲舒，认为董仲舒是继承并发扬孔子学说和事业的。"文王之文在孔子，孔子之文在仲舒。"（《论衡·超奇篇》）在人性论方面，王充的《论衡·本性篇》载："孟轲言人性善者，中人以上者也；孙卿言人性恶者，中人以下者也；扬雄言人性善恶混者，中人也。若反经合道，则可以为教；尽性之理，则未也。"王充的主张是"性有善有恶"，这与董仲舒的"人性三分"也是接近的。

今古文之争先后发生了四次，由单纯的对书籍文本的争论扩大到对学术思想、政治观念和社会地位等诸方面的争论，具有政治和学术的双重意义。以刘歆为代表的古文经抛弃了前人思想中一些不合时宜的成分，通过对新经典的解释为现实服务；古文经学重视对文本的实证研究，注重文字训诂、典章制度的研究，牵强比附较少。二者的论争和融合不仅对经学的发展产生了重要作用，对中国学术的发展、中国历史的发展也都产生了重要的影响。

13. 王 充

王充（27—约97），字仲任，会稽上虞人，其著作有《论衡》、《政务》、《讥俗》、《养性》等，目前只有《论衡》留存。关于王充学说的根本特点，以往学者都认为是"疾虚妄"。笔者在《王充"效验"论浅析》一文（载《社会科学研究》1980年第3期）中首次根据《论衡·对作篇》的王充自述将其学说特点概括为"实事疾妄"。在《王充学说的根本特点——"实事疾妄"》一文（载《学术月刊》1983年第6期）中则对这一特点作了具体阐述。

王充在《论衡》书末的《对作篇》中，阐述了自己著作的宗旨和特点。他写道："是故《论衡》之造也，起众书并失实，虚妄之言胜真美也。故虚妄之语不黜，则华文不见息；华文放流，则实事不见用。故《论衡》者，所以铨轻重之言，立真伪之平，非苟调文饰辞为奇伟之观也。""《论衡》实事疾妄……无诽谤之辞。"这点明了全书的宗旨大纲，也恰当地概括了其学说的根本特点是"实事疾妄"，即坚持实事求是，批判虚妄迷信。他在《论衡》一书中，全面贯彻了这种"实事疾妄"的原则精神，在揭露和批判各种迷信虚妄的同时，建立起进步的政治学说和唯物主义哲学的理论体系。

政治上，王充对汉代社会有褒有贬。首先，他批评一些儒生崇古非今的态度，指出"汉有实事，儒者不称；古有虚美，诚心然之"（《论衡·须颂篇》）。他对汉代在历史上的进步给予了充分肯定。"汉家三百岁，十帝耀德，未平如何？……光武中兴，复致太平。"（《论衡·宣汉篇》）其次，他对社会黑暗与官吏腐败严加批判，称"文吏幼则笔墨，手习而行，无篇章之诵，不闻仁义之语；长大成吏，舞文巧法，徇私为己，勉赴权利，考事则受赂，临民则采渔，处右则弄权，幸上则卖将。一旦在位，鲜冠利剑；一岁典职，田宅并兼"（《论衡·程材篇》），可谓将丑态揭露得淋漓尽致。

在思想史研究上，王充也遵循了"实事疾妄"的原则。王充对先秦诸子持批判继承态度。以孔子为例，既承认孔子是圣人，也反对神化孔子，在《问孔篇》、《知实篇》举了很多例子证明孔子不是"生而知之"者，并对孔子"去食存信"的政治主张提出质疑。但王充也继承了很多儒家理念，如重视"养德"和"礼义"。对法家商鞅、韩非"独任刑法"的政治主张加以非难，但对《明法》、《耕战》等法家著作却加以肯定，其"养力"思想就是对韩非的继承和发展。对道家，王充在《自然篇》中批判道家"论自然，不知引物事以验其言行，故自然之说未见信"，同时也不赞成道家消极无为的自然主义，但却继承了道家的"天道自然无为"之说。他对墨家的"尚贤"、"节葬"主张给予肯定，但也批判了墨家"明鬼"论的"乖违"、"难从"。他继承了黄老道家的"刑德相养"之说，提出"文武张设，德力俱足"的政治主张。对于董仲舒，王充严厉地批判了董仲舒的"天人感应"论和"灾异谴告"说，但却高度评价其政治伦理思想，称"仲舒之言道德政治，可嘉美也"（《论衡·案书篇》），又说："董仲舒表《春秋》之意，稽合于律，无乖异者。"（《论衡·程材篇》）这些都反映了王充"实事疾妄"的思想特色。

王充"实事疾妄"的学说特点，是我国古代朴素唯物主义宇宙观和朴素辩证法思想的最早结合，对中国思想史的发展产生了较大的影响。

14. 魏晋玄学

魏晋时期，中国处于动乱之中，社会分裂割据。思想上与此种社会状况相应的则是为国家大一统服务的价值体系面临挑战，转而力求与现实拉开距离，"清谈"之风兴起，玄学在这种情况下应运而生，其发展共分为四个阶段：正始玄学、竹林玄学、元康玄学、东晋玄学。玄学讨论的主要问题是有无之辨、言意之辨、名教与自然之辨等等。

玄学运用老庄思想解读儒家经义，具有高度抽象的思辨性，其中有儒学，但并非儒学。它一反两汉经学的拘泥烦琐形式而提倡简易直截、重在阐明义理。玄学在兴起之初以何晏、王弼为代表，注解三玄——《论语》、《周易》、《老子》，提出了"以无为本"、"名教本于自然"之说，反映了"援道入儒，兼综儒道"的倾向。从这个角度讲，玄学可以说是儒学的变种。然而以阮籍、嵇康为代表，主张"越名教而任自然"、"仁义为臭腐"；以向秀、郭象为代表，提出"神器独化于玄冥之境"，主张"圣人常游外以冥内，无心以顺有"等，则反映了"以庄代玄，以道化儒"的倾向。如此，玄学就不是儒学而是道家的变种。到了东晋以后，玄佛合流，玄学亡而佛学兴，也就没有玄儒关系了。

魏晋玄学想要为天地万物包括政治人伦找一个形而上的根据，因而，它主要讨论宇宙人生存在的根据问题，具体化为"本末有无"的问题。王弼认为"天地万物皆以无为本"，"无"是万有存在的"本体"。在认识论上，王弼坚持"得象忘言、得意忘象"，就是抛开具体的物象去分析抽象的概念和义理，最终探讨世界的本原究竟；在政治观上，王弼认为"名教"本于"无为"，"无为"是推行礼义的根本。阮籍、嵇康坚持以元气为本原的宇宙生成论，认为万物均由一气化生，其存在和差别是相对的，在本质上是"万物为一"。阮籍的社会理想是无君臣上下之分，向往"越名教而任自然"的自由追求。裴頠、郭象则提出"崇有"论，主张以"有"为体。裴頠认为"无"不过是"有"消失了的状况，作为世界根本的"道"，就是万有自身，"有"就是物自身存在和发展的根据。郭象坚持"物各自生"的存有论主张，认为"有"是唯一存在，天地万物都是自然而然，自己产生、变化和运动的，即所谓"独化"，进而提出"全我而不效彼"的个体自我观念。东晋时期的玄学代表张湛，认为"群有"和"至虚"是现象与本体的关系，本体无生无灭。"有"是忽而自生的，因而不能作为自身存在的依据。这里，玄学已受佛学的影响。

玄学在魏晋时期动荡的社会背景下产生，促进了理论思辨的提升与精致化，是中国哲学史上开出的一朵奇葩。

15．王　通

王通（584—617），字仲淹，弟子私谥为文中子，出生于官宦之家，家学渊源深厚，从小受儒家思想熏陶，学问极好。王通虽然处在社会动乱、儒学衰微的时代，却代表了儒家知识分子对中国传统"存亡继绝"的历史关怀。王通对"六经"皆有解说，《中说》是王通弟子对老师言行的回忆和追录。其思想上承先秦两汉，下启唐宋，在儒学史上有着不可抹杀的地位。

首先，上承先秦两汉方面。王通模仿孔子作《续六经》，亦称《王氏六经》，包括《续诗》、《续书》、《礼论》、《乐经》、《易赞》、《元经》等，共80卷。在唐代大都散失不存，今仅存《元经》一书。在很大程度上，王通能超越六朝注经习气和汉儒说经模式的藩篱直接孔孟人文主义的精神。他明确表现出通过人事以知天命，仁义为礼教之本的思想。王通认为人性都是善的，每个人都本然地具有仁、义、礼、智、信"五德"的本性。他倡导仁政，提出存道义、去私利的主张，以实行王道政治为目的。他还围绕"天人"关系致力于探究"天人之事"，主张穷理尽性以体道知命，杂糅儒释道精神，追求"乐天知命，穷理尽性"的境界，最终成为"君子"、"圣贤"。王通的这些主张，都强调了先秦儒家的道德人文精神。

其次，下启唐宋方面。初唐时期佛学大兴，儒学基本上沿袭着六朝注经的风气，大多数儒家知识分子致力于注疏经典、整理文献，没有重视义理的发挥和理论的创造。因而，注重义理的王通并没有受到重视。到了中唐，儒学地位逐渐巩固，再加上古文运动的推动，义理之学重新抬头，至此，王通的学说开始受重视，并产生积极的作用。中晚唐李翱、皮日休、北宋石介、孙复、程颐、司马光，南宋的朱熹、陈亮、唐仲友等都受到了王通的影响。王通讲六经，超越了郑、马、扬、董，直接周公、孔、孟，开启了韩愈和程朱的"道统"之说；他提出"穷理尽性以至于命"（《中说·周公篇》），对李翱的"复性"说和宋儒心性之学有很大启发。另外，其尊王杂法、强调仁政，主张知时通变，提出的"三教可一"等命题，也是宋儒讨论的重要内容。

《传习录》载："（徐）爱问文中子、韩退之。（阳明）先生曰：'退之，文人之雄耳。文中子，贤儒也。后人徒以文词之故，推尊退之，其实退之去文中子远甚。"王通以昌明王道、振兴儒学为己任。虽然其学说有很多揣摩装点、杂博不纯的弊病，没有形成精致一贯的理论体系，但其基本精神与儒学的主旨是一致的，所以可以说，王通是"一代大儒"。

16. 隋唐经学

隋唐时期的经学上承章句训诂的两汉经学，下启宋明理学，在中国学术史上占有重要的地位。魏晋南北朝时期，佛教、道教逐渐兴盛，儒学式微，但并没有退出历史舞台。到中晚唐时期，儒学出现了较显著的变革和转型。

一，经学从分立走向统一。第一，魏晋南北朝时期，中国社会处于动荡不安状态，经学也呈现南北分立的局面。隋朝政治统一，也为经学渐趋统一奠定了良好基础。在隋唐之际，精通南北经学的大师为数众多，如房晖远以碑学通南学，而《隋书·儒林传序》对刘焯、刘炫也有这样的记载："二刘拔萃出类，学通南北。"第二，隋唐科举制设明经和进士两科，对经学的统一起了重要推动作用。第三，唐代统治者对经学十分重视。唐太宗曾下令对经书进行整理，令颜师古考订"五经"，又令孔颖达主持对"五经"作注释工作。于唐高宗五年（654），《五经正义》正式颁行全国。至此，西汉以后散乱的经学归于一统。

二，疑经思潮逐渐产生。唐代一些经学大师对汉以后形成的"修宗法"、"依章句"状况进行了批判。武则天时期，政治的变化也影响到经学界的变化，最突出的就是掀起了疑经思潮。长安三年（703）的时候，博士王元感上表《尚书纠谬》十卷、《春秋振滞》二十卷、《礼记绳愆》三十卷，遭到章句派的非议。王元感针对非难"随方应答，竟之不屈"，得到了武则天的肯定。魏知古、徐坚、刘知幾等人也都批判了章句派。刘知幾对上古禅让嬗代之事提出质疑，论证其伪，其怀疑批判精神难能可贵。其《史通》外篇有《疑古》、《惑经》两篇，对《尚书》、《春秋》加以探讨。其中，《疑古》篇说："夫五经立言，千载犹仰，而求其前后，理甚相乖。"

三，舍传求经学派形成。韩愈在《寄卢全》一诗中曾说："春秋三传束高阁，独抱遗经究终始。"从搁置"春秋三传"开始，继而引发了其他变化。《新唐书·儒学传下·啖助传赞》有如下记载："啖助在唐，名治《春秋》，摭诎三家，不本所承，自用名学。凭私臆决。尊之曰'孔子意也'，赵、陆从而唱之，遂显于时。呜乎！孔子没乃数千年，助所推著果其意乎？其未可必也。"这里指出陆淳等人其实是对经文做发挥性的解说，把原有的范畴、命题赋予新义，以阐述自己的观点，是典型的"六经注我"，代圣人立言。

由此可以看出，在隋唐时期，经学经历了三个阶段的变化。唐初从分立走向了统一，中唐时期对章句之学进行批判，产生了疑经思潮，而中唐之后，又形成了舍经求传学派。这为宋明理学的产生提供了思想上、资料上的准备。

17. 韩　愈

韩愈（768—842），字退之，邓州南阳人，唐代古文运动的倡导者。其先世曾居住在昌黎，故世称"韩昌黎"，著作有《韩昌黎集》，其中《原道》、《原人》、《原鬼》、《与孟尚书书》、《谏迎佛骨表》等尤为著名。在儒学史上，他反对佛道二教，继承孔孟儒家，提出了"道统"论、"性情三品"说，实开宋明理学之先河。

第一，韩愈提出"道统"论。韩愈主张回到先秦儒家的"圣人之道"而宗奉孔孟，认为孟子之后，其道失统。于是，他以传承道统自任，"使其道由愈而粗传，虽灭死万万无恨"。韩愈所提倡的"道统"，其实就是孔孟的仁义道德思想。"博爱之谓仁，行而宜之之谓义，由是而之焉之谓道，足乎已无待于外之谓德。"（《原道》）"仁"就是博爱，处事合适得当就是"义"。所谓"道"就是按仁义的要求去做，而"德"指的是仁义本来就具足于人的本性之中。韩愈以仁义为道德直接赋予了形而上的意义，"仁与义为定位，道与德为虚位"，强调的是道德主体性，但另一方面也强调了君臣父子之纲常伦理的重要性，"内圣外王"的统一性。

第二，韩愈继承孔子"惟上智与下愚不移"与董仲舒的"性三品"说，提出了自己的"性情三品"说。他认为性有上中下三品，上品的人性生来就具有仁义礼智信五种道德，以一德为主，贯通其他四德；中品的人性对五德中的一德有所不足，而对于其余四种道德也杂驳不纯；至于下品的人性，则是违反一德也不符合四德，这就是"性"之"三品"。人不仅有性，而且还有喜、怒、哀、惧、爱、恶、欲七情。情也有三品：上品情发作都合乎中道，没有过或者不及；中品的情发作时有的过多有的过少；下品的情则是发作都不合乎中道，都过多或不及。每一品中，性和情是统一的，上品的人不仅具备五性，七情也是合乎中道的，这就是圣人。下品的人不具备五性，七情也不合于中道。韩愈认为："上之性就学而益明，下之性畏威而寡罪。"（《原性》）上品可教而下品可制，但上下的品位等级是不可逾越的。韩愈的"性情三品"说其实是孟子、荀子、扬雄三家人性论的综合。另外，韩愈的"性情三品"说还吸收了"佛性"说，"以佛理证心"，为宋明理学家建立心性之学提供了理论根据和思维方法。

第三，韩愈重新强调了《礼记·大学》篇中提出的"诚意、正心、修身、齐家、治国、平天下"的道德修养程序，并且强调"正心诚意"的决定作用，把个人的心性修养与治理国家的实践结合起来。韩愈认为，正心诚意是"有为"之道，修身以后要为国家、为社会做事。这里的正心诚意是内外结合、是成己成物的，针对的是中唐以后社会上存在的道德沦丧问题，目的是重新定位孔孟的"道德人文主义"，针砭时弊。

总之，韩愈的思想是在佛教盛行、儒家处在变革转换时期的大背景下产生的。他作了既反佛又融佛，既崇儒又变儒的创造转化，是汉魏经学到宋明理学之间的转型期形态，为宋明理学提出了向道德主体性发展的方向，并开拓了理学的新思路，对儒学的变革起了重要作用。

18. "半部《论语》治天下"

孔子（前 551—前 479），名丘，字仲尼，春秋时期鲁国人，被尊为"大成至圣先师"和"万世师表"。孔子在周文化的熏陶下成长，对周文化有强烈的认同感，他自己曾说："郁郁乎文哉，吾从周。"（《论语·八佾》）他继承了西周"以德配天"的思想，但他对人类思想史、文化史的贡献则主要在于其文化的改革和哲学的创新，最根本、最主要的是"仁学"的提出及其理论的系统化。他的弟子编辑了记载他的言行的《论语》，此书成为儒学最重要的经典之一。

《宋史·赵普传》载："普少司吏事，寡学术。及为相，太祖常劝以读书。晚年手不释卷，每归私第，阖户启箧，取书读之竟日；及次日，临政处决如流。及薨，家人发箧视之，则论语二十卷也。"南宋罗大经《鹤林玉露》卷七也记载：宋初宰相赵普，人言所读仅只《论语》而已。太宗赵匡义因此问他。他说："臣平生所知，诚不出此，昔以其半辅太祖（赵匡胤）定天下，今欲以其半辅陛下致太平。"

这一典故足以引起我们的深思。《论语》记录了孔子及其弟子的言行，是儒家思想和中华文化最重要的经典。短短数千言，处处体现出人生的智慧，言简而意远。在当时"礼崩乐坏"的情况下，孔子提出"仁本礼用"之说，主张"仁者爱人"、"克己复礼为仁"，以"仁"为基点，修身养性，以期成就君子人格，达到内圣外王的境界。孔子认为，最好的方法是采用中道，"允执其中"。"道千乘之国，敬事而信，节用而爱人，使民以时。"孔子提出的是"道之以德，齐之以礼"的治国方针，以道德教化为基本导向，使人民做到有廉耻、有人格。"为政以德"的治国方针贯彻在治国实践中，目的是"修己以安百姓"。孔子主张选贤举能，躬行君子人格，处处讲"学"，讲做人之道、讲为政之本。从这个意义上讲，"半部《论语》治天下"是有道理可循的。

再回归到典故本身，赵普一生与治天下有关的主要有两件事，即参与策划了陈桥兵变和提出抑制武臣的建议。这两件事情其实都与《论语》关联不大。赵普为政，并无仁德。《续资治通鉴》称"赵普之为政也，廷臣多疾之"。王夫之也批评赵普为"不仁者"，由此可知赵普并没有真正践行"半部《论语》治天下"。"半部《论语》治天下"的故事，无非是个"美丽的谎言"而已。

"半部《论语》治天下"一语流传甚久，有人认为这一说法是"撒谎的故事"，对其真实性提出质疑。近年来随着国学热的升温，这句话出现的频率明显增加。我们既要认清"半部《论语》治天下"的合理性，也要明辨"半部《论语》治天下"的片面性。

19. 宋明理学、宋明道学与宋明儒学

宋明理学是继先秦子学、汉唐经学而兴起的新儒家哲学。它发端于唐代，兴盛于宋明，终结于清代，历经700余年，构成了中国儒学发展的黄金时代。理学也称为道学，又可称为义理之学，因兴盛于宋明，也叫宋明

理学，是对宋元明时期主流儒家学说的总称。它一改汉儒治经重训诂的学风，以阐发义理、兼谈性命为主。从其发展轨迹看，可以说是由韩愈、李翱开其端，周敦颐、张载奠其基，程颢、程颐成其说，朱熹、陆九渊分其流，王阳明开其新，刘宗周作终结的。

在汉唐时期，儒学主要以经学形态出现，以注解经典、提倡"天人感应"为特点，由于牵强附会、烦琐支离之弊而阻碍了自身的发展。当时佛教和道教大兴，也极大地冲击了经学。于是，儒学的变革被提上了日程。这个变革的先驱就是隋儒王通和唐儒韩愈。王通在《中说》一书中提出了仁义为礼教之本、穷理尽性以体道知命、尊王杂霸、三教可一等思想主张；韩愈反佛崇儒，提出了"道统"说和"性情三品"说，重新强调《论语》、《孟子》、《大学》等儒家经典的道德人文思想；李翱援佛入儒，在《复性书》中提出了著名的"性善情恶"说和"复性"说，这都为宋明儒家建立心性之学提供了理论依据和思维方法，确定了儒学的道德主体性发展方向。

宋明理学家对隋唐儒家提出的一些问题继续进行深入的探讨和系统化的理论总结，创造性地建立了一套严密精致的新儒家哲学体系。北宋初，被称为"宋初三先生"的胡瑗、孙复、石介是开宋学风气的先导者，但对理学理论没有多大贡献。理学的奠基者是周敦颐和张载。周敦颐首先提出了"道"、"无极"、"太极"等一系列重要范畴，并把"性与天道"作为学说的核心，被理学家尊称为"道学宗主"，实为理学的开山人物。张载则讨论了道、气、心、性的关系以及气质之性和天地之性、见闻之知与德性之知的区分等理学所讨论的核心问题，程颢、程颐以"理"作为哲学的最高范畴，从不同角度探索本体问题，多重论证了理、气、心、性这些重要范畴，提出了"性即理"的本体论命题与"穷理尽性"的方法论命题，为理学奠定了理论基础。至此，由周敦颐到张载、二程，理学的中心命题和理论框架已基本形成，经过南宋朱熹、陆九渊等人的整理、总结和发展，理学体系不断地精深，并出现了分化。

宋明理学的特点，首先在于确立了以"理"为最高哲学范畴的理论体系，注重探讨义理心性，对理、气、心、性等哲学范畴进行了比较深入的探讨，各派理学家的学说虽然有所差别，但使用的范畴大致相同。其次是批判佛老，力图划清与佛老的界限，同时又采取援佛老入儒及融佛融道的手法，吸收佛、道的许多思想养料，来丰富自己的理论体系。最后是把《大学》、《中庸》与《论语》、《孟子》相并列，重视其中的根本思想，强调"以修身为本"的修齐治平相统一的"内圣外王"理想，宋明理学家所说的"内圣外王"、"修己治人"之道，是以"修身"为根本、以治国平天下为人生目标的，也就是首先注重于个人的道德修养、成就君子人格，然后扩充至齐家的伦理实践与治国平天下的政治实践的道德、伦理、政治三位一体的学说。

"宋明理学"、"宋明道学"与"宋明儒学"是互有联系但含义不同的概念。

"宋明儒学"是宋元明时期儒家各派学说的总称，以地域划分有濂学、洛学、关学、闽学、浙学、赣（江右）学、蜀学、婺学、永嘉学等名称，以学术宗旨划分有程朱理学、陆王心学、张载气学、荆公新学、邵雍数学、浙东事功学等等。

"宋明道学"与"宋明理学"的名称可以互换，即指宋明时期占主导地位并且有别于先秦子学、汉唐经学的特殊形态的儒学。

"道学"之名，最早见于《隋书·经籍志》，本意指道家之学，而非儒学。但自宋儒开始，用"道学"一词指称儒学。最早用"道学"一词指称儒学的是北宋大儒张载（1020—1077）、王开祖（约1035—1068），稍晚的程颐（1033—1107）则自称"予兄弟倡明道学"，编成于元代的《宋史》又在《儒林传》外另立"道学传"。于是，后儒多将北宋以后的主流派"儒学"称为"道学"。近儒冯友兰在《中国哲学史》（下册，1934年初版）中设立专章论述"道学"，把宋、元、明、清时的理学与心学概称为"道学"，于是"道学"一词成了儒学的专有名词。这种以"道学"概念代替"理学"、"心学"或"儒学"的做法造成了很多困惑，它使人们既混淆了儒学内部的区分，又混淆了儒家与道家、道教的区别。对此，前人早就提出了质疑与批评。明清之际大儒黄宗羲就认为《宋史》在"儒林"之外另立"道学"一门是"元人之陋"，主张编纂《明史》者省去"道学一门"，也不必另立"理学传"，而应"一切总归儒林"。但思想史上往往有"习非成是"现象，近世儒家大多以"道学"之名指称"宋明理学"，并将周敦颐、张载、邵雍、二程、朱熹视为道学正宗。

"理学"一名始称于南宋，朱熹曾说"理学最难"，陆九渊也说"惟本朝理学，远过汉唐"。理学的实际创始人是北宋二程兄弟（程颢、程颐），至南宋朱熹而集大成，其基本主张是"性即理"、"穷理尽性"、"即物穷理"、"格物穷理"、"存天理，灭人欲"等等。与朱熹同时代的陆九渊提出"心即理"、"宇宙便是吾心，吾心即是宇宙"的命题，强调"求放心"、"发明本心"，明代王阳明进一步发展了陆象山的学说，强调"心外无物"、"心外无理"，断言"万化根源总在心"，并提出"致良知"学说，从而树起了与程朱理学相抗衡的陆王心学旗帜。明清之际的王夫之、黄宗羲、顾炎武、颜元等，对程朱、陆王持批判态度，而实现了从心性之学向力行实学的转型。至清中叶的戴震著《孟子字义疏证》，强调"理存于欲"，批评"后儒以理杀人"，又将理学批判发展到政治批判。自南宋理宗（1224—1264 年在位）至清末（1911 年清亡）600 余年中，程朱理学一直被当作官方正统的意识形态，但陆王心学在明代中后期与清末民初时期，对学者的影响甚至超过程朱理学而成为主导性思潮。

20."北宋五子"

"北宋五子"指北宋时期的五位理学家：周敦颐、张载、邵雍、程颢、程颐。"北宋五子"是以二程为关联中心的，周敦颐是二程的老师，张载是二程的表叔，也是讲学的朋友，而邵雍和二程一起居住在洛阳，是一起讲学讨论的同仁，他们同处于儒学由经学向理学变革的北宋时代，是理学的开创者（但学术界对邵雍是否是理学家尚有分歧，严格地说，邵雍是北宋儒家而非理学家），为宋明理学的形成和发展作出了很大的贡献，朱熹把他们合称为"五子"，所以后人把他们称为"北宋五子"。

周敦颐（1017—1073），字茂叔，号濂溪，道州营道县（今湖南道县）人。他被认为是"道学宗主"、"理学开山"，其主要思想体现在《太极图说》和《通书》中。他继承《易传》和道家思想，提出一个简单而有系统的宇宙构成论，说"无极而太极"，"太极"一动一静，产生阴阳万物。"万物生而变化无穷焉，惟人也得其秀而最灵。"圣人又模仿"太极"建立"人极"。"人极"就是"诚"，"诚"是"纯粹至善"的"五常之本，百行之源"，是道德的最高境界。只有通过主静、无欲，才能达到这一境界。

张载（1020—1077），字子厚，凤翔郿县（今陕西眉县）横渠镇人，世称横渠先生，是宋明理学的奠基人之一。他的传世名作有《正蒙》、《西铭》、《横渠易说》和《经学理窟》，其中最为重要的是《正蒙》。他的思想宗旨是气化论。他提出了"太虚即气"、"虚空即气"的本体论命题和"天道性命"贯通为一的"天人合一"命题，并在"性"与"知"的问题上作了解释，又提出了"气质之性"与"天地之性"（或曰"天命之性"、"义理之性"）的分别，通过"变化气质"的道德修养过程，由"气质之性"复返于"天地之性"。而"变化气质"的根本方法是治"学"，治"学"中有"见闻之知"和"德性之知"，其中主导性的是"德性之知"。由此，他初步建立了一个上承先秦儒学、贯通"天道性命"的新儒学体系。张载最重要的名言是"为天地立心，为生民立命，为往圣继绝学，为万世开太平"（宋李幼武纂《宋名臣言行录》外集卷四），显示了一个儒者以民为本、关怀社会的博大胸怀。

邵雍（1011—1077），字尧夫，谥康节，北宋儒学家。自号安乐先生、伊川翁。其先范阳（今河北涿县）人，幼随父迁共城（今河南辉县）。少时读书苏门山百源上，世称百源先生。后隐居洛阳40年，潜心治学。主要著作有《皇极经世》、《观物篇》、《击壤集》和《渔樵问对》。邵雍的象数学主要反映在《皇极经世》一书中。根据《易经》关于八卦形成的解释，掺杂道教思想，构建了一个以"元会运世"计算历史的数学推演法，描绘了宇宙构造图式和"先天象数"图，从而形成他的象数之学（也叫先天学）。他认为宇宙的本原是太极，太极生出天地，变化生出数、象和器来，天地万物的生成变化是按照"先天象数"的图式展开的。他把这先天象数归于心，这个心既是个人的心，也是宇宙的心。

程颢（1032—1085），字伯淳，人称明道先生，河南府（今河南洛阳）人，宋代理学家、教育家。程颐（1033—1107），字正叔，人称伊川先生，与其兄程颢为同胞兄弟，世称"二程"。二程比周敦颐小十五、十六岁，比张载小十二、十三岁。他们在十四、十五岁时，从学于周敦颐。他们又是张载的表侄，经常与张载讨论学问。二程主要在洛阳讲学，开创"洛学"，奠定了理学基础。他们的为学途径，大体始于《周易》、《中庸》，终于《论语》、《孟子》，并且贯通了"四书"、"五经"的思想宗旨，曾经出入佛老几十年，最后又归本儒学。比较而言，程颢比较偏重《论语》、《孟子》和《中庸》，其《识仁篇》脍炙人口。程颐却更加着重于《易传》、《论语》和《大学》，这导致二人为学的宗旨有某些不同，而且对理学的发展产生了不同的影响。二程在思想上扬弃了周敦颐的"无极"说和张载的"太虚"说，提出了一个具有本体意义的"理"（也就是"天理"）作为贯通天道人道、道德性命的中心范畴，创立了一个"以理为本"而合天命心性为一体的新儒学体系。可以说，他们既是宋明理学的奠基者，又是成其说的思想领袖。

21. 东南三先生

东南三先生指朱熹、吕祖谦、张栻三人。南宋时期，朱熹是著名的理学家，也是闽学的主要代表。当时，与朱熹齐名的理学家是吕祖谦和张栻，他们三人的学术活动都主要在中国东南地区，因此，被称为东南三先生。这三人中，朱熹长寿，讲学、著述最多，思想博大精深，是理学的集大成者，吕祖谦和张栻壮年早逝，学术成就不如朱熹，但两人学说各有特点，对儒学的发展都有贡献。

朱熹（1130—1200），字元晦，号晦翁，南宋徽州府婺源县（今属江西省）人，世称朱子，两宋理学的集大成者。朱熹继承周敦颐、二程的思想，又吸取释、道各家思想，建立了一个庞大的哲学体系。这一体系的核心范畴是"理"，认为"理"是万物的主宰，是物质世界的基础和根源。所以，人所要做的就是格物穷理，去认识、体验这个"理"，于是就提出了"存天理，灭人欲"的观点。而格物穷理的根本方法是"持敬"的"切己功夫"。实际上，朱熹强调的是道德主体性及道德修养的方法问题。其主要著作有《四书章句集注》、《诗集传》、《周易本义》，及后人编纂的《朱文公文集》和《朱子语类》等。

吕祖谦（1137—1181），字伯恭，人称"东莱先生"，生于婺州（今浙江金华），南宋著名思想家、教育家。吕祖谦得益于中原文献之学，以史学见长。为学主张"明理躬行"，治经史以致用，反对空谈阴阳性命之说，"讲实理，育实才，并求实用"，与陈亮、唐仲友同为南宋浙学的主要人物，是金华学派（亦称婺学）的创始人。吕祖谦知识广博，善取众长，学术兼容并包。当时理学派别思想分歧较大，朱熹主张明理，陆九渊等主张明心，吕祖谦进行调停，兼取其长，强调以实用为依归，可以说开了浙东学派的先声。著作主要有《东莱集》、《东莱博议》、《东莱书说》、《大事记》等。当代学者黄灵庚主编了《吕祖谦全集》16 册，搜罗颇全。

张栻（1133—1180），字敬夫，号南轩，世称南轩先生，南宋汉州绵竹（今四川绵竹县）人，著名理学家和教育家，湖湘学派集大成者。少拜胡宏为师，问二程学问，但更接近程颢。推崇周敦颐的《太极图说》，以"太极"为最高范畴，认为"太极"流行无间，贯通古今万物，是宇宙的本原，但又认为心是万物的主宰，他说"心也者，贯万事，统万理，而为万物之主宰者也"。知行关系上，他主张知先行后说，认为有了"知"可更好地指导"行"，但不同意"知主行次"之说，提出了知行互发的主张，"始则据其所知而行之。行之力则知愈进，知之深则行愈达。……然则声气容色之间、洒扫应对进退之事乃致知力行之源也"。张栻为学主"明理居敬"，教育主张"成就人材，以传道济民"。有《南轩集》传世。

22. 朱陆之争

朱熹理学思想的特色主要是他对前人思想的综合，他运用高度的理性思辨、严密的逻辑论证，把从孔孟到二程的思想成果予以综合，并吸取佛老的部分思想，在此基础上建立了一个具有高度思辨水平的理学思想体系。可以说，宋代新儒学的理论大厦是由朱熹这位儒学建筑大师完成的。从这个意义上说，朱熹确实是理学的集大成者。朱熹的理学思想体系主要有四大部分：一是理气二元论（宇宙论），二是格物穷理论（认识论），三是心统性情论（道德论），四是明理灭欲论（修养论）。

第一，就本体论来说，朱熹同二程一样是"理"本体论者。他把"理"看作无形迹、超时空而存在的绝对观念，但同时又认为"理"是主宰一切、含括一切的真实存在。未有天地之前，"理"就存在，天地万物的产生是因为有这样的"理"存在，没有这样的"理"，也就不会有天地万物。第二，就认识论来说，朱熹从"理一分殊"的思想出发，讨论了人的认识能力（心、知）与认识对象（物、理）的关系，提出了"格物穷理"的认识论。从逻辑结构看，朱熹的认识论确已具备了知识论的某些特征，但由于受到他的"理本体"论的限制，这种认识论并没有发展出真正的科学知识论，更不是什么"自然哲学"，因为朱熹的哲学中最高、最本质的"理"（或说"天理"、"太极"）仍然是传统儒家的"天人合一"之理。朱熹哲学的核心问题仍然是道德主体性及道德修养的方法问题。第三，朱熹的道德论基本上是以张载的"心统性情"说和程颐的"性即理"说为基础建立起来的，而更倾向于张载的"心统性情说"。不过朱熹把张载和程颐的心性统一到"理本体"论中了。第四，朱熹的道德修养论包含两大内容，一是道德修养的根本目的是"存天理，灭人欲"，一是道德修养的根本方法是"持敬"的"切己功夫"。朱熹认为"敬之一字真圣门之纲领，存养之要法"。综合来看，朱熹的理学思想虽然表现出讲求一般知识的"道问学"特点，但在本质上仍然是"尊德性"的"道德形上学"，他并没有脱离儒家道德人文主义这个大传统。

"鹅湖"在今江西上饶市铅山县鹅湖镇，南宋属信州，宋孝宗淳熙二年（1175），朱熹与陆九渊在此地发生过一次哲学辩论，吕祖谦、陆九龄和部分后学见证了此次辩论，史称"鹅湖之会"。陆九渊倡导的心学在南宋与朱熹代表的程朱理学分庭抗礼，导致了这次辩论的发生。

陆九渊的心学可追溯到孟子"尽心知性则知天"、"仁义礼智根于心"之说。陆九渊上承孟子，明确提出了"宇宙便是吾心，吾心即是宇宙"、"心即理"的理论命题，建立了心学思想体系。王阳明则进一步丰富发展了心学思想，而形成以"良知学"为特色的"阳明心学"。后世将其二人合称"陆王心学"。程朱理学则是宋明理学的主要派别，肇始于北宋周敦颐，奠基于程颢、程颐，其间经过杨时、罗从彦、李侗的传承，而完成于朱熹。

就"异"而言，陆九渊心学与程朱理学的不同之处在于：从主要观点来看，陆王心学主张"心即理"，陆九渊在《杂说》中提到"宇宙内事，是己分内事；己分内事，是宇宙内事"，认为世界的本原是内在的"心"；王阳明提出了"心外无物"、"心外无理"、"心外无事"的论点，否认心外有理。程朱理学认为"理"或者"天理"无所不在，是世界的本原，朱熹在《答黄道夫》中说："理也者，形而上之道也，生物之本也。"同时，还把理作为社会生活的最高准则，与人欲对立起来。从认识论看，心学认为天理在自己心中，只要通过内心的修养，彰显良知，就可得事物之理，如王阳明所说"所谓致知格物者，致吾心之良知于事事物物也。吾心之良知，即所谓天理也，致吾心良知之天理于事事物物，则事事物物皆得其理矣"（《传习录·答顾东桥书》）。程朱理学则认为，人心中虽然含有理，但是不能直接自己认识，只有深刻探究万物，才能真正得到"理"。从方法论上看，陆王心学偏重内在的工夫，认为良知本来就存在于人的心中，要先发现本心，加强自我道德修养，去除私欲，方显天理；而程朱理学认为要通过"格物"的工夫，潜心研究事物，才能穷究物理。朱熹曾说道："所谓致知在格物者，言欲致吾之知，在即物而穷其理也"（《补大学格物传》），而格物的一个意义就是读书，特别是读儒家的经典，偏重的是外在工夫。陆王心学认为程朱理学求理的过程太烦琐支离，不如求诸内心简易直截。

就"同"而言，陆王心学与程朱理学有着千丝万缕的联系，它们以"理"为世界本原；都是儒学的表现形态；都继承了孔孟的"仁本礼用"思想模式，以"三纲五常"为核心价值；都吸纳了佛教、道家的思想，以建立"内圣外王"的新儒学体系；都以儒家伦理纲常来约束人性，强调"存天理，灭人欲"的道德修养论，以实现封建专制统治的长治久安。

陆王心学和程朱理学从不同角度发展了儒学的道德人文主义理论，对中华民族道德品性的塑造起了积极的作用，同时也推动了中国思辨哲学的发展。它们都是人类思想的宝贵结晶，对社会演变、思维进步起了重要作用。当然，由于历史的局限，其理论体系内都存在不合时宜的封建糟粕，我们要取其精华、弃其糟粕，以建立适合现代中国人需要的中华民族核心价值观体系。

23. 王阳明与阳明学

王阳明（1472—1529），名守仁，字伯安，生于浙江余姚，后迁到浙江绍兴。因为绍兴附近有个会稽山阳明洞天，阳明曾在此聚徒讲学，故自称阳明子、阳明山人，学者称阳明先生。王阳明死于江西南安青龙舖（今属大余县），葬在绍兴的洪溪乡（今兰亭乡）。他是中国明代最著名的哲学家、思想家、军事家和政治家，也是中国思想史上可以与朱熹相媲美的一位儒家教育家。他一生文治武功俱称于世，被誉为"真三不朽"者。在事功方面，他先后平定了闽、粤、湘、赣四省交界地区的匪乱，明宗室宁王朱宸濠的叛乱以及广西少数民族土司的武装反抗，并奏请朝廷在动乱地区设立了广东和平县、福建平和县、江西崇义县，促进了未开发地区经济文教的发展。他对儒学理论之贡献尤其显著，创立了阳明心学，堪称"内圣外王"之典范，明代儒学之祭酒。

所谓阳明学就是形成于明代中叶，由王阳明所奠定，由其弟子后学传承发展，兴盛于明代后期，转型于明清之际，开新于近现代的良知之学，或称为阳明心学、阳明良知学。这个良知之学，以良知为德性本体，以致良知为修养方法，以知行合一为实践工夫，以经世致用为为学目的，是富有人文精神的道德理想主义哲学。

王阳明身后，其弟子后学围绕"致良知"和"良知四句教"的解说产生分化，有所谓良知现成派、良知修证派以及归寂派、工夫派之分，或按地域传承分为浙中王门、江右王门、泰州王门、南中王门、楚中王门、粤闽王门、北方王门、黔中王门等几大学派。

24. 刘宗周与"慎独"之学

刘宗周（1578—1645），字起东，号念台，上承王阳明，下启黄宗羲，开清代浙东学派之先河，"慎独"与"诚意"为其学说体系的两个核心范畴。他中年以"慎独"为宗旨，到了晚年则以"诚意"为主线，但实际上是前后一贯、一脉相承的，"意"即独体，"诚"者慎择慎行也。

刘宗周生活的时代内乱外患，人心惶惶，社会风气腐败不堪。此时他力倡慎独之学，意在希望人人树立道德自觉。黄宗羲在《明儒学案·蕺山学案》中曾说："先生之学，以慎独为宗，儒者人人言慎独，惟先生始得其真。"刘宗周自己认为"独"是宇宙万物之源，"大本达道从此出"，慎独就是要"明人心本然之善"。他解释说："理者气质之本然，乃所以为性也；性则是人心，而道者人之所当然，乃所以为心也。人心道心，只是一心。气质义理，只是一性。识得心一性一，则工夫亦一……其究也工夫与本体亦一。此慎独之说也。"（《蕺山学案·诸说》）并在著作中反复强调

"慎独"的重要："慎独是学问第一义。言慎独而身、心、意、知、家、国、天下一齐俱到。故在《大学》为格物下手处，在《中庸》为上达天德。"他把"慎独"提到了很高的地位，认为"慎独之外，别无学也"（《大学古记约义》）。

刘宗周的慎独之学是一种融摄了心性学诸义的道德修养论，希望通过内省工夫，以解救"世道之祸"。因而，主张本体与工夫的统一，并把工夫放在了第一位。慎独工夫要求的是凡事无过不及，也就是中庸之道。"独之外，别无本体，慎独之外，别无工夫。此所以为中庸之道也。"（《蕺山学案·来学问答》）强调的是主体在道德实践中的自主性和能动性，但反对主观臆断。慎独之说的另一个重要内容是天理人欲之辩。虽然他肯定了人欲的合理性，但并没有摆脱"存天理，灭人欲"命题的思想束缚。

刘宗周的重要著作是《人谱》和《人谱类记》，其中有《纪过格》、《改过说》、《体独篇》、《作圣篇》等篇章，都是阐发慎独之旨、强调道德修养以成就君子人格的说教性著作。其所谓"体独"，即"诚意"。刘宗周言慎独必归于诚意，言诚意必归于慎独，可见慎独和诚意是二而一的概念。

25. 明清之际三大家

·

明清之际三大家是黄宗羲、顾炎武和王夫之，他们都是先参加反清斗争，失败后就隐居起来做学问的仁人志士。明清之际，朱明王朝被农民起义推翻，八旗军以武力统一全中国，社会发生大变动，社会矛盾也日益激烈。这给以天下为己任的儒家知识分子的心灵造成了强烈的震撼，促使他们在思想理论上去做认真的反省和思考。他们在反思、总结、批判宋明理学以及反省整个封建社会制度弊端的过程中，形成了以"经世致用"为根本宗旨的实学思潮。在这一时代性实学思潮中，表现最为突出、思想最为犀利、影响最大的是黄宗羲、顾炎武和王夫之，被称为明清之际三大家。

黄宗羲（1610—1695），浙江余姚人，人称"梨洲先生"。他是中国明清之际的启蒙主义思想家、杰出的哲学家、史学家、文学家和自然科学理论家，也是浙东经史学派的创始人。他继承王阳明的"致良知"思想，强调"'致'字即是'行'字"、"必以'力行'为工夫"，建立了"力行"实学。其政治思想中最有价值的是"天下为主，君为客"的新民本思想命题，这种新民本思想已具有朴素的民主启蒙性质。黄宗羲以"经世应务"为治史的根本目的和为学宗旨，编写了大量史学著作，《明儒学案》和《宋元学案》是他创立的一种史书新体裁——学案体。黄宗羲不仅重视经史之学，而且重视地理、历学（天文学）、算学（数学）等自然科学，在这几个领域均有重要成果。他的科学思想在中国科学发展史上占有一席之地。他一生著作弘富，主要有《明夷待访录》、《孟子师说》、《易学象数论》、《明儒学案》、《明文海》、《行朝录》、《弘光实录》、《历学假如》、《授时历故》和《南雷诗文集》等。

顾炎武（1613—1682），江苏昆山人，人称"亭林先生"。明清之际思想家，被清人推为"开国儒宗"，朴学的开山祖。他和黄宗羲一样，提出了具有民主启蒙色彩的"众治"思想，反对君主一人"独治"，主张"众治"。他的名言"天下兴亡，匹夫有责"，表明天下是天下人的天下，天下人有权利也有责任去管理天下，成为激励中华民族奋进的精神力量。他为学提倡"经世致用"，反对清谈，注重实学，主张学问要对反映实际情况、解决实际问题有用。他提出了"经学即理学"的观点，重新树立了"六经"的权威，认为为学的目的，一是"明道"，二是"救世"。顾炎武晚年治经侧重考证，主张实事求是，从不轻易听信古人，开清代朴学风气，给予清代学者以极大影响。主要著作有《日知录》、《天下郡国利病书》、《肇域志》和《亭林诗文集》等。

王夫之（1619—1692），湖南衡阳人，人称"船山先生"，明末清初杰出的思想家、哲学家，对天文、历法、数学、地理学等均有研究，尤精于经学、史学、文学。王夫之最突出的成就在于其朴素的自然哲学思想，是清初实学的哲学代表。他继承荀子"天人相分"、王充"元气自然"论的哲学传统，力图冲破宋明理学家所说的"天人合一"、"知行合一"的道德本体的思维模式的束缚，初步建立起强调"理依于气"、"道在气中"的气本体论的自然哲学，并建立了以实践之"行"为基础的"即事穷理"、"知行并进"认识论和"由事见理"、"即民以见天理"、"天理寓于人欲"的社会历史观，他的认识论具有科学知识论的倾向，社会历史观具有启蒙主义和人文主义的色彩。和黄宗羲、顾炎武一样，王夫之同样具有反专制主义的民主启蒙思想倾向，认为应该"循天下之公"、"不以一人疑天下，不以天下私一人"。主要著作有《周易外传》、《尚书引义》、《读四书大全说》、《张子正蒙注》、《思问录》等。

26. 黄宗羲

黄宗羲开启了清代实学之风，开辟了以"经世致用"为目的的清代实学新方向。在哲学上，黄宗羲沿着他的老师刘宗周批判理学、修正心学的路子，在晚年提出了"盈天地皆心"和"心无本体，工夫所至即其本体"的哲学命题，这标志着黄宗羲哲学思想对王阳明、刘宗周哲学思想的超越。更进一步，黄宗羲对王阳明"致良知"学说作了重要的修正，认为"致字即是行字"，"必以力行为工夫"，从而把"致良知"的命题转化成了"行良知"的命题，建立了与实学思潮相呼应的以"力行"为根本宗旨的实践哲学。黄宗羲作为启蒙主义思想家，提出了"为天下之大害者君而已矣"和"天下为主，君为客"的新民本思想命题，超越了孟子以来"以君为主"的"尊君重民"式民本思想的旧范式，创立了"以民为主"的"民主君客"式的新民本理论。这种新民本思想已具有朴素的民主启蒙性质，成为中国近代民主思想的"开端"。黄宗羲作为史学家，特别重视对"近现代史"的研究与整理。他那个时代的"近现代史"，主要是指宋、元、明三朝特别是明朝（包括晚明）的历史。在"力行"哲学的基础上，黄宗羲非常明确地把"经世应务"作为治史的根本指导思想。他所说的"经世应务"，就是要吸取历史经验，为实践斗争服务。他编书的目的，用他自己的话说，就是要总结"治乱之故"，要"存一代之书"，要发掘"三百年人士之精神"。

黄宗羲在明清之际社会大变动时期倡导的"力行"哲学，具有重要的时代意义。从理论风气来说，反映了摆脱"束书不观、游谈无根；回避现实，逃之愈巧"的空疏学风的时代需要。从现实政治而言，反映了社会巨变时期关切民瘼、以"万民忧乐"为天下头等大事的民生需要。在这种形式下，批判虚风、虚学，提倡实用、实学成为当时所急，特别是何谓"行"、如何"行"的问题，更成为有志于社会改革、以人民利益为根本出发点的思想家、哲学家所关注的突出理论问题。所以，黄宗羲强调"必以力行为工夫"、"工夫所至即其本体"，表现了一种"经世致用"的实践精神，而这正是从"力行"哲学思想发而为"民本"政治实践的人文主义精神。他不仅对从传统民本思想转型到民主启蒙思想作出了关键性的理论贡献，而且对中国儒学超越宋明理学而走向近代实学进行了有益的哲学探索。黄宗羲以"经世应务"为目的的"力行"哲学，尤其给予清代浙东学者以很大的影响，培育并形成了与乾嘉考据学派学风迥异的清代浙东经史学派的独特学风。

27. 乾嘉学派

乾嘉学派又称乾嘉考据学派，是清代乾隆、嘉庆时期思想学术领域里以考据为主要治学方式的学术流派。这个时期，由于"文字狱"等高压政策钳制思想文化，知识分子的主要精力被迫放在了远离政治的考据训诂一类纯学术研究上。于是考据学（又称"朴学"）一时大兴，出现了许多著名学者，如惠栋、钱大昕、孙星衍、王鸣盛、段玉裁、王念孙父子等，而儒家人文主义的传统和清初"经世致用"的精神在他们身上几乎窒息了。虽然在思想发展史上建树不大，但在学术研究方面，乾嘉学者却有高深的造诣和重要的贡献。

乾嘉学派的奠基人，大致可以追溯到清初学者黄宗羲、顾炎武、方以智、闫若璩等人，他们对儒家经典的研究开了清代考据学的先河。乾嘉时期，逐渐形成了以惠栋为首的吴派、以戴震为首的皖派和以全祖望、章学诚、邵晋涵为代表的浙派（即"浙东经史学派"）。吴派的学风特点是"唯汉是信"，即推崇汉代经说，遵循汉代经学重视名物训诂、典章制度的传统。吴派学者主要有惠栋、沈彤、江藩、王鸣盛等。皖派则重视三礼（即《周礼》、《仪礼》、《礼记》）中名物制度的考证。此派的特点是从音韵学、文字学入手，以判断和了解古书的内容和涵义。皖派学术领袖戴震既重视经典的训诂与疏证，也重视思想的发掘。所著《孟子字义疏证》对"天理人欲之辨"作了批判性总结。他反对将天理与人欲对立起来，认为天理与人欲是互相涵摄的，道德仁义不离人欲，从而深刻体现了儒家人文主义精神。戴震的学生中，以段玉裁和王念孙、王引之父子最为有名。浙派学者虽然亦重考据，但更重视"明经通史，经世致用"。如全祖望，深得黄宗羲"经术所以经世"、"史籍足以应务"的思想真传，撰著了著名的《经史问答》。他以碑传代史，通过表彰明季忠臣义士和隐逸之民，表达了强烈的忧患意识和抗争精神。章学诚与全祖望一样都是清代浙东学派的重要人物，他提出了"六经皆史"的著名命题，反对空言德性、性命，认为研究历史必须"切合当时人事"。邵晋涵不仅主持撰写了《四库全书》"史部"类多数著作的"提要"，而且撰著了考求文字音义、辨证名物源流的经学巨著《尔雅正义》20卷，从而成为乾嘉时期浙东经史学派的主要代表之一。

清初实学，以经世致用为特色。乾嘉考据学，则以专精学术为特色。乾嘉学派诸学者，无论在经史、音韵、文字、训诂，还是金石、地理、天文、历法、数学等方面，都取得了重大成就。其平实、严谨的学风以及卓著的业绩，是值得肯定的。但其远离政治、屈服于专制淫威的学风则不值得提倡。自嘉庆朝以后，清政权面临内忧外患，对于思想学术的高压统治有所放缓，学者于是放弃了只考经典不问世事的治学态度，乾嘉学派逐渐淡出历史舞台，一度沉寂的经世实学在道光以后又逐渐活跃起来，从而出现了晚清今文经学的复兴与改革维新之风的盛行。

28. 龚自珍和魏源

从道光初年到光绪末年的 80 余年间，中国社会和中华民族在内忧外患交逼的形势下，出现了一股重新强调"经世致用"精神、呼吁社会改革的新思潮，代表人物是龚自珍（1792—1841，字璱人，号定庵。汉族，浙江杭州仁和人）和魏源（1794—1857，名远达，字默深，又字墨生、汉士，号良图，湖南邵阳隆回金潭人）。龚自珍发扬今文经学"托古改制"的传统学风，深刻地揭露了封建末世的社会弊病。他大声疾呼"更法"、"变古"，进行社会改革。魏源的改革理论比龚自珍具有新意，他第一次提出了"师夷之长技以制夷"的口号，主张学习西方制造战舰、火器及养兵练兵的先进方法，"尽得西洋之长技为中国之长技"以达到"制夷"即抵抗西方侵略的目的。（见《海国图志序》）。

29. 洋务派与中体西用

继之而起的是洋务派儒家，其代表人物有曾国藩、张之洞、郑观应等人。曾国藩大倡"礼学"，认为儒家提倡的"礼"是"修己治人，经纬万汇"（《圣哲画像记》）的要归。张之洞、郑观应都主张以"中学"即儒学为体，"西学"即西洋科技、工艺为用。洋务派儒家的"经世致用"之学已较前代有所不同。他们不仅都以"经济学问"作为经世济民的内容，而且都明确主张师法西洋、引进西学以使中国自强。然而他们对"西法"、"西学"的认识虽然比林则徐、魏源有很大进步，但还是肤浅的，并没有从人文价值观和社会制度上去了解西学。

"中学为体，西学为用"简称为"中体西用"，是近代洋务派儒家的基本理论主张。从 19 世纪中叶到 20 世纪末的 100 多年间，中国一直存在一个中西体用之争，这场争论，表面上是争中学与西学的地位与作用，但实质上是辩论中国现代化该走什么道路的问题。这里所谓"中学"或"旧学"，指的是以儒家文化为主导的中华传统文化，即伦常名教、四书五经、中国史事、政书、地图之类；所谓"西学"，指的是西方的价值观、政制、科技、历史，即"西政、西艺、西史"之类。所谓"体"是指根本之道，"用"是指实际的应用。

1840 年中英鸦片战争以后，帝国主义列强用武力打开了中国的大门，大清帝国日益衰落、濒临崩溃。在内忧外患交替、社会民族危机日益加剧的时代冲击下，深具忧患意识的儒家知识分子掀起了检讨社会弊病、呼吁社会改革的实学新潮。其时，龚自珍大声疾呼"更法"、"变古"，提出了改革"一祖之法"的要求；魏源则提出了"师夷之长技以制夷"的口号。继之而起的是以郑观应、张之洞为代表的洋务派官僚，他们提出了"中学为体，西学为用"或"旧学为体，新学为用"的思想主张。他们认为，"中学"是"治身心"的"内学"，"西学"是"应世事"的"外学"，应当内外兼用以匡救时弊。洋务派儒家提出"中体西用"的口号，反映了中国传统的儒学在西学强烈冲击下企图通过吸收西方新知新学以弥补传统理论之缺陷，进而挽救社会危机的主观努力。这标志着历经两千多年的儒学，开始尝试突破旧学的思想模式而寻找改革开新之路。但他们所谓的"西学"，其实还不是真正的西方之"学"，而主要是西洋之"技"，他们在基本思想模式上仍然没有跳出传统儒学的藩篱，因此也就没有实现从古典儒学向现代儒学的根本转型。洋务运动最终还是以失败告终。于是，一些有世界眼光和开放心态的改革派开始鼓吹变革，主张不仅要学西方先进的科技与工艺，而且要学西方的政体政制，实行根本性的变法维新。当时改革派的激进代表是严复。他在中日甲午战争（1895 年）前后在报纸上发表《原强》、《辟韩》、《论世变之亟》、《救亡决论》等文章，一方面批评洋务派的"中体西用"论是"牛体马用"，一方面提出了全盘西化式的"自由为体，民主为用"，实际上鼓吹"全盘西化"的道路。严复还翻译了多种介绍西学的名著，如《天演论》、《原富》、《群学肄言》等等，对后来的维新派如康有为、谭嗣同等影响极大。康有为、谭嗣同的变法维新思想既主张变政，也主张变道，他们力图建立一个熔古今中外思想于一炉的新体新用新儒学（如谭嗣同的"仁学"说），但其努力并未成功。

30. 康有为

康有为（1858—1927），字广厦，号长素，广东南海人，出身于仕宦家庭，自幼读书，志向远大。他信奉孔子的儒家学说，受到"经世致用"思想的影响，致力于将儒家学说改造为可以适应现代社会的国教。主要著作有《春秋董氏学》、《新学伪经考》、《孔子改制考》、《日本变政考》、《大同书》等。

康有为明确地把"公羊三世"说、《礼记·礼运》的"小康"、"大同"理想与近代进化论思想融合在一起，系统地提出"三世"进化论。他说："'三世'为孔子之非常大义，托之《春秋》以明之，所传闻世为据乱，所闻世托升平，所见世托太平。乱世者，文教未明也；升平者，渐有文教，小康也；太平者，大同之世，远近大小如一，文教全备也。"（《孔子改制考》）它的基本思想是：人类社会是变易和进化的；社会历史进化是沿着据乱世—升平世—太平世的轨道演进的，即由君主专制到君主立宪，再到民主共和，最后达到"太平大同"这一最高理想。康有为在儒家"变易"观念和"托古改制"思想的指导下，将社会进化论融入今文经学的"公羊三世"说中，从而提出了"全变"的社会改革思想。他主张全面改革，不仅要变政，而且要变法、变道，在当时影响很大。但他过分强调和平渐进，消弭革命突变，有保皇的色彩。

康有为的大同思想主要糅合了今文经学的"公羊三世"说，《礼记·礼运》的大同理想，西方的空想社会主义学说、社会进化论和天赋人权思想。他将三者有机地结合在一起，体现出贯通古今、融汇中西的特点。他所描述的大同社会建立在物质与精神文明高度发达的基础之上，是一个没有剥削、压迫、阶级和私有财产的社会，在这个社会中，"无贵贱之分，无贫富之等，无人神之殊，无男女之异"。国家是天下之公器，人人相亲相爱，"无所用其私"，人人都能够去私为公、舍己为人。大同社会里，没有身界、家界和国界，"人人皆公，人人皆平"，一切不平等都消除了。他认为家庭是私有制的根源，实现大同的根本途径是博爱主义，要把仁心发扬光大，废除婚姻制度，消灭家庭关系，生产资料为全社会共有，这样就可以实现大同。在大同社会里，政治上是民主共和，经济上是生产资料公有制，生活上去苦求乐，真是一片人间乐土。但这种"大同"理想带有太多的空想成分，而且没有找到通往大同理想社会的途径与手段，因而是一个名副其实的"乌托邦"，是可望而不可即的虚无缥缈的憧憬。

31. 谭嗣同

谭嗣同（1865—1898），字复生，号壮飞，湖南浏阳人，"戊戌六君子"之一。他主张学习西方资本主义国家的政治制度，提出废除科举制、兴办学校、开矿藏、修铁路等变法维新的主张，《仁学》系其代表作。

1898 年的戊戌维新运动，是中国历史的转折点，也是中国儒学史的转折点。这场维新运动虽以失败告终，但影响深远。它使中国从此真正走上了近代化的道路。而由以康有为、谭嗣同为代表的维新派儒家创立的新儒学，尽管有些不伦不类，却已具备了新儒学——维新仁学的雏形，并为百年以后的新儒学提示了发展方向。康有为、谭嗣同等尝试改造儒学的旧体旧用，使之转化为新体新用，以建立"不中不西"之新学。他们在理论上既尝试突破古典儒学"仁本礼用"的思想模式而又推崇并弘扬古典儒学的仁爱精神，既尝试融合西方自由、平等、博爱、科学的精神于其新学体系而又"食洋不化"，他们所做的仍然是儒学的改良与维新，我们可以称之为"维新仁学"。

谭嗣同是维新仁学的主要倡导者之一。他的《仁学》一书，以新学新知解释历史，评论旧学，力图以"仁"、"学"二字去综合、含括由孔教、耶教、佛教所代表的东西方文化，企图建立一个熔古今中西之学于一炉的新"仁学"思想体系。诚如梁启超所说："《仁学》何为而作也？将以会通世界圣哲之心法，以救全世界之大众生也。南海之教学者曰：'以求仁为宗旨，以大同为条理，以救中国为下手，以杀身破家为究竟。'《仁学》者，即发挥此语之书也。而烈士（谭嗣同）者，即实行此语之人也。"（《仁学叙》）这指出了谭氏仁学以会通世界各家各派学说的根本大法为己任，虽有"仁学"之名，但其宗旨内容已与传统仁学差之千里了。对此，谭嗣同自己也很清楚，他在《仁学界说》中写道："仁以通为第一义；以太也，电也，心力也，皆指出所以通之具。""仁为天地万物之源，故唯心，故唯识。""凡为仁学者，于佛书当通《华严》及心宗、相宗之书；于西书当通《新约》及算学、格致、社会学之书；于中国书当通《易》《春秋公羊传》《论语》《礼记》《孟子》《庄子》《墨子》《史记》，及陶渊明、周茂叔、张横渠、陆子静、王阳明、王船山、黄梨洲之书。"由此可见，谭嗣同所谓的"仁"，是世界的本源，是会通一切物质和精神的本体之"有"；所谓的"学"，指古今中外的一切知识学问，是统括了自然科学和人文社会科学各领域知识的"群学群教"。这样的"仁学"，似乎亦中亦西、不伦不类，但却是亦体亦用、即体即用的。

谭嗣同"仁学"的可贵之处，并不在于其思想体系的精密，或理论观点的无矛盾，而在于作者冲决一切网罗和批判旧制度、旧思想的改革精神和献身精神，在于作者吸纳西学、西政的开放精神，在于作者推动中国近代化的敏锐眼光与理论勇气。它建立了一套与传统儒学迥然不同而以"求仁"为宗旨、以综合吸纳古今中西之学为宏愿的"新学"。谭嗣同虽未建立一个能救中国并正确指导中国近代化、现代化的新儒学体系，但为传统儒学的根本性转型、为现代新儒学的理论创造提供了值得借鉴的思想资料。

32. 科玄论战

20 世纪 20 年代，以胡适、丁文江为一方代表和以张君劢为另一方代表所展开的"科学与人生观"的思想论战（即所谓"科玄论战"），是富有现代特色的中西体用之争，是中国式的科学主义与儒家人文主义之争。在这场争论中，所谓"科学主义者"或曰"全盘西化论者"所维护的是科学精神，所要"打倒"的是代表中国数千年传统的"孔家店"，所大声疾呼的是要求中国现代化；而所谓"玄学主义者"或曰"现代新儒家"所维护的是中国传统的"道德原则、习惯或信念"，所要肯定的是儒家的道德人文主义精神，所承认的是中国必须现代化，所反对的是以"科学定律"指导人生以及"现代化必须打倒孔家店"之类的观点。张君劢后来在回顾这场辩论时写道："就作为哲学和道德标准而言，儒家是可以现代化的。儒家思想中并没有与现代社会所谓人性尊严或权利不合的地方。"仅此一言，就足以凸显现代新儒学的"应对性"特点。但现代新儒家应对西学、新学以及中国现代化的挑战的根本良方，则在于对传统的古典儒学作出能适应现代化的改造或改良。新儒家在这方面做了大量的理论创新工作，其中最有成效的是熊十力、牟宗三和冯友兰。熊、牟二氏弟子众多，并形成了一大学派——台港新儒家学派，其理论体系也臻于精密；冯友兰则基本上是孤将独帅，虽有弟子而未成军立派，虽有理论而未臻精密完备，但他们在改造儒学的"道体"、阐释其理论系统、建设新儒学的形上学方面都作出了重要贡献。

33. "打倒孔家店"

"打倒孔家店"是五四新文化运动中提出的口号。五四运动倡导民主和科学，本来无可厚非，但有些人提出"打倒孔家店"的口号，将所有传统文化特别是儒家学说都等同封建主义毒瘤予以全盘否定，把中国的落后及封建社会的种种弊病都归罪于儒家思想，形成了一股全盘反传统的异流，这就走上了一个思想的极端。实际上，无论是西方物质文明、精神文明还是通过俄国传入的马列革命学说，即使是先进的东西，对于中国来说也毕竟是"外来文化"，要在中国立足生根，就必须经历一个长期的中国化过程。况且，这些"外来文化"并非完美，也并非都是先进的，其中还有不少不适应中国的或完全是荒谬的、需要剔除的成分。同时，中国的传统文明，包括儒家思想在内，尽管有许多不合时宜的、需要抛弃的东西，但毕竟不全是"封建主义糟粕"，其中还有不少有永久生命力的、具有普世性价值的、值得继承的成分和因素，如儒家价值体系中的仁爱、民本、和谐、诚信、中庸、礼义这些核心价值观念，经过数千年文化变迁和社会实践证明是有利于人类生存发展及社会进步的精神财富，它们在当代中国"改革开放"、"和平崛起"的社会主义现代化进程中正日益显示出积极的教化作用。近 10 多年来，一个儒学复兴运动正在中国、在东亚兴起，这已经是不争的事实了，并且儒家思想也获得了世界的尊重和认可，如 1993 年9 月在美国芝加哥召开的世界宗教大会上发表的《走向全球伦理宣言》，认为儒家的"己所不欲，勿施于人"是数千年来人类许多宗教和伦理体系都具有并一直维系着的一条基本原则。这些都表明儒学核心价值观念的普世性，并非如新文化运动的健将所说的一无是处。

34. 现代新儒家

现代新儒家是由一批抱持传统文化本位主义立场而又具有现代经世意识的知识分子所建立的，力图通过吸纳西方文明而重建儒家道德形上学以抗拒全盘反传统思潮的攻击，并寻求中国现代化的理想道路的思想流派。这个思想流派实际上是在儒学受到全面批判处于"花果飘零"境况下在中国曲折成长起来的。其主要的思想代表是熊十力（1883—1968）、牟宗三（1909—1995）、冯友兰（1895—1990）、马一浮（1883—1967）。其他如梁漱溟、贺麟、张君劢、唐君毅、徐复观、钱穆等也都可归入"现代新儒家"阵营。

从思想发展的背景看，现代新儒学主要是对五四新文化运动以后兴起的全盘反传统思潮（实质上是全盘西化思潮）以及社会主义—共产主义思潮的"文化回应"。这一思潮大体肇始于 20 世纪 20 年代的"科玄论战"，奠基于熊十力、张君劢，系统化于牟宗三的"新心学"和冯友兰的"新理学"，而普及化于 20 世纪八九十年代的国际新儒学思潮。

整个 20 世纪，对于中国来说，可谓是大转折的世纪。在动荡频繁、变革接踵的历史背景下，形形色色的思潮走马灯式地登上中国的思想政治舞台，在相互碰撞、交锋、批判、渗透、会通乃至融合的过程中，逐渐形成了三大思想潮流，即以西方自由民主人权为本位的西化思潮、以马克思列宁主义为指南的社会主义—共产主义思潮和以中国传统文化为本位的现代新儒学思潮。在这个思潮跌宕的世纪里，中国思想文化领域始终存在着一个围绕"古今中西之学"而展开的"体用"之争，在这个思想争论中，出现了"中体西用"、"西体中用"、"中西互为体用"、"新体新用"、"体用不二"、"离体讲用"、"全盘西化"、"创造转化"、"综合创新"等种种为中国现代化献计献策的思想学说，现代新儒学思潮便是在现代中国的社会变革和思潮起伏中孕育和发展起来的。

35. 熊十力

熊十力对现代新儒学的最大贡献，就在于依照宋明理学心性论，特别是陆王心学的致思方法建立了一个以"良知"或"德性"为本体的道德形上学体系。牟宗三及其弟子则进一步发挥了熊十力的"德性"本体论和"体用不二"论，并通过"化西入儒"，特别是吸收康德"实践理性"的方式重建了"新心学"式的"道德形上学"。然而，面对现代社会对民主、科学的历史性要求以及中国落后于西方的基本事实，现代新儒家不能不承认以儒学为主体的中国传统文化"缺乏西方近代民主制度与西方之科学"。于是牟宗三开出了"本中国内圣之学解决外王问题"的精神药方，主张"须在道德理性之客观实践一面转出并肯定民主政治，且须知道德理性之能通出去，必于精神主体中转出'知性主体'以成立并肯定科学"。这便是所谓"本内圣开出新外王"说，用牟氏的话语，叫作由"道德主体"转出"知性主体"的"曲通"，或曰"良知的自我坎陷"。牟氏甚至把"开出新外王"作为儒学"第三期发展"的重点"使命"。

36. 冯友兰

冯友兰是现代新儒家的"新理学"代表。他在七卷本《中国哲学史新编》第七册分立专章，称熊十力的哲学体系为"中国哲学近代化时代中的心学"（或曰"新心学"），而自称自己的哲学体系为"中国哲学近代化时代中的理学"或曰"新理学"。冯友兰对现代新儒学理论的贡献在于他创造性地提出了"精神境界"说。他把人的精神境界分为自然境界、功利境界、道德境界、天地境界四个层次，而以"天地境界"为最高境。所谓"天地境界"，就是"自同于大全"的"仁"的境界。其次，冯友兰尖锐地批判了违背人性、违反辩证法的"仇必仇到底"的"斗争哲学"，而创造性地阐释了宋明理学家张载的"仇必和而解"的哲学命题，并断言中国哲学必定是"向着'仇必和而解'这个方向发展的"。

37. 马一浮

马一浮学贯古今，兼通中西，其思想特色是兼通西学而拒斥之，精研佛老而融摄之，归本六艺而发明之。其根本宗旨一言以蔽之曰"六艺该摄一切学术"。其具体内涵，一曰"六艺统诸子"，二曰"六艺统四部"（指经、史、子、集），三曰"六艺统西学"。他声称"六艺不惟统摄中土一切学术，亦可统摄现在西来一切学术"。按照这一逻辑，古今中外一切学术，皆可由"六艺"统而摄之，而这个统摄一切学术的"六艺"，就是儒家的《诗》、《书》、《礼》、《乐》、《易》、《春秋》这"六经"。所以可以说，马一浮的新儒学思想是以儒家经典为主导的新经学。

38.《中国文化宣言》

20世纪50年代，儒学思想在中国大陆遭到否定和批判，西方人士对中国文化的批评甚多，误解尤深，儒家思想极度衰落。在这个背景下，几位身处港、台而深具忧患意识的儒家学者痛感有向世界人士正面肯定中华文化之珍贵价值、全面宣传儒家思想观念之必要，于是反复切磋，共同署名发表了一篇洋洋4万言的"文化宣言"，题名《为中国文化敬告世界人士宣言——我们对中国学术研究及中国文化与世界文化前途之共同认识》（简称《中国文化宣言》），署名"牟宗三、徐复观、张君劢、唐君毅合撰"，首先发表于香港《民主评论》杂志1958年元旦号。《中国文化宣言》发表至今已50余年，在中国香港、中国台湾及欧美华裔知识分子中产生了相当大的影响，在中国大陆产生影响则是20世纪80年代中国改革开放以后尤其是互联网普及以后的事。

宣言共分十二章，各章目录是：

一、前言——我们发表此宣言之理由

二、世界人士研究中国学术文化之三种动机与道路及其缺点

三、中国历史文化之精神生命之肯定

四、中国哲学思想在中国文化中之地位及其与西方文化之不同

五、中国文化之伦理道德与宗教精神

六、中国心性之学的意义

七、中国历史文化所以长久之理由

八、中国文化之发展与科学

九、中国文化之发展与民主建国

十、我们对中国现代政治史之认识

十一、我们对于西方文化之期望，及西方所应学习于东方之智慧者

十二、我们对于世界学术思想之期望

这个宣言的发表，标志着台湾、香港现代新儒家学派正式走上了中国的思想舞台，也反映了台、港新儒家对西方宗教文化、政治文化和马列主义文化对于中国传统文化所构成的严峻挑战的思想回应，反映了新儒家学者力图吸纳西方民主科学以重建儒家道德形上学的思考方向。宣言从文化观切入并阐发心性本体论和政治哲学，高扬了中国文化的根本智慧和道德价值，如此等等，在今天仍有相当大的影响。但宣言也存在内在的思想矛盾和被动应对型的文化心态，它提出了东方文化与西方文化互相学习，以求达到"希腊文化之理性精神、近代西方文化之民主政治精神、希伯来之宗教精神"与东方文化之"天人合德之宗教道德智慧……天下一家之情怀"的"真正的会通"的愿景，却没能从理论上阐明东西方文化的体用差异如何消解或"会通"的问题。因此，这个宣言主要还是理想的宣示，而缺乏实践的号召力。

（二）观念术语

1. 道　德

儒家的"道"有丰富的内容。《论语》中所记孔子对"道"的论述，是以"道"为根本之德，为人生信奉的根本原则、政治理想和治国安民的战略，如说"朝闻道，夕死可矣"、"吾道一以贯之"、"以道事君"、"天下有道则见，无道则隐"等。后世儒家所说之"道"，尽管在不同场合有不同的含义，但其主要含义也是指信仰的原则、政治的理想与战略。例如，孟子讲"得道者多助，失道者寡助"、"行天下之大道"；荀子讲"先王之道"、"修其道，行其义"；董仲舒称"道之大原出于天"、"明其道不计其功"；以及韩愈《原道》篇所原之道，宋儒程颢所明之道，朱熹所论"修己治人"之道等等，都是指人生根本原则、政治理想、道德境界意义上的根本之道。

儒家之"德"，在通常情况下指对"道"的体悟、实践，是"道"的具体表现形式。例如，孔子所谓"君子之道"的具体表现形式，是"其行己也恭，其事上也敬，其养民也惠，其使民也义"四种德行。在《论语》里面，孔子在不同场合论及大道至德的多种表现形式，例如仁、义、礼、知、圣，中、和、忠、恕、敬，恭、宽、信、敏、惠，温、良、恭、俭、让，等等，都可以视为孔子之道的德目。

就道德关系而言，在儒家思想逻辑中，"道"是根本之"德"，"德"是所得之"道"，也就是道是德的根本原则，德是道的体现。儒家系统中的道、德关系实质上是体用关系：道是根本之体，德是道体之用，不能混同。"道德"合为一词是后起的与政治、伦理相对而言的观念。

2. 致良知

王阳明的"良知"学有三大组成部分：一是"良知即天理"的本体论，二是"致良知"的致知方法论，三是"知行合一"的道德实践论。王阳明的"良知即天理"的本体论，主要有两层含义：第一，"良知"既是主观的，又是客观的，是统一主观和客观的认识主体；第二，"良知"既是"知是知非"的"知识心"，又是"知善知恶"的"道德心"，但主要是指道德本体。在王阳明看来，"良知"在根本上就是一个"仁心"，"仁心"就是"良知"，"良知"就是"天理"，只要把握住"良知"这个道德本体，就能知天地、通人事、明变化、做圣贤了。王阳明从"良知"本体论出发，建立了以"致良知"为主旨的致知方法论，也就是认识论。这里"致良知"的"致"是"向前推致"的意思，同时也含有"复"的意思。王阳明所要推致和复归的"良知"，从本质上看，是一种道德知性，不是一般所说的客观知识。其实，王阳明的"致良知"同《孟子》、《中庸》的"尽心知性则知天"，以及陆九渊的"发明本心"说是一脉相承的。"致良知"不仅需要"知"，而且还需要"行"，这就是"致知"中的知行关系问题，王阳明认为"知"和"行"是统一的，也就是所说的"知行合一"。王阳明的"知行合一"思想有三个要点：第一，知行只是一个功夫，不能割裂，这里所说的"功夫"是认知和实践的过程；第二，知行关系是辩证的统一，知是行的出发点，引导行的方向，真正的"知"不但能"行"，而且是已在"行"了，行是知的归宿，是实现知的，而真切笃实的"行"已有明觉精察的"知"在起作用了；第三，知行功夫中，"行"的根本目的，只是要彻底克服不善的念头，从而达到至善，实质上是一个道德修养与实践的过程。

3. 仁者人也

"仁者人也"在《四库全书》中共出现了 257 次，而我们较为熟悉的则是《中庸》中所记载的鲁哀公问政于孔子，孔子的回答中有"修身以道，修道以仁，仁者人也，亲亲为大"的话语。另外还有《孟子·告子上》："仁，人心也"；《孟子·尽心下》："仁也者，人也"；及汉代董仲舒的《春秋繁露·仁义法》中所记载的："仁之为言人也"。"仁"是儒家学说中的核心概念，是一种全面的道德行为，一个仁者应具备恭、宽、信、敏、惠五种品德。"仁者人也"表达的是一种道德自觉及人道主义的态度。

首先，"仁"是人之为人的标志，是人的本质。"仁"作为一种品格，是人才有的，其他动物是没有的。《郭店楚简》中有这样的记载："人之道也，或由中出，或由外入。由中出者，仁、忠、信"、"仁生于人"。"仁"和人是紧密地联系在一起的，"仁"是人的内在道德观念，来自人固有的道德心，在诸德中是最重要的。这个层面上，"仁"从道德的角度规定了什么是人。"仁"作为一种德行，是人的道德自觉。

其次，仁者把他人作为具有同等地位的人来看，尊重他人的人格和尊严，从人际交往的角度来展示其人道主义精神。郑玄注"仁者人也"为："人也，读如相人偶之人，以人意相存问之言。"人与人之间互相尊重，以人道待人，蕴涵着平等的意识。《论语·乡党》中记载："厩焚，子退朝，曰：伤人乎？不问马。"这种情景，充分表现了孔子的人道主义情怀。

4. 仁者爱人

"仁者爱人"和"仁者人也"是紧密相连的两个方面。《论语·颜渊》记载："樊迟问仁，子曰：爱人。"《孟子·离娄下》中也有记载："仁者爱人，有礼者敬人；爱人者人恒爱之，敬人者人恒敬之。""爱人"是"仁"的最核心含义，可从以下三个方面理解。

首先，"爱"立足于亲亲之情，向外一步步推演，进而获得普遍的意义。"孝弟也者，其为仁之本与。"（《论语·学而》）孝和悌都是双方面的，父慈子孝、兄友弟悌，双方都有爱人的义务和责任。随之，每个人将这种亲亲之情向外推开，"人不独亲其亲，不独子其子"（《礼记·礼运》），"老吾老以及人之老，幼吾幼以及人之幼"（《孟子·梁惠王上》），把有差等的"爱"由近及远推演开来，使之获得普遍的意义。

其次，"仁者爱人"具有了族群本位性及可实践性。"仁"和"爱"被赋予了人之所以为人的类本质的意义，在与他人的良好关系中证成，在族群关系中定义仁的本质，于日常生活中处处指点成仁。"爱人"，就要平等地对待人，"己所不欲，勿施于人"（《论语·颜渊》），从人道主义的角度去爱人。

最后，"仁"的精神是"爱人"，人与人之间相亲相爱，和睦相处，社会才可安定团结。对于每个个体来说，"爱人"是要承担的责任，也是仁者的体现。

5. 经世致用

"经世致用"是一种把学术研究和社会实际相联系并提出社会治理的战略与策略的治学风格，古称"经世"之学，后称"经世致用"、"经世应务"、"经世济民"之学。它反对不切实际的空虚之学，主张以实代虚，提倡实文、实学、实用、实体，鼓吹切于民用的"经济事功"，而反对虚浮不切实用的理论空谈。

自宋儒开始，较多地使用"经世"或"经世致用"概念。但经世致用之学并非始于宋，而是儒家一贯的学术传统，可以上溯到孔子。例如孔子讲"修己以安人"、"修己以安百姓"，讲"克己复礼为仁"，孟子论尽心知性，论王道仁政，辨王霸义利，汉儒论天人感应、灾异谴告，论《春秋》决狱、五经同异，论"大一统"、"三世"说，论"五行相救"等等，都是经世致用之学。

宋初大儒胡瑗教授浙江湖州，创立"湖学"，其要在于黜浮华而明体用，二程说："治经，实学也"、"穷经，将以致用也"，都是提倡经世致用的实学。但宋明儒家过分强调"存天理，灭人欲"的道德修养，而忽略了治国平天下的外王事功，尤其是明末，无论理学、心学都出现了一种空谈心性、不切实际的虚妄学风，以致国破家亡时，会出现"平时袖手谈心性，临危以死报君王"的学无所用的现象，所以在明末清初出现了一股批判空疏学风、提倡"经世致用"的实学学风。从一定意义上说，"经世致用"是"力行实学"的学术精神和治学目的。当时大儒，如顾炎武认为"凡文之不关于六经之旨、当世之务者，一切不为"，强调用"修己治人之实学"去取代"明心见性之空言"；王夫之要求"尽废古今虚妙之说而返之实"；黄宗羲批评"明人讲学，袭语录之糟粕，不以六经为根柢，束书而从事于游谈"，强调"学必原本于经术，而后不为蹈虚，必证明于史籍而后足以应务"，"经术所以经世，方不为迂儒之学"；颜元自述"宁为一端一节之实，无为全体大用之虚"，主张把董仲舒所谓"正其谊不谋其利，明其道不计其功"的格言改为"正其谊以谋其利，明其道以计其功"；章学诚也提出"史学所以经世，固非空言著述也"。可见明清之际的"经世致用"思潮与实学学风是相辅相成的。"经世致用"思潮在政治上关心社会进步，为学上注重实功实用，具有强烈的社会责任感，体现了中国传统知识分子讲求实际、求实、务实的思想特点以及"以天下为己任"的社会情怀。清末民初的梁启超特别推崇清初学者的"经世致用"学风，他说清初学者"对明朝的灭亡，认为是学者社会的大耻辱、大罪责，于是抛弃明心见性的空谈，专讲经世致用的实务。他们不是为学问而学问，是为政治而作学问"（《中国近三百年学术史》），又说："凡启蒙时代之大学者，其造诣不必极精深，但常规定研究之范围，创草研究之方法，而以新锐之精神贯主之"（《清代学术概论》）。

总之，"经世致用"的学风是儒学的优良传统，这种优良学风培养了知识分子务实求变的品格和"胸怀天下"的历史责任感，这是永远值得继承发扬的学风与学德。

6. 仁本礼用

《论语》一书有 100 多次提到"仁"，如果再加上《孟子》、《礼记》等书所引用的孔子论"仁"的话语，就更加突出了"仁"在孔子学说中的核心地位。"仁"是孔子学说的核心，但孔子却很少直接说"仁"的确切含义，始终没有给它下一个明确的定义。"仁"作为一个整体的思想模式和文化心态，有它自身特有的内容和品格，"仁者爱人"、"克己复礼为仁"为我们提供了两条理解"仁"的较好的路径。其一，"仁者爱人"。"仁者，人也，亲亲为大。"（《中庸》）人们首先爱的是父母，然后再推演开来，最终达到一个爱所有人的结果。从物质、精神各个方面去关爱所有人，这样社会才能发展，人类才能繁衍，这是人类社会中的道德义务。其二，"克己复礼为仁"。"子曰：'克己复礼为仁。一日克己复礼，天下归仁焉。为仁由己，而由人乎哉？'"（《论语·颜渊》）约束修养自己以达到符合礼的地步，最终达到"仁"的境界。其实，在孔子的思想中，"仁"是全德，包含诸德。在孔子思想中，"仁"是一个道德观念，是"发乎内而著于外"的内在的心理自觉，孔子曾说"为仁由己，而由人乎哉？""我欲仁，斯仁至矣。"孔子的"仁"，是起源于"亲亲"的人类精神源泉，也是人之为人的道德境界和人生理想。应用到社会上，便成了处理人际关系的道德准则，推而广之是政教的道德依据。它贯通了道德、人情、伦理及政治的关系，奠定了儒家道德人文主义的理论基础。

"仁"作为孔子思想的核心，其外在表现形式是"礼"。孔子认为"礼"出于人的真实情感，对"礼"从广度和深度两个方面做了开拓。在广度上孔子充实了"礼"的内容，他把"君君、臣臣、父父、子子"作为礼的核心，而又辅之以忠、信、廉、耻等道德意识，以此来构建社会规则和道德规范。孔子的"礼"涵盖面非常广泛，天子、庶民都在礼所规范之内。"君使民以礼，臣事君以忠。"每个人的行为都合于礼，就可实现理想的社会秩序。就深度上来讲，"礼"超越了伦理秩序，指的是一种内在德性。要领悟的是"礼"背后的"道德理性"，从而构筑"礼"的人格形态及文化心理，培养高雅、彬彬有礼的精神风貌。通过内化，构建真正意义上的文明礼仪之邦。

"仁"是"礼"的支撑，而"礼"是"仁"得以实现和表现的方式，"礼"的贯彻实施构成"仁"的内涵，"仁"与"礼"是里表关系。"克己复礼为仁"，使自己的一切活动都符合礼的规范，也就达到了"仁"的境界。"仁"表现为内在心理，"礼"表现为外在规范，表面看起来二者之间有很大张力，其实孔子把它们和谐统一到了一起。由此可知，"仁"是孔子学说的核心，"礼"是"仁"的外在表现，因此，我们可以用"仁本礼用"四个字概括孔子的思想模式。

7. 义利之辩

指关于道义与功利的关系问题的争辩。"义"，指思想行为符合一定的道德准则；"利"，指利益、功利。孔子认为"义"和"利"是对立的，"君子喻于义，小人喻于利"（《论语·里仁》）。孟子也认为"义"和"利"是矛盾的，"王何必曰利？亦有仁义而已矣"（《孟子·梁惠王上》）。荀子主张先"义"后"利"，"先义而后利者荣，先利而后义者辱"（《荀子·荣辱》）。墨子认为"义"和"利"是一致的，"义，利也"（《墨子·经说下》）。韩非则注重功利，主张先"利"后"义"，"正直之道可以得利，则臣尽力以事主"（《韩非子·奸劫弑臣》）。西汉董仲舒提出"正其谊（义）不谋其利，明其道不计其功"（《汉书·董仲舒传》）的观点，强调道义和功利不能并存。宋代以后，"义利之辩"尤为突出。程颐认为："圣人以义为利，义安处便为利。"（《遗书》卷十六）程颢的观点为："大凡出义则入利，出利则入义。天下之事，唯义利而已。"（《二程语录》）朱熹认为："仁义根于人心之固有，天理之公也；利心生于物我之相形，人欲之私也。循天理，则不求利而自无不利；殉人欲，则求利未得而害已随之。"（《四书章句集注》）叶适主张义利统一、并重，认为："既无功利，则道义乃无用之虚语耳。"（《习学记言》卷二十三）清颜元则改董仲舒的话为："正其谊以谋其利，明其道而计其功。"（《四书正误》）。

8. 天人合一

"天人合一"是儒家思想中的整体观念，指天道与人道、自然与人为是相通和统一的，力图探索天与人的相通之处，来求得天和人的协调、和谐与一致。"天人合一"的思想大约渊源于周人"以德配天"的"天命"观。周人所谓"皇天无亲，惟德是辅"、"不敬其德，乃早坠命"的教训，就是一种以"德"合"天"的思维方式，其间赋予"天道"以道德的意味，具有"天人合一"的朦胧形态。孔子提出"知天命"、"畏（敬）天命、畏大人、畏圣人之言"的思想，认为"天之历数在尔躬，允执其中"，就进一步发展了周人以德合天的思想。孟子更明确地提出"尽其心者，知其性也。知其性，则知天矣。存其心，养其性，所以事天也"的思想，即主张通过"尽心知性"、"存心养性"的内在道德修养达到与天道沟通。《中庸》又发挥孟子的思想，提出"唯天下至诚，为能尽其性；能尽其性，则能尽人之性；能尽人之性，则能尽物之性；能尽物之性，则可以赞天地之化育；可以赞天地之化育，则可以与天地参矣"的主张。《易传》的作者则发挥孔子的思想，提出"'大人'者与天地合其德，与日月合其明，与四时合其序，与鬼神合其吉凶，先天而弗违，后天而奉天时"的思想，从而形成了先秦原儒的"天人合一"思想。以董仲舒为代表的汉儒把先秦原儒的"天人合一"思想演变为强调天的意志性的"天人相副"、"天人感应"思想，宋明儒着重从道德形上学的建设去发挥先秦原儒的"天人合一"思想，建立了一套"心即天"、"心即理"、"性即理"的"心性之学"，把"天人合一"的思想提高到了一个完全确立内在的道德主体性的新境界。直到明清之际的王夫之、黄宗羲等还在讨论"天人合一"的思想，如王夫之说："惟其理本一原，故人心即天心，而尽心知性，则存顺没宁，死而全归于太虚之本体……圣学所以天人合一，而非异端之所可溷也"，黄宗羲则有"盈天地皆心"的著名命题。

9. 化性起伪

语出《荀子·性恶》："故圣人化性而起伪，伪起而生礼义，礼义生而制法度"，是荀子"礼义之统"功能论里的重要观念。

杨倞注："言圣人能变化本性，而兴起矫伪也。"《宋史·蔡元定传》云："元定简学者刘砺曰：'化性起伪，乌得无罪！'未几，果谪道州。"罗惇曧在《文学源流》中也写道："宋儒排荀子性恶甚力……其教人以变化气质为先，实暗用荀子化性起伪之意。"

荀子的人性论为人性恶，这里的性指人的自然属性，是可善可恶的。而人是生活在社会中的，因而，就需要把自然性往社会功能上转，发扬可善的因素限制可恶的倾向，使之达到一个和谐的"仁"的状态。"无性则伪之无所加"（《荀子·礼论》），"性"和"伪"其实是不可分的，性中有伪，伪中有性。

"性"是需要伪的，"性也者，吾所不能为也，然而可化也"（《荀子·儒效》）。通过化，每个人都可以成为君子。"伪"指的则是人为，人具备向善的能力。"欲不待可得，而求者从所可。欲不待可得，所受乎天也。求者从所可，所受乎心也。"（《荀子·正名》）礼仪规则生于圣人之伪。先天的"性"与后天的"伪"结合起来，积礼仪可以成君子。

"化性起伪"要达到圣人的境界，荀子认为有两个要点：一是"其仪一兮，心如结兮"（《荀子·劝学》）；二是"加日县久，积善而不息"（《荀子·性恶》）。

10. 民惟邦本

出自《尚书·五子之歌》，夏朝时期，禹的孙子太康即位，他荒淫无度、丧德失民，以致民怨四起。在太康到洛水南面去打猎的时候，穷国君主羿趁机篡夺了夏国的政权。太康的弟弟做《五子之歌》曰："皇祖有训，民可近不可下。民惟邦本，本固邦宁。"这概括出了中国传统文化中宝贵的民本思想。

古代采取分封制，当时称邦，其实为国。"民惟邦本"的大体意思就是百姓是国家的根本，表达的是以民为本的思想。这是儒家的一项重要内容，基本点是如何处理好君主和民众之间的关系。《夏书》的佚文就有"后非众无与守邦"的说法。春秋战国时期社会动荡，人们越来越看到君主虽处于统治人民的地位，但人民对他们的存亡有一定的决定和制约作用。《礼记·缁衣》中记载了孔子的话："民以君为心，君以民为体"、"心以体全，亦以体伤。君以民存，亦以民亡"。孟子提出了"民为贵，社稷次之，君为轻"（《孟子·尽心下》）的理念；荀子也认为"庶人安政，然后君子安位"（《荀子·王制》）。到了秦朝，封建专制统治摒弃了民为邦本的思想，秦王朝的灭亡，使人们更加认识到这一思想的重要性。随之，对这一思想的认识也更加深刻。西汉贾谊重新强调"民者，诸侯之本也"，还进一步指出"国以民为安危，君以民为威侮"（《新书·大政上》）。唐太宗李世民则从隋亡的教训中总结出"为君之道，必须先存百姓"（《贞观政要·君道》）的道理。当今社会倡导"以人为本"的科学发展观，"民惟邦本"又焕发出了新的活力。解放和发展生产力以满足人民群众日益增长的物质和精神需求，尊重人的价值，关心和保障人的权益，充分重视人在社会中的地位和作用，关注人平等自由地全面发展，这些都是当代民本思想的具体体现。

11. 民贵君轻

"民贵君轻"是孟子以仁心行"仁政"的政治思想，具有民本主义色彩，是"仁政"学说的中心，来源于《孟子·尽心下》："民为贵，社稷次之，君为轻。"在治理国家统一天下的问题上，民心是最重要的，社稷为次，君主为轻。强调"保民而王，莫之能御也"（《孟子·梁惠王上》），这一思想对中国后世的思想家有极大的影响。

孟子在论述"民贵君轻"时指出："是故得乎丘民而为天子，得乎天子为诸侯，得乎诸侯为大夫。诸侯危社稷，则变置。牺牲既成，粢盛既洁，祭祀以时，然而旱干水溢，则变置社稷。"（《孟子·尽心下》）孟子认为只有民众推崇的人才能做天子，诸侯如果危害国家的话，就可以罢免他。"贼仁者谓之贼，贼义者谓之残，残贼之人谓之一夫。闻诛一夫纣矣，未闻弑君也。"（《孟子·梁惠王下》）民贵君轻在道义上肯定了民众推翻暴君的合理性，在政治上突出了统治者实行"仁政"的重要性，对统治者起了一定的制约作用。

民贵君轻思想是春秋战国时期思想自由的产物，在当时的权力架构下，君与臣、民的关系，其实有一种互相依存的亲和性。当中国走到半殖民地半封建社会时，很多有识之士又拿起了"民贵君轻"这一思想武器，最具代表性的是孙中山提出的"三民主义"，由传统民本思想向现代民主主义转变。五四以来，推翻了三座大山，为人民当家作主扫清了道路。在新时代背景下，结合国情，吸取优秀传统，为"权为民所用，情为民所系，利为民所谋"而努力。

12. 正心诚意

语出《礼记·大学》："欲正其心者，先诚其意；欲成其意者，先致其知；致知在格物"，是儒家"八目"中"诚意"和"正心"的合称，为儒家的修养方法和伦理思想。"正心"，即心要端正；"诚意"，即勿自欺，现在也指心地端正诚恳。

唐孔颖达注："能诚实其意，则心不倾邪也。……意能精诚，故能心正也。"宋代理学家程颐认为，进修之术"莫先于正心诚意"。朱熹则注为："心者，身之所主也。诚，实也。意者，心之所发也。实其心之所发，欲其一于善而无自欺也"（《四书章句集注》），赞之为万世学者的准程。陈亮在《勉强行道大有功》中曾说："说者以为武帝好大喜功而不知强勉学问，正心诚意以从事乎形器之表，溥博渊泉，而后出之。"《明史·吴伯宗传》中也有关于"正心诚意"的记述："除国子助教，命进讲东宫，首陈正心诚意之说。"即使是到了现代，茅盾先生也在《一个真正的中国人》中提到："每逢想到这，太太便赶快正心诚意起来。"

儒家认为人心受忧患、好恶等情欲的影响会不得其正，而心要正的话，必须有所诚求。因而，"欲正其心者，先诚其意"（《礼记·大学》）。诚意的关键在于"格物致知"，"物格而后知至，知至而后意诚，意诚而后心正，心正而后身修，身修而后家齐，家齐而后国治，国治而后天下平"。作为儒家修养的方法，意诚则心正，个人道德就会完满，家庭就会和谐美满，治国、平天下的理想也就实现了。

13. 民胞物与

这是北宋思想家张载所撰《西铭》中用语的概称。原文是"故天地之塞，吾其体，天地之帅，吾其性。民吾同胞，物吾与也"。天地是人的父母，天地之体便是人的身体，天地之性就是人的本性。人类和万物都是天地的子女，应视民如兄弟，以万物为朋友。他说"尊高年，所以长其长，慈孤弱，所以幼其幼。圣合其德，贤其秀也。凡天下疲癃残疾，茕独鳏寡，皆吾兄弟之颠连无告者也"。尊敬老人，就是尊敬兄长，慈爱孤儿小孩，就是慈爱幼弟，所有天下衰疲、残病、孤独、鳏寡的人，都是我们可怜无告的兄弟。"民胞物与"思想是张载"爱必兼爱"伦理思想的具体发挥，是先秦儒家"万物一体，天人合一"思想的进一步阐发，宣传了儒家的道德人文主义思想。该思想后为程朱学派所继承和发挥，成为宋明理学伦理思想的重要组成部分。"民胞物与"中所蕴涵的博爱思想对解决当今的生态问题、社会问题都具有重要的时代意蕴。

14. 实事疾妄

"实事疾妄"是王充在《论衡》书末的《对作篇》中提出的，他说"《论衡》实事疾妄……无诽谤之辞"。"实事疾妄"是王充对《论衡》的宗旨大纲的总结，也是王充学说的根本特点。王充所处的东汉时代各种经书传文荒唐失真，混淆与蒙蔽了历史与现实的真相，各种华文虚言制造了迷信，颠倒了是非曲直，迷乱了世俗人心，当政者遭蔽遇惑，不懂治国理政之道。有感于时乱心迷的社会混乱状况，作为封建知识分子的王充著书立说，提出了"实事疾妄"的观点，以求破除虚妄，使人们了解真实，从而维护东汉王朝的长治久安。"实事疾妄"包括两个基本方面："实事"是立的方面，也就是"定真是"；"疾妄"是破的方面，是"疾虚妄"。王充的《论衡》一书，贯彻了这种"实事疾妄"的原则精神，在揭露和批判各种迷信虚妄的同时，建立起了自己进步的政治学说和唯物主义哲学的理论体系。同时，"实事疾妄"也是一种建立在唯物主义理论基础上的批判各种无知妄说的方法论，王充是我国思想史上第一个自觉地运用这个思想批判的武器总结历史经验的思想家。当然，王充的"实事疾妄"方法论远远落后于我们今天所提倡的"实事求是"的唯物辩证法，还带有不少直观的、形而上学认识论的杂质，但它却是我国古代朴素唯物主义宇宙观和朴素辩证法思想在哲学方法论上的理论概括，是当时比较科学的哲学方法论。

15. 知行合一

"知行合一"是明代王阳明的认识论学说，是王阳明在批判程朱学派"知先行后"的基础上形成的。王阳明的"致良知"学说不仅需要"知"，而且还需要"行"，这就是"致知"中的知行关系问题。王阳明认为"知"和"行"是统一的，也就是所说的"知行合一"。王阳明的"知行合一"思想有三个要点：第一，知行是一个功夫，不能割裂，这里所说的"功夫"是认知和实践的过程；第二，知行关系是辩证的统一，知是行的出发点，引导行的方向。真正的知不但能行，而且是已在行了，行是知的归宿，是实现知的，而真切笃实的行已有明觉精察的知在起作用了；第三，知行功夫中，"行"的根本目的，是要彻底克服不善的念头，从而达到至善，这与陆象山的"切己自反"、"剥落物欲"之说是一样的，实质上是一个道德修养与实践的过程。就本质而言，王阳明所说的"知"，只是"吾心之良知"，或者是"吾心良知之天理"，他所说的"行"，只是"致吾心良知之天理于事事物物"的道德实践，"知行合一"说的终极目的，只是要人们"静时念念去人欲存天理，动时念念去人欲存天理"。

16. 格物致知

简称"格致"，初见于《礼记·大学》："致知在格物，物格而后知至"，是儒家"八目"中"格物"和"致知"的合称。对于"格物致知"的解释可谓众说纷纭。明刘宗周曾说："格物之说，古今聚讼有七十二家。"可见它是儒学中很重要的一个问题，古人对它十分关注。

东汉郑玄注云："格，来也；物，犹事也。"（《大学注》）北宋程颐解为："格犹穷也，物犹理也，犹曰穷其理而已矣。"（《二程遗书》卷十八）由"格物"而"致知"有一个过程，"须是今日格一物，明日格一物，积习既多，然后脱然有贯通处"（同上书）。南宋朱熹则认为："言欲致吾之知，在即物而穷理。"（《四书章句集注》）强调"致知便在格物中，非格之外别有致处也。"（《朱子语类》卷十八）明王守仁则释"格"为"正"："格者正也，正其不正以归于正之谓也。正其不正，去恶之谓也。"（《大学问》）他认为："天下之物本无可格者，其格物之功只在身心上做。"（《传习录》）明清之际的王夫之则认为："博取之象数，远征之古今，以求尽于理，所谓格物也。虚以生其明，思以穷其隐，所谓致知也"（《尚书引义·说命中二》），把"格物"与"致知"理解为感性认识与理性认识的辩证关系。颜元的观点是"格物"为"犯手（动手）实做其事"，"手格其物而后知至"（《四书正误·大学》）。《现代汉语词典》则解释为：穷究事物的原理法则而总结为理性知识。

17. 修齐治平

是"修身"、"齐家"、"治国"、"平天下"的简称，出自《礼记·大学》："古之欲明明德于天下者，先治其国；欲治其国者，先齐其家；欲齐其家者，先修其身；欲修其身者，先正其心；欲正其心者，先诚其意；欲诚其意者，先致其知，致知在格物。物格而后知至，知至而后意诚，意诚而后心正，心正而后身修，身修而后家齐，家齐而后国治，国治而后天下平。"

"修"、"齐"、"治"、"平"四者是四个次第。"修身"是"治国平天下"之本，"自天子以至于庶人，壹是皆以修身为本，其本乱而末治者，否矣"。如果没有"修身",家、国、天下的理想就不可能实现。而修身的本又在于"格物",不格物就不明为人之理及治道之要。虽然四个层次各自的"本"不同,但是却始终贯穿着一个大的"本"——"仁德"。朱子把"格物"称为"明善之要"(《大学章句》)。以"德"为本,"修身"也是以"德"为依归,"止于至善"是由"德"来完成的,"君仁"、"臣敬"、"父慈"、"子孝"等都是"德"的具体落实。"格物"、"致知"、"诚意"、"正心",是"修身"、"齐家"、"治国"、"平天下"的基础,强调个人道德修养与治国、平天下的一致性,使儒家的道德论更加系统化、理论化。

18. 理一分殊

"理一分殊"是中国宋明理学关于一理与万物关系的重要命题。宋明理学家借鉴华严宗四法界中的理、事法界和禅宗"月印万川"的思想,提出了"理一分殊"的命题,认为宇宙间有一个最高的"理",万物各自的理只是最高的"理"的体现。张载提出万物同属一气的观点,程颐把张载的思想概括为"理一分殊"。朱熹接受程颐"理一分殊"的观点,同时采纳佛教一即一切、一切即一和月印万川的思想,认为总合天地万物的理,只是一个理,分开来到具体事物,每个事物都各自有一个理,每个事物又都是那一个"理"的体现。明代罗钦顺、王廷相改造了程颐、朱熹的"理一分殊"思想,认为气是第一性的存在。罗钦顺认为理只是气之理,世界万物都是禀气而生的,受气之初,理是唯一的,叫理一,在形成之后,就分为千差万别的事物,这叫分殊。而理一存在于分殊之中,即这唯一的理又是存在于千差万别的事物中的。王廷相进一步指出"理"不能离开"气"而存在,"气一则理一,气万则理万",强调了具体事物各自的特殊性。明清之际的王夫之指出理一如果能分殊,就不再是理一了,应从本末、大小关系上论述"理一分殊"。万物的大原唯天地,如由一向万,本大为一,即理一;末小而万,便是分殊。

19. 理势合一

"理势合一"是明清之际王夫之的历史哲学观点,是对唐代柳宗元、刘禹锡的理、势观点与朱熹的理、势、天观点的继承和发挥。"理",指事物发展的规律;"势",指历史发展的趋势。"理势合一"即是说,事物发展的定律与历史必然趋势是统一的,理存于势中,势表现了理。关于

"天"和"理"、"势"的关系，朱熹曾有"天者，理势之当然也"之说，王夫之发挥朱熹的思想，把理和势的结合称为天："势字精微，理字广大，合而名之曰天"，并认为理和势之间的关系是统一不可分的关系，具体表现在：一方面，合乎事物发展规律，自然成为历史发展的趋势，即"得理自然成势"；另一方面，形成的历史发展趋势又体现了它的发展规律，即"势之顺者即理之当然"。他认为支配历史发展的决定力量是理势的统一，"理"的作用表现为一种必然趋势，"理因乎势"，历史变迁根本上取决于"势"。但"势"又"因乎时"，即依现实条件、时代条件不同，历史就有不同的发展趋势。他又认为"势""存乎神之不测"，承认历史变迁有时候是偶然性在起作用。

20. 礼之用，和为贵

语出《论语·学而》篇，"有子曰：礼之用，和为贵。先王之道，斯为美。小大由之，有所不行。知和而和，不以礼节之，亦不可行也。"

"礼"是与等级、秩序、过程、效应相关联的，应势而生，其用以"和"为贵。"和"是儒家一个重要的核心理念，《中庸》云："喜怒哀乐之未发，谓之中，发而皆中节，谓之和。"春秋时期，诸侯混乱，社会动荡，臣弑君、子弑父的现象时有发生，"礼"的规范作用越来越弱。在这一大的时代背景下，孔子等儒家特别强调"礼"与"和"的理念。

"礼之用，和为贵"，有子的意思是说，"礼"的推行和应用主要是为了"和"，凡事做得恰到好处，如杨遇夫在《论语疏证》中所写："事之中节者皆谓之和，不独喜怒哀乐之发一事也。和今言适合，言恰当，言恰到好处。"凡事讲和谐、讲恰当，但是这里不能忽视一个问题，不能为了和谐、恰当而和谐、恰当，要以"礼"来节制之，通过"礼"来建立秩序，而秩序本身又是"和"。这里既求"和"，又要守"礼"。

奴隶社会等级森严，但到了春秋时期，这种社会关系面临严峻的挑战。有子提出"礼之用，和为贵"这一理念，有利于安定当时的社会秩序，按照"礼"来求"和"，既强调"礼"的运用以"和"为贵，又指出不能为"和"而"和"，要以"礼"节制之。

21. 存天理，灭人欲

"存天理，灭人欲"是南宋大儒朱熹提出的道德修养思想。他认为，孔子讲"克己复礼"，《中庸》讲"致中和"、"尊德性而道问学"，《大学》讲"明明德"，《尚书》讲"人心道心"，其实"圣人千言万语，只是教人明天理，灭人欲"。又说："人之一心，天理存则人欲亡，人欲胜则天理灭，未有天理人欲夹杂者，学者须要于此体认省察之。"朱熹把"天理"与"人欲"相对立，要存"天理"，必须灭除"人欲"。这里的"天理"是朱熹理学思想的最高哲学范畴，是宇宙的根本，而"人欲"后人多理解为超越封建道德伦理的个人欲望。后人评判宋明理学时，多认为"存天理，灭人欲"是禁锢人性自由发展的思想。因此，"存天理，灭人欲"这一命题多为后人所诟病。而实际上，朱熹要灭的"人欲"，是指违背"仁义礼智"道德观念（天理）的不道德的欲望和行为——"私欲"，而并非像有些人曲解的那样指人们正常的生活和生理需求。问题是，即便是"私欲"，也是灭不掉的，正确的方法是用礼法去限制私欲的膨胀。先秦儒家是不讲"灭欲"而主张"寡欲"与"节欲"的，即按照礼的规范节制私欲的膨胀，而不是时时处处讲"灭欲"。所以宋明理学家的"存天理，灭人欲"命题在一定意义上偏离了原始儒家的人文主义精神。

22.　一阴一阳之谓道

语见《周易·系辞上》，指事物都有阴阳两个方面，二者相反相成，相互推移，构成事物的本性及其运动的法则。无论自然还是人事，都表现此道。这一命题包含三层意思：

首先，一阴一阳意味着宇宙间普遍存在着矛盾对立。阴阳指的是普遍的矛盾对立现象。阴阳对立是普遍存在于宇宙间的客观规律，也就是道。

其次，一阴一阳意味着矛盾的交换和转化。事物的存在总是在一定的矛盾交替之中，离开了矛盾交替就无所谓事物可言。阴阳矛盾的交替，决定着事物的实现和存在。"日往则月来，月往则日来，日月相推而明生焉。寒往则暑来，暑往则寒来，寒暑相推而岁成焉。"（《周易·系辞下》）事物变化的根本原因是阴阳矛盾的交替和转化，道就是阴阳交替和转化的过程。

最后，一阴一阳还意味着阴阳矛盾的交感和相互作用。阴和阳互相推动，相互影响，只有这种相互交感才能对事物的变化和发展有利。"天地氤氲，万物化醇；男女构精，万物化生。"阴阳的交感才是宇宙间万物产生的根本，是普遍的规律。

宇宙万物处在一个永不止息的阴阳二气交互变化引发的生化过程中，是有规律可循的，"道"就是这种变化的规律，其变化是不露行迹的。这个命题把普遍的矛盾运动统一于"道","道"是一个矛盾着的、不断变化的过程。诚然，这一命题也有它的笼统性和模糊性，很容易滑入简单的循环论。

23. 天下为主，君为客

这是明清之际启蒙思想家黄宗羲提出的政治思想命题，语出《明夷待访录·原君》："古者以天下为主，君为客，凡君之所毕世而经营者，为天下也。"这里所谓"天下"，指的就是人民，黄宗羲主张"天下利害之权"在民不在君，为君者的义务就是为民兴利除害，以使天下人民"受其利"、"释其害"。显然，他伸张的是主权在民、君须为民服务的思想。由此可见，黄宗羲的"天下为主，君为客"命题，已经超越传统儒家"尊君重民"式的"民本"思想而达到"民主启蒙"的新高度了。

其实，这种民主启蒙的思想倾向，在当时并非为黄宗羲所独有，而是明清之际许多进步思想家（如顾炎武、王夫之、颜元、唐甄、张岱等）所共有的，是一股推动社会改革的新思潮。其中，尤以唐甄的"凡为帝王者皆贼也"（《潜书·室语》）和张岱的"予夺之权，自民主之"（《四书遇·〈孟子〉遇》）思想最为典型，他们与黄宗羲的"民主君客"论可谓有异曲同工之妙。

24. 尊德性而道问学

语出《中庸》："故君子尊德性而道问学，致广大而尽精微，极高明而道中庸，温故而知新，敦厚以崇礼。""尊德性"指的是发扬自己先天的善性，"道问学"包含着后天学习和努力的成分，是关于知识与道德关系的阐说。

"尊德性"与"道问学"原本是不可分的，是君子所应有的一种素质。但朱陆鹅湖之会以后，便逐渐发展出朱熹重"道问学"而陆九渊重"尊德性"之分。朱子在《答项平父书》中说："大抵子思以来，教人之法，惟以尊德性、道问学两事为用力之要。今子静所说专是尊德性事，而熹平日所论却是道问学上多了。"陆九渊继承了洛学程颢的体系，认为"既不知尊德性，焉有所谓道问学"，创立了心学。王阳明把"尊德性"发展到了极致，认为"道问学"是"尊德性"的功夫。阳明之后，顾炎武、黄宗羲、王夫之等人渐渐出来重新强调"道问学"的重要。黄宗羲认为陆象山之"尊德性"，尝加功于学古笃行，紫阳之道问学，致力于反身修德，学者之入门各有先后。清朝学者在文化高压政策下，倾向于"道问学"，导致考据学大行其道。

25. 一本万殊，会众合一

"一本万殊，会众合一"是黄宗羲的哲学史观和学术史观。《明儒学案发凡》中载："学问之道，以各人自用得着者为真，凡倚门傍户、依样葫芦者，非流俗之士，则经生之业也。此编所列，有一偏之见，有相反之论，学者于其不同处正宜着眼理会，所谓一本而万殊也。以水济水，岂是学问。""一本万殊"论是黄宗羲编撰《明儒学案》的指导思想。它说明真理是在各种"一偏之见，相反之论"的讨论和争鸣中求得的，因此，作为学术史的整理者和研究者，要善于从各家各派的"不同处"撷取真理性认识，善于把握各家宗旨，透露其人"一生之精神"，才有益于学术发展。

"一本万殊"论作为一种认识方法论，主要是分析而不是归纳。这种认识的方法，就是黄宗羲在《万充宗墓志铭》中所概括的"会众合一"方法。他说："士生千载之下，不能会众以合一，由谷而之川，川以达于海，犹可谓之穷经乎？自科举之学兴，以一先生之言为标准，毫秒摘抉，于其所不必疑者而疑之，而大经大法反置之而不用。"历史文献浩如烟海，一个史学家或哲学史家，如果没有"会众合一"的学术归纳能力，那么他写出的学术著作，就只能是材料的堆积，犹如一团乱麻理不出头绪。而这个"会众合一"，并非要使众家之言去合一个人的立言标准，而是取众家之精华，使之融汇到反映时代精神的历史潮流中去。

黄宗羲的"一本万殊，会众合一"的哲学史观与学术史观，既是分析的，又是综合的，既是开放性思维，又是兼容性思维，是一种辩证的思维方法。它是深具启发性的，尤其对于我们在全球化背景下促进异质文化交流、推动文化创新、提升人文精神具有积极的指导作用。

26. 儒、儒生、儒家、儒学、儒教

"儒"的记载最早见于《论语》中的"女为君子儒，无为小人儒"。《说文解字》对"儒"的解释是："儒，柔也，术士之称。"孔子之前的殷代，形成了一个专门负责办理丧葬事务的特殊社会阶层，称为术士，这就是早期的儒。他们精通当地的丧葬礼仪习俗，以办理丧葬事务为职业，地位较低，无固定的财产和收入，性格柔弱。"儒生"，指尊崇儒家学说的读

书人，也泛指读书人。是在汉代"罢黜百家，独尊儒术"，儒家学说成为中国社会的正统思想，儒家文化成为中国传统文化的主干后出现的。由于儒学成为社会主体思想，并成为国家选拔人才的标准，因而儒生一般被认为是具有正统身份的知识分子。

"儒家"是就主体来说，指具有儒学思想的个人或群体；"儒学"是就思想学说而言，指个人或群体所主张的儒家思想。儒家与儒学异名而同实，指由孔子及其弟子创立的学派和学说体系，以"仁"为本，以"礼"为用，强调人的道德主体性和人生的意义与价值。在孔子以前的殷周时代，儒学的一些重要思想内容已经产生，如礼、乐、孝、忠、信等观念，但真正形成儒学思想体系的是由孔子奠基的儒家学派。

儒教，又称为孔教，也指儒家学派。汉代董仲舒提出以儒家思想"兴教化，正万民"，被汉武帝接受。《史记·游侠列传》里有"鲁人皆以儒教，而朱家用侠闻"之句，这里的儒教是"以儒为教"之意，但这个教是"教化"、"教育"的"教"，不是宗教的"教"。唐宋以后所说的"儒、释、道三教"中的"儒教"，虽然带有信仰的意味，但主要还是指儒家学派和儒家学说。近代的中西文化交流中，有不少人用西方宗教的观念和标准来解释儒家学说，并把儒学说成"儒教"，甚至把中国文化传统、政治传统解读为"儒教中国"，"儒教"一词便具有了宗教含义。特别是在 20 世纪 80 年代中国改革开放以后，随着儒学复兴局面的出现，少数学者鼓吹建立"儒教"社会，主张"以儒教为国教"，则是以"儒教"为宗教信仰了。

27. 天行有常，不为尧存，不为桀亡

语出《荀子·天论》："天行有常，不为尧存，不为桀亡。应之以治则吉，应之以乱则凶。"天地万物的生成和发展，有它自己的规律，而不是由上帝或某种精神力量创造的。自然界的运行规律不以人们的主观意志为转移，即便像尧那样的圣君或像夏桀那样的暴君也改变不了它。正确地认识自然规律并利用它，则吉利，否则就凶险。荀子特别强调自然现象的变化不能决定社会的治乱，批判了"天命"目的论的唯心主义观点。

荀子坚持"天人相分"的观点，认为自然界不依赖人的意识而独立存在。"天不为人之恶寒也辍冬，地不为人之恶辽远也辍广，君子不为小人之匈匈也辍行。天有常道矣，地有常数矣，君子有常体矣。"（《荀子·天论》）在此基础上，荀子进一步提出了"制天命而用之"的命题。虽然自然界的存在不以人的意志为转移，但人可通过主观努力掌握自然规律，为

人类造福。荀子坚决反对人类在自然面前无所作为、消极等待的态度和把人的意志强加给天的做法。

《荀子》的《天论》、《非相》等篇章，揭示了荀况的"天道自然"观和"天人相分"论。荀子认为大自然有一定的运行规律，他肯定人类具有掌握自然规律改造客观世界的主观能动性，但反对俗儒片面夸大主观作用，也反对老庄片面强调顺从自然、抹杀人的能动作用的倾向。因此可以说，荀子的天道观具有朴素唯物主义的倾向。

四、儒学名篇

1. 召公谏厉王弭谤

【题解】

本篇据《国语·周语上》节选。《国语》是我国最早的一部国别体史书，相传为春秋时期的左丘明所作，共21卷，记载了西周末年至春秋时期周、鲁、齐、晋、郑、楚、吴、越八国的史事，以记言见长。

本篇主要记叙了大臣召公向周厉王进谏的言论。周厉王是西周最残暴的君王，他横征暴敛，贪得无厌，用高压手段压制舆论；且刚愎自用，一意孤行，听不进召公的规劝意见，最后激起众怒，引发暴动，被迫逃亡。这则故事告诫我们：为政者一定要广开言路，体察民情，接受舆论监督；凡是违背百姓意志，压制批评意见的人，都不会有好下场。文章采用对话与比喻手法，论证了广开言路的必要性和堵塞言路的严重后果，具有很强的说服力。其中"防民之口，甚于防川"、"为川者决之使导，为民者宣之使言"都是发人深省的至理名言。

【原文】

厉王[1]虐，国人谤王，召公[2]告曰："民不堪命矣！"王怒，得卫巫，使监谤者。以告，则杀之。国人莫敢言，道路以目。

王喜，告召公曰："吾能弭[3]谤矣，乃不敢言。"

召公曰："是障之也。防民之口，甚于防川。川壅而溃，伤人必多。民亦如之。是故为川者决之使导，为民者宣之使言。故天子听政，使公卿至于列士献诗，瞽[4]献曲，史献书，师箴，瞍[5]赋，矇[6]诵，百工谏，庶人传语，近臣尽规，亲戚补察，瞽史教诲，耆[7]艾修之，而后王斟酌焉。是以事行而不悖。民之有口，犹土之有山川也，财用于是乎出；犹其原隰[8]之有衍沃也，衣食于是乎生。口之宣言也，善败于是乎兴。行善而备败，其所以阜财用衣食者也。夫民虑之于心而宣之于口，成而行之，胡可壅也？若壅其口，其与能几何？"

王弗听。于是国人莫敢出言。三年，乃流王于彘。

【注释】

[1] 厉王：西周第十代国君，姓姬，名胡，是个贪婪残暴、刚愎自用的君王。公元前841年，终于激起国人暴动，他逃奔到彘（zhì，地名，今山西霍县），14年后死于该地。

    [2] 召（shào）公：姓姬，名虎，谥号穆公，周厉王的卿士（执政大臣）。

    [3] 弭（mǐ）：消除，制止。

    [4] 瞽（gǔ）：盲人。古代乐官多为盲人，这里指代乐官。

    [5] 瞍（sǒu）：没有眼珠的瞎子。

    [6] 矇（méng）：有眼珠的瞎子。

    [7] 耆（qí）艾：古代 60 岁称"耆"，50 岁称"艾"。耆艾，指元老。

    [8] 隰（xí）：低下潮湿的土地。

【译文】

    周厉王暴虐无道，国里的百姓都公开指责他。召公向厉王报告说："老百姓忍受不了你的政令啦！"厉王很生气，就找来一个卫国的巫师，让他去监视抨击朝政的人。只要卫巫来告发，厉王就把那些批评者处死。于是，老百姓都不敢讲话了，走在路上遇到熟人只能用目光示意。

    厉王很高兴，对召公说："我能制止别人说我的坏话了，他们再也不敢吭声了。"

    召公说："你这是硬堵住人们的嘴罢了。封堵老百姓的嘴，后果比阻挡洪水还要严重。河流被堵，决堤泛滥，受害的人一定很多；堵住百姓的嘴巴，也是这个道理。所以治理水患的人总是疏浚河道，使得水流畅通；治理百姓的人总是开导人们，让他们畅所欲言。因此，天子处理政务，要求从公卿一直到士的大小官员们献上民间歌谣，乐师献上民间乐曲，史官献上古代文献；让乐官少师常来劝诫，让盲人吟诵音韵优美的歌谣，让瞎子朗诵含义深长的文辞；文武百官提出谏言，平民百姓把对政事的意见间接传达给国君，身边的臣子尽到规谏的责任，王室亲戚们弥补督察天子的过失，乐官史官用乐曲和史实进行教诲，元老们随时提出劝诫警告，然后再由天子斟酌决定。所以政事推行起来不会违背事理。老百姓有嘴巴，就像国土上有高山大河一样，生活资料都从这里生产出来；又像大地上有平原、沼泽、低地、沃田一样，衣服食物从这里出产。百姓发表言论，政事的好坏成败就从这里得到了体现。实行百姓认为好的，防范百姓认为坏的，这就是用来增加财物衣食的办法。百姓的话是内心思虑后从嘴里讲出来的，是考虑成熟后自然流露出来的，怎么可以堵住它呢？如果堵住他们的嘴巴，那么支持你的人能有多少呢？"

    厉王不听从规劝。这一来，国内百姓没有一个人敢讲真话了。过了三年，国民就把厉王驱逐到彘城去了。

2. 叔向贺贫

【题解】

本文据《国语·晋语八》节选。本文通过晋大夫叔向回答韩宣子"何故贺贫"的问题，总结了为官者骄奢淫逸、受贿敛财必将导致身败名裂、祸及家族的历史教训，阐明了执政者保持清正廉洁的高尚德行将不仅利国利民而且利身利家、福佑子孙的道理。这对我们的廉政建设是有重要启示作用的。

【原文】

叔向[1]见韩宣子[2]。宣子忧贫，叔向贺之。

宣子曰："吾有卿之名，而无其实。无以从二三子，吾是以忧。子贺我何故？"对曰："昔栾武子[3]无一卒之田[4]，其官不备其宗器[5]，宣其德行，顺其宪则，使越于诸侯。诸侯亲之，戎狄怀之，以正晋国。行刑不疚[6]，以免于难。及桓子[7]，骄泰奢侈，贪欲无艺。略则行志，假贷居贿，宜及于难，而赖武之德以没其身。及怀子[8]，改桓之行，而修武之德，可以免于难，而离[9]桓之罪，以亡于楚。夫郤昭子[10]，其富半公室、其家半三军，恃其富宠，以泰于国。其身尸于朝[11]，其宗灭于绛[12]。不然，夫八郤五大夫三卿，其宠大矣，一朝而灭，莫之哀也，惟无德也[13]。今吾子有栾武子之贫，吾以为能其德矣，是以贺。若不忧德之不建，而患货之不足，将吊不暇，何贺之有？"

宣子拜稽首[14]焉。曰："起也将亡，赖子存之。非起也敢专承之，其自桓叔[15]以下，嘉吾子之赐。"

【注释】

[1] 叔向：羊舌氏，名肸（xī），字叔向，春秋时晋国大夫，晋平公时任太傅。主张尊贤使能，以德治国。

[2] 韩宣子：韩氏，名起，晋国正卿。

[3] 栾武子：栾氏，名书，晋国上卿。

[4] 一卒之田：百人为卒。一卒之田，约合二十井（或一百顷）。但按规定上卿当有田五百顷。

[5] 宗器：祭祀祖宗用的礼器。

[6] 刑：刑法。不疚：没有弊病。疚，疾病。

［7］桓子：栾书之子，名黡（yǎn）。

［8］怀子：栾黡之子，名盈。

［9］离：同罹（lí），遭遇。

［10］郤昭子：郤（xì）氏，名至，晋国正卿。

［11］尸于朝：被诛杀后陈尸于朝堂示众。

［12］宗：宗族。绛：晋国旧都城，在今山西翼城县。

［13］惟无德也：郤氏暴尸灭族的原因，只因富而无德之故。

［14］稽首：古代一种至敬至重的跪地叩拜之礼。

［15］桓叔：韩氏之祖。

【译文】

春秋时，晋国大夫叔向去见韩宣子，宣子正为贫困发愁，叔向却向他表示祝贺。

宣子说："我空有正卿之名，却无其实，连宾客往来的费用都供不起，更没有优越的条件与公卿大夫往来。我正因此而发愁呀，你却来祝贺我，这是为什么呢？"叔向回答说："从前我国上卿栾武子没有多少田产，他作为掌管祭祀的官，家里连祭祀的器具都不齐全，可是他能够发扬清廉的美德，执行国家的法度，使其美名传播于诸侯各国。诸侯亲近他，边远民族也归附他，从而使晋国保持稳定。他能执行法度，就不会出现弊病，因而得以避免灾祸。然而，传到他的儿子栾桓子时，狂妄贪婪，奢侈无度，违法乱纪，任意妄为，放债取利，受贿敛财，本该遭受灾难，依靠栾武子德行的庇佑，才得以保身免灾。传到怀子时，一反其父亲桓子的骄奢作风，而效法其祖父栾武子的德行，本来可以凭借这一点免除灾难，可是受到他父亲桓子罪孽的连累，以致逃亡到楚国。再说那个郤昭子，他的财产抵得上晋国公室的一半，他家的子弟在三军中担任要职的也占了半数，他依仗自己的财产和势力，在晋国过着极其奢侈腐朽的生活。最后他自身获罪被诛杀，在朝堂陈尸示众，他的宗族也受到株连而被灭于晋国的都城。否则的话，郤氏八人中有五个做大夫，三个做公卿，他们所受的宠信也是够深的，在朝廷的势力也够大的，可是一旦获罪而身死族灭，没有一个人同情他们。究其原因，就在于没有德行啊！现在您有栾武子的清贫境况，我认为您能够继承他的德行，所以表示祝贺。如果您不忧虑德政没有建树，却只为财富不足而忧愁苦闷，那么我要表达哀悼还来不及，哪里还会向您表示祝贺呢？"

宣子恍然大悟，于是真诚地跪拜叩头，恭敬地说："我将面临危亡，全靠您及时忠言告诫救了我一族。我不敢独自一人享受您的教诲之恩，就连我整个韩氏家族的祖辈、子孙都会夸奖和感激您的恩惠的!"

3. 牧 民

【题解】

　　本篇选自《管子》。《管子》是一部反映春秋战国社会变动、政经状况、典章制度特别是儒、法、道诸家思想的重要典籍。它托名春秋时代齐国著名政治家管仲,但实际上并非管仲自著,而很可能是战国时代齐国稷下学者的著作汇编。书中也保存了一些管仲的思想资料。今存《管子》86篇(其中 10 篇有目无文,实存 76 篇),以《牧民》篇居首,一般认为其思想接近于儒家的政治理念。全篇分"国颂"、"四维"、"四顺"、"十一经"、"六亲五法"五个小篇,"国颂"阐述了守时富民、省刑敬祖的治国理念,"四维"以礼、义、廉、耻为维系国家生存的根本纲纪,"四顺"强调了顺应民心、满足人民需要的政治思想,"十一经"论述了施行德治、重视民生、刑赏有度、节用民力等 11 项政策方针,"六亲五法"则着重论述了有道君主的职责和统治方略。

【原文】

国　颂[1]

　　凡有地牧民[2]者,务在四时[3],守在仓廪[4]。国多财则远者[5]来,地辟举[6]则民留处;仓廪实则知礼节,衣食足则知荣辱;上服度[7]则六亲固,四维[8]张则君令行。故省刑之要,在禁文巧[9];守国之度,在饰[10]四维;顺民之经[11],在明鬼神,祇山川,敬宗庙,恭祖旧[12]。不务天时则财不生,不务地利则仓廪不盈。野芜旷则民乃荒,上无量则民乃妄,文巧不禁则民乃淫,不障两原[13]则刑乃繁。不明鬼神则陋民不悟,不祇山川则威令不闻,不敬宗庙则民乃上校[14],不恭祖旧则孝悌不备。四维不张,国乃灭亡。

四　维

　　国有四维,一维绝则倾,二维绝则危,三维绝则覆,四维绝则灭。倾可正也,危可安也,覆可起也,灭不可复错[15]也。何谓四维? 一曰礼,二曰义,三曰廉,四曰耻。礼不逾节[16],义不自进,廉不蔽恶,耻不从枉[17]。

故不逾节则上位安，不自进则民无巧诈，不蔽恶则行自全，不从枉则邪事不生。

四　顺[18]

政之所行，在顺民心；政之所废，在逆民心。民恶忧劳，我佚乐之；民恶贫贱，我富贵之；民恶危坠，我存安之；民恶灭绝，我生育之。能佚乐之，则民为之忧劳；能富贵之，则民为之贫贱；能存安之，则民为之危坠；能生育之，则民为之灭绝。故刑罚不足以畏其意，杀戮不足以服其心。故刑罚繁而意不恐，则令不行矣；杀戮众而心不服，则上位危矣。故从其四欲[19]，则远者自亲；行其四恶[20]，则近者叛之。故知予之为取[21]者，政之宝也。

十一经[22]

错国于不倾之地，积于不涸之仓，藏于不竭之府，下令于流水之原，使民于不争之官，明必死之路，开必得之门，不为不可成，不求不可得，不处不可久，不行不可复。

错国于不倾之地者，授有德也。积于不涸之仓者，务五谷也。藏于不竭之府者，养桑麻、育六畜也。下令于流水之原者，令顺民心也。使民于不争之官者，使各为其所长也。明必死之路者，严刑罚也。开必得之门者，信庆赏也。不为不可成者，量民力也。不求不可得者，不强民以其所恶也。不处不可久者，不偷取一时也。不行不可复者，不欺其民也。故授有德，则国安。务五谷，则食足。养桑麻、育六畜，则民富。令顺民心，则威令行。使民各为其所长，则用备。严刑罚，则民远邪。信庆赏，则民轻难。量民力，则事无不成。不强民以其所恶，则诈伪不生。不偷取一时，则民无怨心。不欺其民，则下亲其上。

六亲五法[23]

以家为乡，乡不可为也；以乡为国，国不可为也；以国为天下，天下不可为也。以家为家，以乡为乡，以国为国，以天下为天下。毋曰不同生[24]，远者不听；毋曰不同乡，远者不行；毋曰不同国，远者不从。如地如天，何私何亲？如月如日，唯君之节。

御民[25]之辔[26]，在上之所贵；道民[27]之门，在上之所先；召民之路，在上之所好恶。故君求之则臣得之，君嗜之则臣食之，君好之则臣服之，君恶之则臣匿之。毋蔽汝恶，毋异汝度，贤者将不汝助[28]。言室满室，言堂满堂，是谓圣王。城郭沟渠不足以固守，兵甲强力不足以应敌，博地多财不足以有众，唯有道者能备患于未形也，故祸不萌。

天下不患无臣，患无君以使之；天下不患无财，患无人以分之。故知时者可立以为长；无私者可置以为政；审于时而察于用，而能备官者，可奉以为君也。缓者后于事，吝[29]于财者失所亲，信小人者失士。

【注释】

[1] 国颂：本篇分为五个小篇，此为第一小篇的标题。因系用韵文写作，类似古诗的"颂"体，内容讲的是治国之道，故称"国颂"，意即治国的颂歌。原文小标题在小篇文末，今移置篇首，以下四维、四顺、十一经、六亲五法诸小篇均同此例。

[2] 牧民：统治、治理人民。牧，本意为牧养牲畜，古代统治者以此比喻统治与管理人民。

[3] 务在四时：注重农业生产。四时，指春耕、夏耘、秋收、冬藏等四季的农事。

[4] 守在仓廪：意即守护粮仓以保证有充分的粮食贮备。仓廪，指粮仓、米廪。

[5] 远者：远方的人，此指其他诸侯国的人民。

[6] 辟举：即全面开垦土地。辟，开辟，开垦。举，尽力，全面。

[7] 服度：服从法度。

[8] 四维：系在网四个角上的绳索。这里把礼、义、廉、耻比喻为国之四维，强调其重要性。

[9] 禁文巧：意即禁止奢侈风气。文巧，奇技淫巧，指生产奢侈品的技术及其产品。

[10] 饬：通"饬"，整饬、整顿。

[11] 顺民之经：即教育人民的根本大法。顺，通"训"，教训。经，指常规、常法。

[12] 明鬼神，祇山川，敬宗庙，恭祖旧：指重视祭祀鬼神、山川、宗庙、亲族的礼仪。明，表明。祇，奉祀。敬，敬奉。恭，恭行。旧，通舅，祖旧即舅祖，指母系亲属。

[13] 障：障碍，堵塞。两原：指上文所说的导致"民妄"、"民淫"的两个根源，即"上无量"（在上位者贪得无厌）和"文巧不禁"（不能禁止奢侈淫靡之风）。

[14] 上校：即犯上作乱。校，读为（jiào），抗拒。

[15] 复错：意为恢复。错，通"措"。

［16］礼不逾节：守礼就不会超越一定的节制、违反应遵守的规矩。

［17］耻不从枉：知耻就不会走上邪路。枉，邪曲，此指坏人坏事。

［18］四顺：从四个方面（四欲、四恶）顺应民心。

［19］四欲：指希求佚乐、富贵、存安、生育的四种欲望。

［20］四恶：指厌恶忧劳、贫贱、危坠、灭绝的四种心态。

［21］予之为取：即先予后取，此意与《老子》第36章所谓"将欲取之，必故与之"含义相同。予，给予。取，获得。

［22］十一经：指下文所说的"错国于不倾之地"等十一种治理国家的根本大法与举措。

［23］六亲五法：指亲近人民和治理国家的各项政策、法度。

［24］生：通"姓"。

［25］御民：驾驭人民。

［26］辔：马缰，此处比喻纲纪、宗旨。

［27］道民：引导人民。道，同"导"。

［28］不汝助：即"不助汝"，不帮助你。

［29］吝：小气、过分爱惜。

【译文】

国　颂

凡是拥有国土治理人民的君主，注重于四时农事，能确保国库粮仓的贮备。国家财力充足，远方的人们就能自动迁移过来；荒地开发得好，人民就能安心居住本国；仓库充实、生活富裕，人们就知道遵守礼节；衣食丰足，人们就懂得光荣与耻辱；君主能依法办事，六亲就能团结一致；国家的礼、义、廉、耻这四大纲纪能发扬光大，君主的法令就可以贯彻到底。因此，减少刑罚的关键，在于禁止奢侈浪费的风气；守护国家的根本准则，在于整顿礼、义、廉、耻这四大纲纪；教育人民的根本办法，则在于申明鬼神、奉祀山川、敬奉祖宗、恭待亲属。不注意天时，财富就不能增长；不注意地利，粮仓就不会充足；田野荒芜废弃，人民就会荒废本业。君主贪得无厌、挥霍无度，人民就会胡作妄为；不禁止奢靡之风，人民就会放纵淫荡。如果不堵塞这两个根源，犯罪的人就多，刑罚就会泛滥无度。不申明鬼神，小民就不能感悟；不奉祀山川，威名就不能远播；不敬奉祖宗，老百姓就会犯上作乱；不尊重亲属，孝悌就不算完备。礼、义、廉、耻这四维不发扬光大，国家就会灭亡。

四 维

国家有所谓"四维",即四大道义支柱。缺了其中一个,国家就不稳固;缺了两个,国家就有危险;缺了三个,国家就会被颠覆;四维都崩溃了,国家就会灭亡。不稳固还可以扶正,有危险还可以挽救,颠覆了还可以再兴起;如果灭亡了,那就毫无办法了。什么是四维呢? 一是礼,二是义,三是廉,四是耻。遵守礼仪,就不会违反应遵守的规矩。信守道义,就不会妄自求进;坚持廉德,就不会掩饰过错;知道羞耻,就不会追随坏人去干坏事。人们都不违反礼仪,统治者的地位就安定;不妄自求进,人们就不会逞巧使诈;不掩饰过错,行为就自然端正;不追随坏人坏事,邪恶的事情也就不会发生了。

四 顺

政令所以能推行,在于顺应民心;政令所以废弛,在于违背民心。人民讨厌忧患劳苦,我要使他安居乐业;人民害怕贫穷低贱,我要使他富裕贵显;人民担忧艰难危险,我要使他平安发展;人民惧怕子孙灭绝,我要使他生育繁息。我能使人民安居乐业,人民就能为我承受忧劳;我能使人民富裕贵显,人民就能为我忍受贫贱;我能使人民平安发展,他们就可以为我担当危难;我能使人民生育繁息,他们就甘愿为我牺牲了。所以说,靠刑罚不足以使人民畏惧害怕,靠杀戮不足以使人民心悦诚服。如果刑罚繁重而民心不惧,法令就无法推行了;杀戮众多而人心不服,统治者的地位就危险了。因此,满足人民的上述四种愿望,疏远的自然会亲近;靠暴力推行上述四种人民厌恶的事情,则亲近的也会叛离。由此可知,"给予就是获取"这个原则,真是治国的法宝啊!

十一经

把国家建立在稳固的基地上,把粮食存积在取之不尽的粮仓里,把财货贮藏在用之不竭的府库里,把政令下达在奔流不息的水源上,把民力用在无所争议的恰当位置上,向人们指明犯罪必死的道路,向人们敞开立功必能受赏的大门,不做办不到的事,不强求得不到的利,不立足于不能持久的地位上,不实行不能反复推行的政策。

所谓把国家建立在稳固的基础上,就是把权力交给德高望重的人。所谓把粮食存积在取之不尽的粮仓里,就是要努力从事粮食生产。所谓把财富贮藏在用之不竭的府库里,就是要种植桑麻、饲养六畜。所谓把政令下达在奔流不息的水源上，就是要顺应民心。所谓把民力用在无所争议的恰当的位置上，就是要人民各尽所能。所谓向人们指明犯罪必死的道路，就是树立刑罚的威严。所谓向人们敞开立功必受赏的大门，就是赏必有信。所谓不做办不到的事，就是要度量民力而行事。所谓不强求得不到的利，就是不强迫人民去做他们厌恶的事情。所谓不立足于不能持久的地位，就是不贪图一时的成功。所谓不实行不能反复推行的政策，就是不欺骗人民。所以，把权力交给有德之人，国家就能安定。努力从事粮食生产，人民就会食物充足。种植桑麻、饲养六畜，人民就可以富裕。政令顺应民心，威令就可以畅通无阻。使人民各尽所长，物品就能齐备。刑罚严厉，人民就不会去干坏事。赏必有信，人民就不怕死难。量民力而行事，就可以事无不成。不强迫人民干他们厌恶的事，弄虚作假的行为就不会发生。不贪图一时成功，人民就没有怨恨之心。不欺骗人民，老百姓就会拥戴君上了。

六亲五法

按照家的要求治理乡，乡就治理不好；按照乡的要求治理国，国就治理不好；按照国的要求治理天下，天下也不可能治理好。应该按家的要求治家，按乡的要求治乡，按国的要求治国，按天下的要求治理天下。不要因为不同姓，就不听取外姓人的意见；不要因为不同乡，就不采纳外乡人的办法；不要因为不同国，就不听从其他诸侯国的主张。如果像天地对待万物那样，那么还有什么偏私偏爱呢？像日月那样普照一切，才是君主应有的度量。

驾驭人民奔什么方向走，要看君主重视什么；引导人民进入什么门径，要看君主提倡什么；号召人民走什么道路，要看君主的好恶是什么。所以说，君主追求什么，臣下就想得到什么；君主爱吃的东西，臣下就想去吃；君主喜欢的事情，臣下就想实现；君主厌恶的事情，臣下就想规避。因此，不要隐藏你的过错，不要擅改你的法度，否则，贤能的人将无法辅佐你了。在室内讲话，要使全室的人知道；在堂上讲话，要使满堂的人知道。这才称得上圣明的君主。仅靠城郭沟渠，还不足以固守；仅有强大的武力和威势，也不足以应付强敌；地大物博、财力雄厚，也不足以得到人民拥护。只有圣明有道的君主，才能够防患于未然，才不会发生灾祸。

天下不怕没有能干的臣下，怕的是没有君主去使用他们；天下不怕没有财货，怕的是无人去管理它们。所以，识时务者可以任用为官长；没有私心的可以安排从政。通晓时势、善于运用财富并且能任用官吏的，就可以奉为君主了。处事迟钝的人总是落后于形势，吝啬财物的人总会失去亲信；偏信小人的人，就必定要失去贤能之士。

4. 修 身

【题解】

本篇选自《荀子》。《荀子》，战国后期思想家荀况的著作汇集，共 32 篇。荀况（约公元前 310—前 238），赵国人。曾任楚国兰陵令，以著书、教书终老。其思想本于儒家，对其他学派特别是道家、法家的思想进行了批判性综合，成为诸子思想的集大成者。

本文论述了加强道德修养的重要性、良好道德修养的标准，以及培养良好道德修养的方法与途径。荀子认为，只有通过自我修养，培养良好道德，才能成为志向远大、淡泊名利、谦虚谨慎、深谋远虑、勇于为理想献身的人。这样的人，必然受到人们尊重。他指出，自我修养必须以礼法为准则，"人无礼则不生，事无礼则不成，国家无礼则不宁"。文中阐述了培养良好道德的主要途径：一是严格要求自己，专心致志按礼法行事，二是要持之以恒，三是要获得良师的教导。

【原文】

见善，修然必以自存也；见不善，愀然[1]必以自省也。善在身，介然必以自好也；不善在身，菑然[2]必以自恶也。故非我而当者，吾师也；是我而当者，吾友也；谄谀我者，吾贼也。故君子隆师而亲友，以致恶其贼；好善无厌，受谏而能诫，虽欲无进，得乎哉？小人反是。致乱，而恶人之非己也；致不肖，而欲人之贤己也；心如虎狼，行如禽兽，而又恶人之贼己也。谄谀者亲，谏争者疏，修正为笑，至忠为贼，虽欲无灭亡，得乎哉？《诗》[3]曰："嚛嚛呰呰[4]，亦孔之哀。谋之其臧，则具是违；谋之不臧，则具是依。"此之谓也。

扁[5]善之度，以治气养生，则后彭祖[6]；以修身自名，则名配尧、禹。宜于时通，利以处穷，礼信是也。凡用血气、志意、知虑，由礼则治通，不由礼则勃乱提僈[7]；食饮、衣服、居处、动静，由礼则和节，不由礼则触陷生疾；容貌、态度、进退、趋行，由礼则雅，不由礼则夷固僻违，庸众而野。故人无礼则不生，事无礼则不成，国家无礼则不宁。《诗》[8]曰："礼仪卒度，笑语卒获。"此之谓也。

以善先人者谓之教，以善和人者谓之顺；以不善先人者谓之谄，以不善和人者谓之谀。是是非非谓之知，非是是非谓之愚。伤良曰谗，害良曰贼。是谓是，非谓非曰直。窃货曰盗，匿行曰诈，易言曰诞。趣舍无定谓之无常。保利弃义谓之至贼。多闻曰博，少闻曰浅。多见曰闲，少见曰陋。难进曰偍，易忘曰漏。少而理曰治，多而乱曰秏[9]。

治气养心之术：血气刚强，则柔之以调和；知虑渐深，则一之以易良；勇胆猛戾，则辅之以道顺；齐给便利，则节之以动止；狭隘褊小，则廓之以广大；卑湿、重迟、贪利，则抗之以高志；庸众驽散，则劫之以师友；怠慢僄弃，则照[10]之以祸灾；愚款端悫[11]，则合之以礼乐，通之以思索。凡治气养心之术，莫径由礼，莫要得师，莫神一好。夫是之谓治气养心之术也。

志意修则骄富贵，道义重则轻王公，内省而外物轻矣。传曰："君子役物，小人役于物。"此之谓矣。身劳而心安，为之；利少而义多，为之；事乱君而通，不如事穷君而顺焉。故良农不为水旱不耕，良贾不为折阅不市，士君子不为贫穷怠乎道。

体恭敬而心忠信，术礼义而情爱人，横行天下，虽困四夷，人莫不贵。劳苦之事则争先，饶乐之事则能让，端悫诚信，拘守而详，横行天下，虽困四夷，人莫不任。体倨固而心势诈，术顺墨[12]而精杂污，横行天下，虽达四方，人莫不贱。劳苦之事则偷儒转脱，饶乐之事则佞兑[13]而不曲，辟违而不悫，程役而不录[14]，横行天下，虽达四方，人莫不弃。

行而供冀[15]，非渍淖[16]也；行而俯项，非击戾也；偶视而先俯，非恐惧也。然夫士欲独修其身，不以得罪于比俗之人也。

夫骥一日而千里，驽马十驾则亦及之矣。将以穷无穷、逐无极与？其折骨绝筋，终身不可以相及也。将有所止之，则千里虽远，亦或迟或速、或先或后，胡为乎其不可以相及也？不识步道者，将以穷无穷、逐无极与？意[17]亦有所止之与？夫"坚白"[18]、"同异"[19]、"有厚无厚"[20]之察，非不察也，然而君子不辩，止之也。倚魁[21]之行，非不难也，然而君子不行，止之也。故学曰："迟，彼止而待我，我行而就之，则亦或迟或速、或先或后，胡为乎其不可以同至也？"故跬步而不休，跛鳖千里；累土而不辍，丘山崇[22]成；厌[23]其源，开其渎，江河可竭；一进一退，一左一右，六骥不致。彼人之才性之相县[24]也，岂若跛鳖之与六骥足哉？然而跛鳖致之，六骥不致，是无他故焉，或为之，或不为尔。道虽迩[25]，不行不至；事虽小，不为不成。其为人也多暇日者，其出入不远矣。

好法而行，士也；笃志而体，君子也；齐明[26]而不竭，圣人也。人无法，则佒佒然；有法而无志其义，则渠渠然；依乎法，而又深其类，然后温温然。

礼者，所以正身也；师者，所以正礼也。无礼何以正身？无师，吾安知礼之为是也？礼然而然，则是情安礼也；师云而云，则是知若师也。情安礼，知若师，则是圣人也。故非礼，是无法也；非师，是无师也。不是师法而好自用，譬之是犹以盲辨色，以聋辨声也，舍乱妄无为也。故学也者，礼法也；夫师，以身为正仪，而贵自安者也。《诗》[27]云："不识不知，顺帝之则。"此之谓也。

端悫顺弟[28]，则可谓善少者矣；加好学逊敏焉，则有钧无上，可以为君子者矣。偷儒[29]惮事，无廉耻而嗜乎饮食，则可谓恶少者矣；加惕[30]悍而不顺，险贼而不弟焉，则可谓不详少者矣，虽陷刑戮可也。

老老，而壮者归焉；不穷穷，而通者积焉；行乎冥冥而施乎无报，而贤、不肖一焉。人有此三行，虽有大过[31]，天其不遂[32]乎！君子之求利也略，其远害也早，其避辱也惧，其行道理也勇。君子贫穷而志广，富贵而体恭，安燕[33]而血气不惰，劳倦而容貌不枯，怒不过夺，喜不过予。君子贫穷而志广，隆仁也；富贵而体恭，杀势也；安燕而血气不惰，柬理也；劳倦而容貌不枯，好交[34]也；怒不过夺，喜不过予，是法胜私也。《书》[35]曰："无有作好，遵王之道；无有作恶，遵王之路。"此言君子之能以公义胜私欲也。

【注释】

[1] 愀（qiǎo）然：忧虑恐惧的样子。

[2] 菑（zī）然：被玷污的样子。菑，通"缁"，黑色。

[3]《诗》：指《诗·小雅·小旻》。

[4] 噂噂（xī）沓沓（zǐ）：噂噂，形容众口附和。沓沓，诋毁。

[5] 扁：通"遍"。

[6] 彭祖：传说中最长寿的人，活了八百岁。

[7] 勃乱提僈：颠倒错乱，松弛缓慢。勃，通"悖"。僈，通"慢"。

[8]《诗》：指《诗·小雅·楚茨》。

[9] 秏：通"眊"（mào），昏乱不明。

[10] 照：通"昭"，使明白。

[11] 愚款端悫（què）：单纯朴实，正直拘谨。

[12] 顺墨：顺，当作"慎"，指战国时法家人物慎到。墨，指春秋战国之际的墨家创始人墨翟。

[13] 佞兑（nìng yuè）：谄谀取悦。

［14］程役而不录：程役，通"逞欲"。录，检束。

［15］供冀：供，通"恭"。冀，当作"翼"，敬。恭翼，恭敬谨慎。

［16］渍淖（zì nào）：陷于烂泥。

［17］意：通"抑"，还是。

［18］坚白：战国时争论的哲学命题。坚和白指石头坚硬与白色两种属性，以公孙龙为代表的名家学派主张"离坚白"，夸大事物的差别性，抹杀同一性；墨家学派则主张"坚白相盈"，指出坚和白是个整体，不可分割。

［19］同异：战国时争论的哲学命题。以惠施为代表的名家学派主张"合同异"，夸大事物的同一性，抹杀差别性；墨家学派则主张"别同异"，批驳了惠施相对主义的错误。

［20］有厚无厚：也是惠施提出的哲学命题，见《庄子·天下》。

［21］倚魁：通"奇傀"，怪僻。

［22］崇：通"终"。

［23］厌：通"压"，堵塞。

［24］县：通"悬"。

［25］迩（ěr）：近。

［26］齐明：敏捷明智。齐，通"疾"。

［27］《诗》：指《诗·大雅·皇矣》。

［28］顺弟：尊重兄长。弟，通"悌"（tì）。

［29］儒：通"懦"，懦弱。

［30］惕（dàng）：通"荡"，放荡。

［31］过：通"祸"。

［32］遂：通"坠"。

［33］燕：通"宴"，安闲。

［34］交：据清代学者王念孙考证，"交"当作"文"，指礼仪。

［35］《书》：指《尚书·洪范》。

【译文】

见到好的行为，一定要用它认真地对照检查自己；见到不好的行为，一定要用它严肃地反省自己。如果自身行为美好，一定要专一坚定地珍惜自己；如果自身行为不好，一定要自惭形秽地厌恶自己。所以，批评我十分准确的，是我的老师；肯定我十分恰当的，是我的朋友；阿谀逢迎我的，是害我的坏人。所以君子尊崇老师，亲近朋友，极端憎恶那些逢迎我而害了我的人；向往美好的行为而从不满足，受到规劝而能引以为戒，那么即使不想取得进步,可能吗?小人与此相反。他们昏乱到极点,却憎恨别人批评自己;他们无能到极点,却希望别人说自己有才干;他们心地如虎狼,行为像禽兽,却憎恨别人指出自己的罪恶。对阿谀逢迎的人就亲近,对规劝批评自己的人就疏远,把遵行正道的人看作可笑,把最忠诚的规劝当作祸害,这种人即使想不灭亡,可能吗?《诗经》上说:"相互附和,诋毁诽谤,这种人实在太可悲。凡是善意的谋划,他统统拒绝;凡是错误的主张,他一一依从。"说的就是这种小人吧!

使人无往而不善的是以礼为法度,用它来调养血气,保养身体,就可以使寿命仅次于彭祖;用来修身自强,就可以使自己的名声与尧、禹相媲美。既适宜于显达环境下立身处世,又有利于在逆境中立身处世,这就是礼义与诚信。凡在感情、意志、思虑方面,遵循礼义就能明正通达,不遵循礼义就会荒谬错乱,松弛怠慢;在饮食、衣服、居处、言行、举止方面,遵循礼义就协调和谐,不遵循礼义就会触物陷祸;在容貌、态度、进退、行走方面,遵循礼义就显得温文尔雅,不遵循礼义就显得傲慢乖僻,庸俗粗野。所以,人不讲礼义就不能生存,做事不讲礼义就办不成,国家不讲礼义就不得安宁。《诗经》上说:"礼仪都合于法度,说笑就都合规矩。"说的就是这个意思。

用美好的言行来引导别人叫作教导,用美好的言行来协调人们关系叫作和顺;用不良的言行来引导别人叫作谄媚,用不良的言行来附和别人叫作阿谀。以是为是,以非为非,叫作明智;以是为非,以非为是,叫作愚蠢。中伤贤良叫作谗毁,陷害贤良叫作残害。对的就说对,错的就说错,叫作正直。偷窃财物叫作盗窃,隐瞒行为叫作欺诈,说话轻浮不诚恳叫作荒诞。取舍不定叫作无常。为保住私利而抛弃礼义叫作最大的奸贼。听闻多叫作渊博,听闻少叫作浅薄。见多叫作广博,见少叫作鄙陋。不易前进叫作迟缓,容易忘记叫作遗漏。知道得不多但有条有理叫作治,知道得多但没有条理叫作乱。

理气养心的办法是:血气方刚的,就用心平气和来柔化他;思虑过于深沉的,就用坦率善良来纠正他;勇猛乖张的,就用不越轨的道理来帮助他;行为急速不够稳慎的,就用举止安详来节制他;气量狭小的,就用宽宏大量来扩展他;自卑自贱、迟钝贪利的,就用高远的志向来激励他;庸俗平凡、低能散漫的,就用良师益友来管教他;怠慢轻佻、自暴自弃的,就用灾祸来昭示提醒他;单纯朴实、正直拘谨的,就用礼乐来调和他,用思索来疏导他。一般说来,理气养心的办法,没有比遵循礼义更直接的途径,没有比得到良师更重要的了,没有比专一地爱好善行更神妙的了。这就叫作理气养心的办法。

志向美好就可以傲视富贵，道义崇高就可以藐视王公，注重了自身修养，身外之物就会看轻了。古书上说："君子支配外物，小人被外物所支配。"说的就是这个道理。身体劳累而心安理得的事就做；利益少但道义多的事就做。侍奉昏庸无道的君主而官运亨通，不如侍奉受大国胁迫的小国君主而顺利地施行道义。所以好的农民不会因为遭到水涝干旱而不耕种，好的商人不会因为亏损而不做生意，有道德有学问的人不会因为贫穷困厄而怠慢道义。

外貌恭敬且内心忠诚，遵行礼义又性情仁爱，这种人走遍天下，即使困顿于四方边远蛮夷之地，人们也无不敬重他。遇到劳苦的事就争先，遇到使人快乐的事就谦让，谨慎忠诚，严守法度而审慎从事，这种人走遍天下，即使困顿于四方边远蛮夷之地，人们也无不信任他。外貌倨傲行为固执而内心险恶狡诈，施行慎到、墨翟那一套而性情驳杂污染，这种人走遍天下，即使显达于四方，人们也无不鄙视他。遇到劳苦的事就苟且偷懒、逃避摆脱，遇到使人快乐的事就谄谀取悦，毫不退让，邪僻背理而不诚实，放纵欲望而不检束，这种人走遍天下，即使显达于四方，人们也无不厌弃他。

走路恭敬小心，不是因为怕沾染污泥；低着头走路，不是因为怕碰撞到什么；两人对视而先把头低下，不是因为惧怕对方。士人只想独自修养自身，而不是怕得罪世俗的人们。

骏马日行千里，劣马走十天也可以赶上。想要跑尽那无穷尽的路途、赶那没有终点的目标吗？那劣马即使跑折骨头、走断脚筋，也一辈子也赶不上骏马的。所以，如果有一定的终点，那么，千里路途虽然遥远，或快或慢，或早或迟，为什么就不可以赶上骏马呢？不知道那些走在人生道路上的人，是去穷尽那没有尽头的路、追逐那没有终点的目标呢？还是应有一定的范围或限度呢？那"坚白"、"同异"、"有厚无厚"之类的论点，君子不是不了解，但君子不去争辩，这是因为有所节制。奇异怪僻的行径，君子不是做起来困难，但君子不去做，也是因为有所节制。所以，学者们说："我学习如果迟缓落后了，别人停下来等我，我就应该努力行动赶上去，那也就是或慢或快、或先或后的问题，为什么不可以同样到达目的地呢？"所以，一步两步不停地走，跛足的鳖也可以行至千里；不停地堆积泥土，山丘终究能堆成；阻塞水的源头，挖开放水的渠道，长江、黄河也会干涸；时进时退，时左时右，就是六匹骏马拉的车也不能到达目的地。人们才能本性的差别即使很悬殊，难道会像跛足鳖与六匹骏马之间的差别那样大吗？然而跛足的鳖能够达到的目的地，六匹骏马拉的车却达不到，这没有别的缘故，一个做了，另一个却不去做罢了。路程虽近，但不走就达不到目的地；事情虽小，但不做是办不成的。做人整天闲散懒惰的，与六匹骏马拉的车差别不会太远吧。

爱好礼法并遵循法度去行动的，是士人；意志坚定并努力去实行的，是君子；思维明智敏捷智能永不枯竭的，是圣人。人无法度，就会迷茫而无所适从；有法度而不懂它的意义，就会局促不安；遵循法度并能深入掌握它的具体准则，这样才能不慌不忙，轻松自如。

礼法，是用来端正身心的；老师，是靠他正确阐释礼法的。没有礼法，用什么来端正身心呢？没有老师，我们怎么知道礼法是这样的呢？礼法是这样规定的便这样去做，就是在性情上习惯于遵守礼法了；老师是这样说便这样说，就是从理智上顺从老师了。性情上习惯于礼法，理智上顺从于老师，那就是圣人了。所以违背礼法，就是无视礼法；违背老师，就是无视老师。不认同老师的教导和礼法的规定，却喜欢自行其是，就好比是让瞎子辨别色彩，让聋子辨别声音，除了胡说妄为外，什么也干不了。所以，学习就是学礼义法度；老师就是身为表率，而又重视自觉遵守礼法的人。《诗经》上说："不懂得为什么要这样做，但它符合自然的法则。"说的就是这种情况吧。

诚恳端正，尊敬长者，可以称为好青年；再加上好学、谦逊、机敏，那就只有与他相等的人而没有能超过他的人了，这种人就可以称为君子了。苟且偷安懒惰怕事，没有廉耻心而贪图吃喝，这种人就可以称为恶少了；再加上放荡凶悍而不顺情理，阴险害人而不尊敬兄长，就该叫作很坏的年轻人了，这种人即使遭受刑罚杀戮也是应该的。

尊敬老人，壮年人便会来归附；不轻视和侮辱处境窘困的人，通达事理的人便会聚拢来；暗中做好事而施恩不图报，贤明与无能的人就会全都归向他。人有这三种品行，即使有大祸，上天恐怕也不会毁灭他的吧！君子求利之心很淡泊，他对防备祸害早有预见，他警惕小心地避开侮辱，他勇敢地去做合乎道义的事。君子虽然贫穷困窘却志向远大，虽然荣华富贵却表现谦恭，安逸时精神并不怠惰，困倦时容貌并不萎靡，恼怒时罚不过分，喜悦时赏不过分。君子贫穷困窘却志向远大，是因为他要弘扬仁德；虽然荣华富贵却表现谦恭，是因为他要减弱威势，不盛气凌人；安逸时精神并不怠惰，是因为他选择了合宜的生活准则；困倦却容貌不萎靡，是因为他爱好礼义；恼怒却罚不过分，喜悦却赏不过分，是因为他奉行法度的观念胜过了私情。《尚书》上说："不凭个人的喜好，只有遵循先王的大道；不凭个人的憎恶，只有遵循先王的大路。"说的就是君子能够用公理来战胜私欲。

5. 去 私

【题解】

本文节选自《吕氏春秋》。《吕氏春秋》是战国时期秦相吕不韦组织门客编写的一部杂家著作，又名《吕览》，共160篇，属诸子哲理散文，主要反映黄老道家与阴阳家的思想。文章通过祁黄羊"外举不避仇，内举不避子"和腹䵍大义灭亲两个历史故事，赞扬了二人公而忘私的高尚品质。

【原文】

晋平公[1]问于祁黄羊[2]曰："南阳[3]无令，其谁可而为之?"祁黄羊对曰："解狐[4]可。"平公曰："解狐非子之仇耶?"对曰："君问可，非问臣之仇也。"平公曰："善。"遂用之。国人称善焉。居有间，平公又问祁黄羊曰："国无尉，其谁可而为之?"对曰："午可。"平公曰："午非子之子耶?"对曰："君问可，非问臣之子也。"平公曰："善。"又遂用之。国人称善焉。

孔子闻之，曰："善哉，祁黄羊之论也！外举不避仇，内举不避子，祁黄羊可谓公矣。"

墨者有巨子[5]腹䵍[6]，居秦，其子杀人。秦惠王[7]曰："先生之年长矣，非有它子也，寡人已令吏弗诛矣，先生之以此听寡人也。"腹䵍对曰："墨者之法，曰：'杀人者死，伤人者刑。'此所以禁杀伤人也。夫禁杀伤人者，天下之大义也。王虽为之赐而令吏弗诛，腹䵍不可不行墨者之法。"不许。惠王遂杀之。

子，人之所私也；忍所私以行大义，巨子可谓公矣。

【注释】

[1] 晋平公：春秋时晋国的国君，公元前557—前532年在位。

[2] 祁黄羊：名奚，字黄羊，晋国大夫。

[3] 南阳：地名，在今河南省获嘉县。

[4] 解（xiè）狐：人名。

[5] 巨子：墨家学派对其首领的尊称。

[6] 腹䵍（tūn）：人名。

[7] 秦惠王：即秦惠文王，战国时秦国国君，公元前 338—前 311 年在位。

【译文】

晋平公问祁黄羊说："南阳缺个县令，你看谁可以去当？"祁黄羊对曰："解狐行。"平公说："解狐不是你的仇人吗？"祁黄羊回答："大王只是问谁当县官合适，没有问谁是我的仇人。"平公说："好。"于是就起用了解狐。百姓都称赞解狐干得不错。过了些日子，晋平公又问祁黄羊说："朝廷少个军官，你看谁可以担此重任？"祁黄羊回答："祁午能行。"平公说："祁午不是您的儿子吗？"祁黄羊回答："大王只是问谁当军官合适，没有问谁是我的儿子。"平公说："好。"又起用了祁午。百姓都称赞祁午很称职。

孔子听说了这件事，说："太好了，祁黄羊说的这些话！推荐外人时不遗弃仇人，推荐亲故时不回避儿子，祁黄羊可以说是大公无私了。"

墨家有个领袖腹䵍住在秦国，他的儿子杀了人。秦惠王说："先生年岁大了，并且只有这么个独子，我已经命令官员不判他死罪了，先生就听从我的决定吧！"腹䵍回答说："我们墨家的法规是：'杀人偿命，伤人受刑。'这就是用来禁止杀人伤人的措施。严禁杀人伤人，这是天经地义的道理。虽然君王赐恩叫官员不判他的死罪，我腹䵍不能不执行墨家的法规。"腹䵍不同意。惠王就把腹䵍的儿子杀了。

儿子，是人人偏爱的；抑制了自己的偏心，去执行公理正道，这位墨家领袖可以说是大公无私了。

6. 疾 贪

【题解】

本文选自《盐铁论》。《盐铁论》，西汉桓宽著。桓宽，字次公，汉汝南人，善治《公羊春秋》，汉宣帝时举为郎，官至庐江太守丞。公元前 81 年，汉昭帝召集丞相田千秋、御史大夫桑弘羊以及各地推举的"贤良"、"文学"共六十余人在长安开会，辩论盐铁官营的政策问题。该书即据盐铁会议情况而撰著，为研究汉代经济提供了丰富史料。《疾贪》是其中一篇，题目意思是憎恶贪婪。文章通过记录"大夫"桑弘羊同"贤良"的对话，着重阐明了以下观点：一是谴责某些官吏不仅不尽职，还要鱼肉百姓，贪得无厌；二是强调上层官吏要在廉政方面作出表率，否则自身不正而要下属官吏正派是不可能的；三是表明了教化重于刑罚的主张，只有德治与法治结合起来，实行德法共治方针，才能真正治理好国家。文中"欲影正者端其表，欲下廉者先之身"等都是发人深省的名言。

【原文】

大夫曰："然。为医已拙矣，又多求谢。为吏既多不良矣，又侵渔百姓。长吏厉诸小吏，小吏厉诸百姓。故不患择之不熟，而患求之与得异也；不患其不足也，患其贪而无厌也。"

贤良曰："古之制爵禄也，卿大夫足以润贤厚士，士足以优身及党，庶人为官者足以代其耕而食其禄。今小吏禄薄，郡国徭役远至三辅[1]，粟米贵，不足相赡。常居则匮于衣食，有故则卖畜鬻业。非徒是也，徭使相遣，官庭摄追，小计权吏[2]，行施乞贷，长吏侵渔。上府下求之县，县求之乡，乡安取之哉？语曰：'货略下流，犹水之赴下，不竭不止。'今大川江河饮巨海，巨海受之，而欲溪谷之让流潦；百官之廉，不可得也。夫欲影正者端其表，欲下廉者先之身。故贪鄙在率不在下，教训在政不在民也。"

大夫曰："贤不肖有质，而贪鄙有性，君子内洁己而不能纯教于彼。故周公非不正管、蔡之邪[3]，子产非不正邓晳之伪也[4]。夫内不从父兄之教，外不畏刑法之罪，周公、子产不能化，必也。今一二则责之有司，有司岂能缚其手足而使之无为非哉？"

贤良曰："驷马不驯，御者之过也；百姓不治，有司之罪也。《春秋》刺讥不及庶人，责其率也。故古者大夫将临刑，声色不御，刑以当矣，犹三巡而嗟叹之。其耻不能以化而伤其不全也。政教暗而不著，百姓颠蹶而不扶，犹赤子临井焉，听其入也。若此，则何以为民父母？故君子急于教，缓于刑。刑一而正百，杀一而慎万。是以周公诛管、蔡，而子产诛邓晳也。刑诛一施，民遵礼义矣。夫上之化下，若风之靡草，无不从教。何一一而缚之也？"

【注释】

[1] 三辅：指京兆尹、左冯翊、右扶风，泛称京都附近地区。

[2] 小计权吏：即上计吏，负责每年年终将管辖区域内户口、赋税、盗贼、狱讼等登记造册向朝廷报送的官吏。

[3] "故周公"句：周公，周武王的弟弟，曾辅助文王、武王和成王。管、蔡，指武王之弟管叔鲜和蔡叔度，周公摄政后二人叛乱，周公杀了管叔，囚了蔡叔。

[4] "子产"句：子产，春秋时郑国大臣。邓晳，即邓析，春秋时郑国大夫。据《吕氏春秋》载，子产治国期间，邓析有诈伪行为，被子产所杀。

【译文】

桑弘羊说："是的。当医生的医术已经很笨拙了，却还要求多给报酬。当官的多数已经够差劲的了，还要侵夺百姓的利益。大官欺压小官，小官欺压百姓。因此不怕选拔人才不慎重，就怕我们实际得来的人与期望得到的不相符；不怕他们能力不够，就怕他们贪得无厌。"

贤良说："古时制定的官爵俸禄制度，卿大夫的俸禄足够资助和供养一批贤士，士的俸禄足以使自己生活优裕，还可以照顾亲属，在官吏家当差的百姓所得的报酬也足以代替他耕种所得的收入。今天，小吏的俸禄微薄，地方上小吏因徭役差事远到京城一带去，粮食价格贵，收入便不能满足需要。平时生活就缺吃少穿，一旦有什么事情，就要变卖家畜产业。不仅如此，还经常被派遣出去办事和服役，官府经常催逼赋税，地方小官吏只好行贿赂乞求宽免，大官则从中渔利。上一级官府向县里要，县里又向乡里要，乡里又向哪里去要呢？俗话说：'贿赂的风气往下传，好像江河奔腾而下，水源不枯水流不止。'今天大江大河流入大海，大海都接受了，却要小溪不接受地面上那点积水；（大官僚们为朝廷搜刮财利，朝廷接受了，却要小官吏拒绝下面的贿赂，那么，）要使百官廉洁奉公，这是不可能的。想要影子正首先要标杆立得端正，想要下边人廉洁首先要自己先做到。所以贪婪卑鄙的弊病在领头的人而不在下面，需要教育训诲的是当政者而不是百姓。"

桑弘羊说："贤与不贤是由人的本质决定的，贪婪卑鄙也是由人的本性所决定的，君子可以使自己很纯洁，却不能使那些贪婪卑鄙的人也同样纯洁。从前周公并不是不纠正管叔、蔡叔的过错，郑子产并非不约束邓晳的欺诈行为。他们在家不听父兄的管教，在外不怕刑法治罪，周公、子产不能把他们教育过来，是必然的。现在什么事情都责怪官吏，官吏怎么能捆住人们的手脚而不让他们为非作歹呢？"

贤良说："驾车的马不驯服，是赶车人的过错；百姓不听从管教，是官吏的罪过。《春秋》这部书里不讥讽老百姓，而责怪当官的。所以古时的官吏在监督行刑之前，不接近音乐女色，刑罚已经得当了，还要再三复查、叹息。他感到羞耻的是自己不能用教化而使用的是刑罚，以至于受刑者尸身都不能保全。政治教化黑暗而不让它光明，百姓跌倒而不去搀扶，这就好像看到小孩马上要掉到井里，却不拉一把，听任他掉下去一样。像这样，凭什么做百姓的父母官呢？君子把教化看作当务之急，而缓于用刑罚。如果用刑，就惩处一个而使百人改正邪恶，杀戮一个而使万人引以为戒，谨慎从事。所以周公杀了管叔、放逐蔡叔，子产杀了邓晳。刑罚一施行，老百姓都遵守礼义了。统治者教化下边的百姓，就好像风吹草伏一样，没有不服从教化的。何必要一个个地捆绑呢?"

7.《史记·酷吏列传》序

【题解】

本篇节选自司马迁的《史记·酷吏列传》。《史记》是中国历史上第一部纪传体通史著作，原称"太史公书"，三国以后，才定今名。所记史实，上起黄帝，下至汉武帝，贯通三千年。全书分本纪、表、书、世家、列传，共一百三十篇，五十二万多字。作者司马迁（公元前145—前86），字子长，左冯翊夏阳（今陕西韩城南）人。汉武帝时，承袭其父司马谈的官职，任太史令，在收集大量史料和实地考察基础上开始编写《史记》。其间因为替李陵兵败投降匈奴辩护而惨遭宫刑。但他忍辱负重，矢志不渝，最终完成了《史记》这部伟大历史著作。

《酷吏列传》属于《史记》列传第六十二篇，记叙了西汉自吕后至武帝期间以严刑峻法著称的十多名官吏的事迹。酷吏，顾名思义，即办事严峻酷烈的官吏。但"酷吏"一词，并非都是贬义，更不能等同于奸臣恶吏。司马迁笔下的酷吏，是区别对待，有褒有贬，赏罚分明的。他对于公正廉明，勇于维护法纪和社会安定，执法不避权贵的酷吏，基本上是赞扬和肯定的，但也批评了他们一味追求严酷而不能宽严相济的缺陷；而对于那些或则阿谀奉承、嗜杀成性、草菅人命的酷吏，则痛加鞭挞。司马迁在《酷吏列传》的序言中引用了孔子、老子的言论，阐述了他的以"德"为本、以"法"为用的思想。

【原文】

孔子曰："导之以政，齐之以刑，民免而无耻。导之以德，齐之以礼，有耻且格。"[1] 老氏[2] 称："上德不德，是以有德。下德不失德，是以无德[3]。""法令滋章，盗贼多有[4]。"

太史公[5]曰：信哉是言也！法令者治之具[6]，而非制治清浊之源也[7]。昔天下之网尝密矣，然奸伪萌起，其极也，上下相遁，至于不振。当是之时，吏治若救火扬沸[8]，非武健严酷，恶能胜其任而愉快乎[9]？言道德者，溺其职[10]矣。故曰："听讼，吾犹人也，必也使无讼乎！"[11]"下士闻道大笑之"[12]，非虚言也。汉兴，破觚而为圜[13]，斫雕而为朴[14]，网漏于吞舟之鱼[15]，而吏治烝烝[16]，不至于奸，黎民艾安。由是观之，在彼不在此[17]。

【注释】

[1]"孔子曰"以下一段引文：出自《论语·为政》，参见本书"儒学论治国理政·德主刑辅·刑政与教化"相关注释。导：疏导，引导，《论语》原文作"道"，同"导"。

[2]老氏：姓老，名聃，字伯阳。一称李耳。道家学派的创始人，著有《德》、《道》二篇，约 5 000 字。后世称为《道德经》，又名《老子》。其生活年代，一说春秋末年，大致与孔子同时而稍长，一说在战国早中期，目前尚无定论。

[3]"上德"、"下德"两句：语出《老子》通行本第三十八章。上德：至上之德，指道德最高尚的人。不德：不居其德，美德不显现在表面。下德：道德境界较低的人。不失德：不失其德，自以为有德者而显现其德。

[4]"法令滋章"二句：语出《老子》通行本第五十七章。滋章：日益增加。多有：多起来了。

[5]太史公：作者司马迁自称。司马迁为太史令，掌管天文及国史，其职尊贵，与三公等同，所以称太史公。

[6]治之具：治理国家的工具。

[7]制治：控制政治。清浊：清，清世，即治世。浊，浊世，即乱世。源：根源。

[8]扬沸：扬汤止沸。比喻解救急难的办法不彻底，不能从根本上解决问题。

[9]恶（wū）：何，怎么。愉（tōu）：通"偷"，苟且。快：快乐，痛快。

[10]溺其职：犹言失职。职，执掌，主管。《书·泰督》："亦职有利哉。"蔡沈集传："职，主也。"

[11]"听讼"句：语出《论语·颜渊》。听讼：判断案件。无讼：没有诉讼。

[12]"下士闻道"句：语出《老子》通行本第四十一章。下士：下等士人。道：本原之道。

[13]破觚（gū）而为圜（yuán）：把有棱角的变圆，此处比喻社会变革。觚，有棱角的酒器。圜，同"圆"。

[14]斫（zhuó）雕而为朴：此句比喻削除繁苛的法律而使政令归于简朴。斫，砍除。雕，雕刻。

237

[15] 吞舟之鱼：巨大的鱼。典出《庄子·庚桑楚》："吞舟之鱼，砀（dàng）而失水，则蚁能苦之。"网漏于吞舟之鱼，比喻刑罚宽松。

[16] 烝烝（zhēng）：淳朴、兴盛的样子。

[17] 在彼不在此：意谓治理国家的根本之计在于推行德政而不是严刑峻法。彼，指德治。此，指严刑峻法。

【译文】

孔子说："用政治制度去引导百姓，配合刑法去约束，老百姓只求免于犯罪受惩罚，却没有廉耻之心。用道德教化引导百姓，配合礼制去教育，老百姓不仅会有羞耻之心，而且也守规矩了。"老子说："具有高尚道德的人，不表现在形式上的德，因此才真正有德。道德低下的人，执守着形式上的德，因此并非真正有德。""法令越是严酷，盗贼反而更多。"

太史公评论说：这些话说得多么好呀！法令只是治理的工具，并不是决定政治好坏的根本之道。先朝的法网曾经何等严密啊，然而作奸犯科之风滋生，发展到顶点，上下相互回避，而至于不可救药。那个时候，官吏办事就像抱着柴薪去救火，提着开水去止沸一样，只是应付差事，而无济于事，甚至适得其反，如果不是靠勇猛刚强和刑罚严酷，怎能尽其职守而苟且偷安于一时呢？当时大讲道德的人，已经失去他们应有的职责了。所以孔子说："判断案件，我也是一个凡人，我的理想是一定要使民知礼让，达到没有诉讼的境界！"老子说："下等人士，一听说'道'就不以为然地哈哈大笑起来。"这些可都不是假话呀！汉朝兴起以后，就像把方形改为圆形一样，革除了秦朝刑罚严酷的弊政，使法令简易可行，法网的宽松，简直像渔网的破洞可以漏掉吞舟的大鱼那样，然而由于吏治澄清，官吏办事纯正，不作奸犯科，所以老百姓得以安居乐业。由此可见，治理国家的根本之道在于推行德政，而不在于刑罚的严酷。

8.《汉书·循吏传》序

【题解】

本篇节选自《汉书》卷八十九《循吏传》。《汉书》是我国第一部纪传体断代史，上自汉高祖元年（公元前206年），下至王莽地皇四年（公元23年），共一百卷。作者班固（32—92），字孟坚，扶风安陵（今陕西咸阳）人，东汉著名史学家、文学家。循吏，就是奉职守法的官吏，他们为官一任，造福一方，为百姓做过一些好事实事。本文扼要列举了汉初文帝、景帝到昭帝、宣帝各朝良吏的业绩。他们之所以能够"生有荣号，死见奉祀"，归纳起来不外乎以下原因：一是严于律己，为人表率；二是清廉公正，恪尽职守；三是宽厚清静，关心人民疾苦；四是提拔官吏，观言察行，赏罚分明。当然，作者所颂扬的对象毕竟是封建统治阶级的政治家，与今天的人民公仆完全不可同日而语，但是，循吏们的人生轨迹和为政经验依然对后人有着深刻的启迪。

【原文】

汉兴之初，反秦之敝，与民休息，凡事简易，禁罔疏阔，而相国萧、曹以宽厚清静为天下帅，民作"画一"之歌[1]。孝惠垂拱，高后女主，不出房闼[2]，而天下晏然，民务稼穑，衣食滋殖。至于文、景，遂移风易俗。是时，循吏如河南守吴公[3]、蜀守文翁[4]之属，皆谨身帅先，居以廉平，不至于严，而民从化。

孝武之世，外攘四夷，内改法度，民用凋敝，奸轨不禁。时少能以化治称者，惟江都相董仲舒[5]、内史公孙弘[6]、儿宽[7]，居官可纪。三人皆儒者，通于世务，明习文法，以经术润饰吏事，天子器之。仲舒数谢病去，弘、宽至三公[8]。

孝昭幼冲，霍光[9]秉政，承奢侈师旅之后，海内虚耗，光因循守职，无所改作。至于始元、元凤之间，匈奴乡[10]化，百姓益富，举贤良文学，问民所疾苦，于是罢酒榷而议盐铁矣。

及至孝宣，由仄陋而登至尊，兴于间阎，知民事之艰难。自霍光薨[11]后始躬万机，厉精为治，五日一听事，自丞相已下各奉职而进。及拜刺史守相，辄亲见问，观其所由，退而考察所行以质其言，有名实不相应，必知其所以然。常称曰："庶民所以安其田里而亡叹息愁恨之心者，政平讼理也。与我共此者，其唯良二千石[12]乎！"以为太守，吏民之本也，数变易则下不安，民知其将久，不可欺罔，乃服从其教化。故二千石有治理效，辄以玺[13]书勉厉，增秩赐金，或爵至关内侯，公卿缺则选诸所表以次用之。是故汉世良吏，于是为盛，称中兴焉。若赵广汉、韩延寿、尹翁归、严延年、张敞之属，皆称其位，然任刑罚，或抵罪诛。王成、黄霸、朱邑、龚遂、郑弘、召信臣等，所居民富，所去见思，生有荣号，死见奉祀，此廪廪[14]庶几德让君子之遗风矣。

【注释】

[1]"画一"之歌：汉代颂扬丞相萧何、曹参的歌谣。歌词是："萧何

为法，讲若画一。曹参代之，守而勿失。"

[2] 闼（tà）：宫中小门。

[3] 吴公：汉文帝时的河南太守，治理有方，后任廷尉。

[4] 文翁：汉景帝时的蜀郡太守。在成都兴办官学，入学者免徭役，成绩优秀者补郡县官吏。汉武帝令天下郡国立学校官，从文翁开始。

[5] 董仲舒：西汉哲学家、今文经学大师，曾任江都相和胶西王相。他主张以儒学为中心，提出"三纲五常"。

[6] 公孙弘：汉武帝时任丞相，封平津侯。曾建议设五经博士。

[7] 兒（ní）宽：汉武帝时任廷尉属官，常以古法决断疑案。后任左内史，劝农业，缓刑罚，开河渠。又升御史大夫，与司马迁共同制定"太初历"。

[8] 三公：西汉以丞相、太尉、御史大夫合称三公，是共同负责军政的最高长官。

[9] 霍光：西汉大臣，汉武帝时任奉车都尉。昭帝年幼即位，他受武帝遗诏辅政，任大司马大将军，封博望侯。昭帝死后，迎昌邑王刘贺为帝，不久即废，又迎立宣帝。前后执政二十年。

[10] 乡：通"向"。

[11] 薨（hōng）：古代称诸侯或有爵位的大官死去为"薨"。

[12] 二千石：汉制，郡守俸禄为二千石，即月俸一百二十斛。世称郡守为二千石。

[13] 玺（xǐ）：皇帝的印章。

[14] 禀禀（lǐn）：有风采。

【译文】

汉朝兴起的初年，彻底改变了秦代的弊政，让人民得到休养生息，凡事都讲究从简平易，禁例法规也放宽了，而丞相萧何、曹参以宽厚清静的办事作风成了天下的表率，人民因而编了一首"画一"歌来赞颂他们。汉惠帝无为而治，吕后隐居深宫，因此天下安宁，人民专心从事农业生产，一片丰衣足食的景象。到了文帝、景帝年间，便又移风易俗。当时能奉公守法的官吏如河南郡太守吴公、蜀郡太守文翁这些人，都能严于律己，为人表率，办事清廉公正，不用强迫的方法，就使人民顺从地接受教化。

武帝时，对外抵御四方的部族，对内修改法规，因而搞得人民困苦不堪，犯上作乱的行为难以禁止。那时已很少能有以教化治理而著称的人，只有江都相董仲舒、内史公孙弘和兒宽，他们的政绩值得一书。三人都是儒生，既精通处世之道，又熟悉法令制度，他们以经学的思想方法帮助自己处理政务，天子很器重他们。董仲舒因病多次辞官，而公孙弘、兒宽做官做到三公。

昭帝年幼登基，由霍光代为主持政务，这时正值长年征战之后，海内消耗很大，霍光沿袭汉初政策而恪守职责，没有改变以前的做法。到了始元和元凤年间，匈奴归顺，而老百姓生活也渐渐富足，于是开始举荐人才，关心人民疾苦，废除了酒税，讨论盐铁专营的问题。

到了宣帝时，由于他是身经微贱而当上的皇帝，本起居住在里巷中，所以深知百姓生计的艰难。他从霍光死后便开始亲自过问处理各项朝政，励精图治，每五天上朝听政一次，从丞相以下各官职依次进朝禀告。当授予刺史、郡守、诸侯相等官职时，都要亲自接见询问，了解他们的思想，然后再考察他们的行为并与其言论相比较，有名实不副的，一定要找出它的根源。宣帝曾说："百姓之所以能够安心于农业生产而消除忧虑怨恨的不良心情，是因为政治清平，法律能够主持正义。而与我共同保证这一点的人，只有那些好的郡守啊！"他认为郡守是管理官吏人民的根本，频繁调换就会造成地方上的不安宁，人民当知道太守的人选十分稳定，不可欺骗蒙蔽时，才会服从他的教化。所以郡守要是治理有成效，皇上总是亲自颁书勉励，增加俸禄并赐以重金，或授爵号至关内侯，公卿位缺时则选取所表彰者依次任用。因此汉代的循良官吏才得以层出不穷，有中兴之称。如赵广汉、韩延寿、尹翁归、严延年、张敞这些人，都能做到称职尽责，但却多用刑罚，有的甚至自身犯罪被诛杀。王成、黄霸、朱邑、龚遂、郑弘、召信臣等人，在位时人民富足，离任后人民思念，生前有荣誉的称号，死后被祭祀缅怀，这样的风采也许就是仁德礼让的君子遗风吧。

9. 诫子书

【题解】

本文选自《诸葛亮集》，是古代家书中的名篇。信虽短，但语重心长，意义很深刻。诸葛亮贵为丞相，以他的地位和权势而言，要为子孙多置点产业，让他们舒舒服服，坐享其成，当然是很容易的事。可他并没有那样做，而是严格要求儿子要重视修身养德，树立远大的志向；要珍惜时间，锲而不舍地学习。他告诫儿子，修身养德必须从"淡泊"、"宁静"做起，绝不能追名逐利，任性放纵，轻薄浮躁。书信中对儿子的关切之情溢于言表，真可谓"爱深教切"。

后人常将《诫子书》中"静以修身，俭以养德"、"非澹泊无以明志，非宁静无以致远"等警句作为座右铭，制成匾额，悬挂于室，用以自勉和教育子女。

【原文】

夫君子之行，静以修身，俭以养德。非澹泊[1]无以明志，非宁静无以致远。夫学须静也，才须学也，非学无以广才，非志无以成学。淫漫[2]则不能励精，险躁则不能治性。年与时驰，意与日去，遂成枯落，多不接世，悲守穷庐，将复何及！

【注释】

[1] 澹泊（dàn bó）：恬淡寡欲，不追求名利。也作"淡泊"。

[2] 淫漫：放纵怠惰。

【译文】

作为君子的品行，是要保持内心宁静来加强自身修养，约束自己来培养高尚道德。没有超脱名利的心境，就不能保持自己明确坚定的志向；没有安宁清静的胸怀，就不能达到远大的目标。大凡学习必须保持宁静的心境，成才必须依靠学习，不学习就无法增长才干，没有志向就不可能学有所成。如果放纵怠惰，就不能振奋精神；如果轻薄浮躁，就不能修养身性。年龄随着光阴迅速增长，志向随着岁月逐渐消磨，到头来就会像无用的枯枝落叶，萎靡不振，不能对社会有所贡献，伤心地在自己的穷家破舍里了此一生，到那时还能有什么作为呢！

10. 治家篇

【题解】

本篇选自颜之推著《颜氏家训》。颜之推（531—约590以后），字介，琅邪临沂（今山东临沂市）人，南北朝时期杰出的儒者、文学家。历南梁、北齐、北周、隋四朝，他一生屡经兴亡乱离，感触很多，著有《颜氏家训》，以一生体验教育子孙如何立身处世。

《礼记·大学》有"欲治其国者，先齐其家"的格言。儒家历来十分重视治家的问题，把它看作治国的前提。本篇作者通过大量正反两方面的生动事例，论证了治家的原则、方法和注意事项。其主要观点，一是作为父亲、兄长、丈夫要处处以身作则；二是家庭必须有章法，但又要宽严适度；三是坚持勤俭持家，做到节俭而又乐善好施；四是择偶要以清白为标准，反对贪荣求利和买卖婚姻。此外，还告诫儿孙们要爱护珍惜图书典籍，切忌为跳神弄鬼等迷信活动浪费钱财等等。颜之推是以儒家的伦理道德来规范教育子孙，但上述思想也包含着许多体现中华民族传统美德的积极因素，值得我们借鉴和发扬光大。毋庸讳言，本文也存在着明显的时代和阶级局限，最突出的就是主张男尊女卑，歧视妇女。虽然他反对弃杀女婴，但依然认为"女之为累，亦以深矣"；他还断然提出妇女不能参与国事、主持家政，否则就是"牝鸡晨鸣"。这些都是不可取的。

【原文】

夫风化者，自上而行于下者也，自先而施于后者也。是以父不慈则子不孝，兄不友则弟不恭，夫不义则妇不顺矣。父慈而子逆，兄友而弟傲，夫义而妇陵[1]，则天之凶民，乃刑戮之所摄[2]，非训导之所移也。

笞怒废于家，则竖子之过立见；刑罚不中，则民无所措手足。治家之宽猛，亦犹国焉。

孔子曰："奢则不孙[3]，俭则固；与其不孙也，宁固。"又云："如有周公[4]之才之美，使骄且吝，其余不足观也已。"然则可俭而不可吝已。俭者，省约为礼之谓也；吝者，穷急不恤之谓也。今有施则奢，俭则吝。如能施而不奢，俭而不吝，可矣。

生民之本，要当稼穑而食，桑麻以衣。蔬果之畜，园场之所产；鸡豚之善[5]，埘[6]圈之所生。爰及栋宇器械，樵苏脂烛，莫非种殖之物也。至能守其业者，闭门而为生之具以足，但家无盐井耳。今北土风俗，率能躬俭节用，以赡衣食。江南奢侈，多不逮焉。

梁孝元世，有中书舍人[7]，治家失度，而过严刻，妻妾遂共货刺客，伺醉而杀之。

世间名士，但务宽仁，至于饮食饷馈，僮仆减损，施惠然诺，妻子节量，狎侮宾客，侵耗乡党[8]：此亦为家之巨蠹矣。

齐吏部侍郎房文烈，未尝嗔怒。经霖雨绝粮，遣婢籴米，因尔逃窜，三四许日，方复擒之。房徐曰："举家无食，汝何处来？"竟无捶挞。尝寄人宅，奴婢彻屋为薪略尽，闻之颦蹙[9]，卒无一言。

裴子野[10]有疏亲故属饥寒不能自济者，皆收养之；家素清贫，时逢水旱，二石米为薄粥，仅得遍焉，躬自同之，常无厌色。邺下[11]有一领军[12]，贪积已甚，家童八百，誓满一千；朝夕每人肴膳，以十五钱为率，遇有客旅，更无以兼。后坐事伏法，籍其家产，麻鞋一屋，弊衣数库，其余财宝，不可胜言。南阳有人，为生奥博，性殊俭吝，冬至后女婿谒之，乃设一铜瓯酒，数脔獐肉。婿恨其单率，一举尽之。主人愕然，俯仰命益，如此者再，退而责其女曰："某郎好酒，故汝常贫。"及其死后，诸子争财，兄遂杀弟。

妇主中馈[13]，惟事酒食衣服之礼耳，国不可使预政，家不可使干蛊[14]。如有聪明才智，识达古今，正当辅佐君子，助其不足，必无牝鸡晨鸣，以致祸也。

江东妇女，略无交游，其婚姻之家，或十数年间，未相识者，惟以信命赠遗，致殷勤焉。邺下风俗，专以妇持门户，争讼曲直，造请逢迎，车乘填街衢，绮罗盈府寺，代子求官，为夫诉屈，此乃恒、代[15]之遗风乎？南间贫素，皆事外饰，车乘衣服，必贵整齐；家人妻子，不免饥寒。河北[16]人事，多由内政，绮罗金翠，不可废阙，羸马悴奴，仅充而已；倡和之礼，或尔汝之。

河北妇人，织纴组纴[17]之事，黼黻[18]锦绣罗绮之工，大优于江东也。

太公曰："养女太多，一费也。"陈蕃[19]曰："盗不过五女之门[20]。"女之为累，亦以深矣。然天生蒸民，先人传体，其如之何？世人多不举女，贼行骨肉，岂当如此，而望福于天乎？吾有疏亲，家饶妓媵[21]，诞育将及，便遣阍[22]竖守之。体有不安，窥窗倚户，若生女者，辄持将去；母随号泣，使人不忍闻也。

妇人之性，率宠子婿而虐儿妇。宠婿，则兄弟[23]之怨生焉；虐妇，则姊妹[24]之谗行焉。然则女之行留，皆得罪于其家者，母实为之。至有谚云："落索阿姑[25]餐。"此其相报也。家之常弊，可不诫哉！

婚姻素对，靖侯[26]成规。近世嫁娶，遂有卖女纳财，买妇输绢，比量父祖，计较锱铢[27]，责多还少，市井无异。或猥婿在门，或傲妇擅室，贪荣求利，反招羞耻，可不慎欤！

借人典籍，皆须爱护，先有缺坏，就为补治，此亦士大夫百行之一也。济阳江禄[28]，读书未竟，虽有急速，必待卷束整齐，然后得起，故无损败，人不厌其求假焉。或有狼籍几案，分散部帙[29]，多为童幼婢妾之所点[30]污，风雨虫鼠之所毁伤，实为累德。吾每读圣人之书，未尝不肃敬对之；其故纸有《五经》词义，及贤达姓名，不敢秽用也。

吾家巫觋[31]祷请，绝于言议，符书章醮[32]亦无祈焉，并汝曹所见也。勿为妖妄之费。

【注释】

[1]陵：通"凌"，欺侮。

［2］摄：通"慑"，使畏惧。

［3］孙：通"逊"，谦恭。

［4］周公：西周初政治家，姓姬名旦，周文王之子。他帮助武王伐纣，建立周朝；武王死后，又辅佐年幼的成王。相传周代的礼乐制度是他制订的。

［5］善：通"膳"，饭食。

［6］埘（shí）：墙壁上挖洞做成的鸡窝。

［7］中书舍人：官名，中书省属官，负责起草诏令，参与机密。

［8］乡党：周制以一万二千五百家为乡，五百家为党。泛指乡里。

［9］颦蹙（pín cù）：皱眉蹙额，忧愁的样子。

［10］裴子野：南朝梁人，以孝行著称。

［11］邺下：即邺城（今河北临漳县），北齐建都于此。

［12］领军：官名，即领军大将军，高级武官名。据李慈铭说，这里领军指北齐的厍（shè）狄伏连，此人好聚敛，性吝啬。

［13］中馈：指家中供膳诸事。

［14］干蛊（gǔ）：原指子承父业，语出《易·蛊》："干父之蛊。"后泛指主事。

［15］恒、代：指鲜卑族建立的北魏。魏都平城县属恒州代郡。

［16］河北：黄河以北地区。

［17］组纫（xún）：丝绳带。

［18］黼黻（fǔ fú）：礼服上绣的花纹。

［19］陈蕃：东汉末年大臣。

［20］"盗不过"句：女儿出嫁需置办嫁妆，如果家中有五个女儿，办嫁妆就会把家财弄光，所以连盗贼也不愿进这样的家。

［21］妓媵（yìng）：姬妾。

［22］阍（hūn）：守门人。

［23］兄弟：指女儿的兄弟。

［24］姊妹：指儿子的姊妹。

［25］阿姑：丈夫的母亲。

［26］靖侯：颜之推的九世祖颜含。年九十三卒，谥靖侯。

［27］锱铢（zī zhū）：均为古代极小的重量单位，比喻微小的事物。

［28］济阳江禄：济阳，县名，治所在今河南兰考东北。江禄，南朝梁人，自幼好学，善写文章。

［29］帙（zhì）：书套。

[30] 点：通"玷"。

[31] 巫觋（xí）：男女巫的合称，女的称巫，男的称觋。

[32] 章醮（jiào）：拜表设祭，道教的一种祈祷方式。

【译文】

教育感化这件事，是从上向下推行的，是从先向后施行影响的。所以父不慈就子不孝，兄不友爱就弟不恭敬，夫不仁义就妇不温顺了。至于父虽慈而子要叛逆，兄虽友爱而弟要傲慢，夫虽仁义而妇要欺侮，那就是天生的凶恶之人，要用刑罚杀戮来使他畏惧，而不是用训诲诱导能改变的了。

家里没有人发怒、不用鞭打，那僮仆的过错就会马上出现；刑罚用得不确当，那老百姓就无所措其手足。治家的宽仁和严格，也好比治国一样。

孔子说："奢侈了就不恭顺，节俭了就固陋；与其不恭顺，宁可固陋。"又说："如果有周公那样的才那样的美，但只要他既骄傲且啬吝，余下的也就不值得称道了。"这样说来是可以俭省而不可以吝啬了。俭省，是合乎礼的节省；吝啬，是对困难危急也不体恤。当今常有讲施舍就成为奢侈，讲节俭就进入吝啬。如果能够做到施合而不奢侈，俭省而不吝啬，那就很好了。

老百姓生活最根本的事情，是要播收庄稼而食，种植桑麻而衣。所贮藏的蔬菜果品，是果园场圃之所出产；所食用的鸡猪，是鸡窝猪圈之所畜养。还有那房屋器具，柴草蜡烛，没有不是靠种植的东西来制造的。那种能保守家业的，可以关上门而生活必需品都够用，只是家里没有口盐井而已。如今北方的风俗，都能做到省俭节用，温饱就满意了。江南一带地方奢侈，多数比不上北方。

梁孝元世，有中书舍人，治家不合规度，过于严刻，妻妾于是买通刺客，趁他喝醉时杀了他。

世上的名士，只求宽厚仁爱，却弄得待客馈送的饮食，被僮仆给减少，允诺资助的东西，被妻子给克扣，轻侮宾客，刻薄乡邻：这也是治家的大祸害。

齐朝的吏部侍郎房文烈，从不生气发怒。一天，连续几天降雨，家中断粮，房文烈派一名婢女去买米，婢女乘这机会逃跑了，过了三四天，才把她抓获。房文烈只是语气平缓地对她说："一家人没有吃的，你跑哪里去啦？"竟然不用棍棒处罚她。房文烈曾经把房子借别人居住，奴婢们拆房子当柴烧，差不多要拆光了，他听到这件事后皱了皱眉头，终于一句话也没说。

裴子野有远亲故旧饥寒不能自救的，都收养下来；家里一向清贫，有时遇上水旱灾，用二石米煮成稀粥，勉强让大家都吃上，自己也亲自和大家一起吃，从没有厌倦。京城邺下有个大将军，贪欲积聚得实在够狠，家僮已有了八百人，还发誓凑满一千；早晚每人的饭菜，以十五文钱为标准，遇到客人来，也不增加一些。后来犯事处死，登记没收家产，麻鞋有一屋子，旧衣藏几个库，其余的财宝，更多得说不完。南阳地方有个人，深藏广蓄，性极吝啬，冬至后女婿来看他，他只给准备了一铜瓯的酒，还有几块獐子肉。女婿嫌太简单，一下子就吃尽喝光了。这个人很吃惊，只好勉强应付添上一点，这样添过几次，回头责怪女儿说："某郎太爱喝酒，才弄得你老是贫穷。"等到他死后，几个儿子为争夺遗产，因而发生了兄杀弟的事情。

妇女主持家中饮食之事，只从事酒食衣服并做得合礼而已，国不能让她过问大政，家不能让她干办正事。如果真有聪明才智，见识通达古今，也只应辅佐丈夫，对他达不到的做点帮助，一定不要母鸡晨鸣，招致祸殃。

江东的妇女，很少对外交往，在结成婚姻的亲家中，有十几年还不相识的，只派人传达音信或送礼品，来表示殷勤。邺城的风俗，专门让妇女当家，争讼曲直，谒见迎候，驾车乘的填塞道路，穿绮罗的挤满官署，替儿子乞求官职，给丈夫诉说冤屈，这应是恒、代的遗风吧？南方的贫素人家，都注意修饰外表，车马、衣服，一定讲究整齐；而家人妻子，反不免饥寒。河北交际应酬，多凭妇女，绮罗金翠，不能短少，而马匹瘦弱奴仆憔悴，勉强充数而已；夫妇之间交谈，有时"尔"、"汝"，相称，用词并不拘泥于此。

河北妇女从事编织纺绩的工作，制作绣有花纹绸布的手工技巧，都大大胜过江东的妇女。

姜太公说："养女儿太多，是一种耗费。"东汉大臣陈蕃说过："盗贼都不愿偷窃有五个女儿的家庭。"女儿办嫁妆使人耗资、受害也够深重了。但天生芸芸众生，又是先人的遗体，能对她怎么样呢？世人多有生了女儿不养育，残害亲生骨肉，这样岂能盼望上天降福吗？我有个远亲，家里有许多妓妾，将要生育，就派僮仆守候着。临产时，看着窗户靠着门柱，如果生了女婴，马上拿走弄死；产妇随即哭号，真叫人不忍心听。

妇女的习性，大多宠爱女婿而虐待儿媳妇。宠爱女婿，那女儿的兄弟就会产生怨恨；虐待儿媳妇，那儿子的姐妹就易进谗言。这样看来女的不论出嫁还是娶进都会得罪于家，都是为母的所造成。以至俗话谚语有道：

"落索阿姑餐。"说做儿媳妇的以此冷落来报复婆婆。这是家庭里常见的弊端，能不警诫吗！

婚姻要找贫寒人家，这是当年祖宗靖侯的老规矩。近代嫁娶，就有接受财礼出卖女儿的，运送绢帛买进儿媳妇的，这些人比量门祖家势，计较锱铢钱财，索取多而回报少，这和做买卖没有区别。以至于有的门庭里弄来个下流女婿，有的屋里主管权操纵在恶儿媳妇手中，贪荣求利，招来耻辱，这样的事能不审慎吗！

借别人的书籍，都必须爱护，原先有缺失损坏卷页，要给修补完好，这也是士大夫百种善行之一。济阳人江禄，每当读书未读完时，即使有紧急事情，也要等把书本卷来整齐，然后才起身，因此书籍不会损坏，人家对他来求借不感到厌烦。有的人把书籍在桌案上乱丢，以致卷帙分散，多被小孩婢妾弄脏，又被风雨虫鼠毁伤，这真是有损道德。我每读圣人写的书，从没有不严肃恭敬地相对；废旧纸上有《五经》文义和贤达人的姓名，也不敢用在污秽之处。

我们家里从来不讲巫婆或道僧祈祷神鬼之事，也没有用符书设道场去祈求之举，这些都是你们所见到的。切莫把钱花费在这些巫妖虚妄的事情上。

11. 谏太宗十思疏

【题解】

本篇选自清康熙间吴楚材、吴调侯编选的《古文观止》。该书选辑了东周至明末的典型文章 220 篇，分为 12 卷。所选文章题材广阔，风格多样，富有教化意义，大多体现了"文以载道"的写作宗旨。

本文是魏徵呈给唐太宗的奏章（建议书）。魏徵（580—643），字玄成，巨鹿人，唐代政治家、史学家。唐太宗时任谏议大夫，后封为郑国公。他敢言直谏，先后陈谏二百余次，多被采纳。卒后，太宗感叹地说："夫以铜为镜，可以正衣冠；以古为镜，可以知兴替；以人为镜，可以明得失。朕常保此三镜，以防己过。今魏徵殂逝，遂亡一镜矣！"魏徵的言论，可参见唐代吴竞的《贞观政要》。文章从"积其德义"、"居安思危"、"戒奢以俭"三方面论述了人君治国安邦的指导思想和基本策略。开头用比喻说明了积德义是治国根本；接着通过史实的回顾，探究古代帝王功成后易失人心的原因，强调牢记"载舟覆舟"道理的必要性；最后提出"积德义"的十方面的具体内容，主要包括物质生活、自身修养、用人方法、奖惩原则等。作为一个封建时代的政治家，魏徵的言论虽有局限，但他提出的居安思危、知人善任、虚心纳谏、戒奢以俭等观点，至今仍然具有强烈的现实意义。

【原文】

臣闻求木之长者，必固其根本；欲流之远者，必浚其泉源；思国之安者，必积其德义。源不深而望流之远，根不固而求木之长，德不厚而思国之安，臣虽下愚，知其不可，而况于明哲乎？人君当神器之重，居域中之大[1]，不念居安思危，戒奢以俭，斯亦伐根以求木茂，塞源而欲流长也。

凡昔元首，承天景命，善始者实繁，克终者盖寡。岂取之易、守之难乎？盖在殷忧，必竭诚以待下；既得志，则纵情以傲物。竭诚，则吴、越为一体；傲物，则骨肉为行路。虽董之以严刑，振之以威怒，终苟免而不怀仁，貌恭而不心服。怨不在大，可畏惟人，载舟覆舟[2]，所宜深慎。

诚能见可欲，则思知足以自戒；将有作，则思知止以安人；念高危，则思谦冲而自牧；惧满溢，则思江海下百川；乐盘游，则思三驱[3]以为度；忧懈怠，则思慎始而敬终；虑壅蔽，则思虚心以纳下；惧谗邪，则思正身以黜恶；恩所加，则思无因喜以谬赏；罚所及，则思无因怒而滥刑。总此十思，宏此九德[4]。简能而任之，择善而从之，则智者尽其谋，勇者竭其力，仁者播其惠，信者效其忠。文武并用，垂拱而治。何必劳神苦思，代百司之职役哉！

【注释】

[1] 域中之大：占据天地间的至尊地位。《老子》通行本第二十五章："道大，天大，地大，王亦大。域中有四大，而王居其一焉。"

[2] 载舟覆舟：意思是人民能拥戴君主，也可以推翻他的统治。语出《荀子·王制》："君者舟也，庶人者水也。水则载舟，水则覆舟。"

[3] 三驱：一年打猎三次。《礼记·王制》："天子、诸侯无事，则岁三田（打猎）。"

[4] 九德：指忠、信、敬、刚、柔、和、固、贞、顺。

【译文】

我听说，想要树木生长，一定要加固它的根部；想要河水长流，一定要疏通它的源头；想使国家安定，一定要积聚道德仁义。水源不深却希望水流得长远，根不牢固却要求树木生长，道德不深厚却想使国家安定，我虽然卑下愚昧，也知道那是不可能的，更何况明智的人呢？国君掌握着帝王的重任，处于天地间至尊的地位，不考虑在安逸的环境中想到危难，戒除奢侈而厉行节俭，这也就像砍断树根却要树木长得茂盛，堵塞源头却希望流水长远一样啊！

古代所有的君主，承受上天的重大使命，开头做得好的确实很多，但是能够坚持到底的大概很少。难道是得天下容易守天下困难吗？大概是他们在忧患深重的时候，必然竭尽诚意对待下属；一旦得志，便放纵情欲，傲视他人。竭尽诚意，那么即使像吴、越那样敌对的国家也能结为一个整体；傲视他人，那么骨肉至亲也会疏远得像路人一样。即使用严酷的刑罚监督人们，用威风怒气恫吓人们，结果只能使人们图求苟且以免于刑罚，却不会怀念国君的恩德，表面恭敬，而心里并不顺从。怨恨不在大小，可怕的只是人民的力量，人民像水一样，可以承载船，也能使船倾覆，这是应该特别警惕的。

真能够做到：见了能引起喜好的东西，就想到知足以警诫自己；将要大兴土木，就想到要适可而止以使百姓安宁；考虑到帝位高随时会有危险，就想到要谦虚而加强自我修养；害怕骄傲自满，就想到像江海那样容纳千百条河流；喜欢打猎，就想到每年三次的限度；担心懈怠，就想到做事要始终谨慎；害怕受蒙蔽，就想到虚心接纳下属的意见；畏惧谗佞奸邪，就想到端正自身以斥退邪恶小人；加恩于人时，就想到不要因为一时高兴而赏赐不当；动用刑罚时，就想到不要因为一时发怒而滥用刑罚。要完全做到上述十个方面，弘扬九种优良品德。选拔有才能的人而任用他，选择好的意见而听从它，那么，有智慧的人就会竭尽他们的智谋，勇敢的人就会竭尽他们的气力，仁爱的人就会广施他们的恩惠，诚实的人就会奉献他们的忠诚。文臣武将都得到任用，垂衣拱手就可以天下太平。何必劳神苦思，代行百官的职责呢！

12. 十渐不克终疏

【题解】

本篇选自《新唐书》卷九十七《魏徵传》，它与《谏太宗十思疏》堪称姊妹篇，被后人誉为"千古金鉴"。贞观十三年（639），发生了突厥人阿史那率社民叛乱的事件，又传说云阳郡石头自燃，魏徵认为是政治失策、上天示警，所以竭诚向唐太宗进谏，呈上了这篇奏疏，从玩物丧志、奢侈浪费、兴师劳民、用人不当、恃功自负等十个方面非常大胆地揭露、批评了唐太宗的政治缺失，希望太宗防微杜渐，重新振作，表现了封建时代一位忠臣廉吏刚正不阿、忧国忧民的崇高品德。唐太宗闻过则喜，表示"愿改之以终善道"，要求将这篇奏疏写在宫内屏障上，以便朝夕相见，鞭策自己，并抄送史官，以为后世师表。这也说明唐太宗不愧是宽容大度、过而能改的圣明之君。

【原文】

臣奉侍帷幄[1]十余年，陛下许臣以仁义之道，守而不失；俭约朴素，终始弗渝。德音在耳，不敢忘也。顷年以来，浸不克终[2]。谨用条陈，裨万分一。

陛下在贞观[3]初，清净寡欲，化被荒外。今万里遣使，市索骏马，并访怪珍。昔汉文帝却千里马[4]，晋武帝焚雉头裘[5]。陛下居常论议，远希尧、舜[6]，今所为更欲处汉文、晋武下乎？此不克终一渐也。

子贡[7]问治人。孔子曰："懔乎[8]若朽索之驭六马。"子贡曰："何畏哉？"对曰："不以道导之，则吾仇也，若何不畏！"陛下在贞观初，护民之劳，煦之如子，不轻营为。顷既奢肆，思用人力，乃曰："百姓无事则易骄，劳役则易使。"自古未有百姓逸乐而致倾败者，何有逆畏其骄而为劳役哉？此不克终二渐也。

陛下在贞观初，役己以利物。比来纵欲以劳人。虽忧人之言不绝于口，而乐身之事实切诸心。无虑营构，辄曰："弗为此，不便我身。"推之人情，谁敢复争？此不克终三渐也。

在贞观初，亲君子，斥小人。比来轻亵小人，礼重君子。重君子也，恭而远之；轻小人也，狎而近之。近之莫见其非，远之莫见其是。莫见其是，则不待间而疏；莫见其非，则有时而昵。昵小人，疏君子，而欲致治，非所闻也。此不克终四渐也。

在贞观初，不贵异物，不作无益。而今难得之货杂然并进，玩好之作无时而息。上奢靡而望下朴素，力役广而冀农业兴，不可得已。此不克终五渐也。

贞观之初，求士如渴，贤者所举，即信而任之，取其所长，常恐不及。比来由心好恶[9]，以众贤举而用，以一人毁而弃，虽积年任而信，或一朝疑而斥。夫行有素履[10]，事有成迹，一人之毁未必可信，积年之行不应顿亏。陛下不察其原，以为臧否，使谗佞得行，守道疏间[11]。此不克终六渐也。

在贞观初，高居深拱，无田猎毕弋之好。数年之后，志不克固，鹰犬之贡，远及四夷，晨出夕返，驰骋为乐，变起不测，其及救乎？此不克终七渐也。

在贞观初，遇下有礼，群情上达。今外官奏事，颜色不接，间因所短，诘其细过，虽有忠款，而不得申。此不克终八渐也。

在贞观初，孜孜治道，常若不足。比恃功业之大，负圣智之明，长傲纵欲，无事兴兵，问罪远裔。亲狎者阿旨不肯谏，疏远者畏威不敢言。积而不已，所损非细。此不克终九渐也。

贞观初，频年霜旱，畿内户口并就关外，携老扶幼，来往数年，竟无一户亡去。此由陛下矜育抚宁[12]，故死不携贰[13]也。比者疲于徭役，关中之人，劳弊尤甚。杂匠当下，顾而不遣。正兵番上[14]，复别驱任。市物稸属于廛[15]，递子背望于道。脱有一谷不收，百姓之心，恐不能如前日之怗泰。此不克终十渐也。

夫祸福无门，惟人之召，人无衅焉，妖不妄作。今旱暵之灾[16]，远被郡国，凶丑之孽[17]，起于轂下[18]，此上天示戒，乃陛下恐惧忧勤之日也。千载休期，时难再得，明主可为而不为，臣所以郁结长叹者也！

【注释】

[1] 奉侍帷幄（wéi wò）：奉侍，侍候，服务。帷幄，帐篷，房子。

[2] 浸不克终：浸，渐渐。不克终，不能有始有终。

[3] 贞观：唐太宗李世民（699—649）的年号，在公元627—649年。

[4] 汉文帝却千里马：汉文帝，即刘恒（公元前202—前157），汉高祖刘邦之子。公元前180—前157年在位。执政期间实行黄老无为而治、与民休息政策，以爱民、俭朴著称。汉文帝拒收千里马的故事，见《汉书·贾捐之传》："至孝文皇帝，闵中国未安，偃武行文……时有献千里马者，诏曰：'鸾旗在前，属车在后，吉行日五十里，师行三十里，朕乘千里之马，独先安之？'于是还马，与道里费，而下诏曰：'朕不受献也，其令四方毋求来献。'"

[5] 晋武帝焚雉头裘：晋武帝，即司马炎（236—290），公元265—290年在位，尚称节俭。他焚毁雉头裘的故事，见《晋书·武帝纪》："（咸宁四年十一月辛巳）太医司马程据献雉头裘。帝以奇技异服，典礼所禁，焚之于殿前。"雉头裘，一种绣（或画）上野鸡头图案的珍贵皮衣。

[6] 远希尧、舜：远，上溯到久远。希，希求。尧、舜，唐尧、虞舜，上古部落领袖，儒家传说中的圣君。

[7] 子贡：即端木赐，孔子主要弟子之一，以成功经商著称。

[8] 懔（lǐn）乎：懔然，谨慎畏惧的样子。

[9] 由心好恶：任由个人喜好或厌恶之情而行事。

［10］行有素履：行，品行，操守。素，平时。履，践履，实践。

［11］守道疏间：笃守道义的人被疏远离间。

［12］矜育抚宁：怜悯爱护，抚恤安慰。

［13］死不携贰：即使死亡也不存叛逆之心。

［14］正兵：有编制的军户。番上：番代，按时更替。

［15］襁（qiǎng）属于廛（chán）：襁，幼小。属于，进入。廛，市廛，古代集市上堆放货物之所。

［16］旱熯（hàn）之灾：严重的旱灾。熯，蒸，焙，此处形容干旱严重。

［17］孽（niè）：妖孽。

［18］毂（gǔ）下：车轮之下。毂，车轮中心可以贯穿车轴的地方。此处"毂下"，指皇帝乘坐的车下，即京城或宫内。

【译文】

我在陛下身边做事已经十多年了，陛下曾经答应我，要永远信守仁义之道，始终保持节俭朴素的作风。陛下的话至今还在我耳边回响，从来不敢忘记。但是近几年来，陛下却渐渐有点有始无终啦。现在我谨向陛下分条奏陈，希望有一点点帮助。

陛下在贞观初年，清静无为，不追求物质享受，教化远播国外。但现在却派使者到万里之外，搜寻良马、珍宝。历史上，曾有汉文帝谢绝千里马、晋武帝烧毁雉头裘的故事。陛下平时经常说，要效法上古的圣君尧、舜，可是现在的所作所为，不要说尧、舜，就连汉文帝、晋武帝也不如了。这是陛下不能善始善终的苗头之一。

子贡向孔子请教管理百姓的道理。孔子说："要小心谨慎啊！那像是用烂绳子去控制六匹马。"子贡说："何必那么害怕呢？"孔子回答说："不按大道理去引导他们，就会和我们为敌，怎么能不怕呢！"陛下在贞观初年像对待儿子一样地爱护百姓，不随便大兴土木。最近却奢侈放纵了，很想动用民力，还借口说："百姓无事就容易骄纵懒惰，让他们多服劳役才肯听使唤。"自古以来，没有因为百姓安乐而导致国家败亡的，哪有害怕百姓骄惰而让他们去服劳役的事呢？这是陛下不能善始善终的苗头之二。

陛下在贞观初年，能够节制自己的欲望，注重发展生产。近来却纵情行乐，大规模地劳役百姓。虽然体恤百姓的话还挂在嘴边，但心里想的却是个人享乐。陛下在大肆营建的时候，总是自我辩护说："不这样做，对我太不方便了。"推想人情世故，做臣子的谁敢和陛下争论呢？这是陛下不能善始善终的苗头之三。

贞观初年，陛下能够亲近君子，远斥小人。近来却对小人轻佻而亲昵，对君子只在礼节上尊重。礼节形式上尊重君子，实际上是敬而远之；行动上轻佻小人，实际上是爱而近之。敬而远之，就不容易看到君子的优点，不等别人去离间，就疏远他们了；看不见小人的缺点，就时而会表现亲昵。亲昵小人，疏远君子，而想达到天下大治，还从来没有听说过。这是陛下不能善始善终的苗头之四。

贞观初年，陛下不爱奇珍异宝，不做无益的事。可是现在呢，难得的物品纷纷进献上来而被收纳，享乐用品无休止地向您呈献。上面奢侈浪费而希望下面俭约朴素，大量地役使劳力而希望发展农业，都是办不到的。这是陛下不能善始善终的苗头之五。

贞观初年，陛下访求人才像渴极思饮一样，凡是贤明人举荐的人才，你就会相信他，任用他，取其所长，唯恐不能充分发挥他们的才能。最近却只凭个人好恶之情用人行事，经过众多贤明人举荐而任用的人才，往往因为有一个人说他们的坏话，陛下就弃而不用，就是已任用多年并得到信任的人，也会一旦受到怀疑而被斥退。看人要看他平时的行为举止，看事要看实际的结果。一个人说的坏话未必可信，多年的操行不可能突然消失。陛下对人事不从根本上考察，就加以肯定或否定，而致使佞人得志，谗言得逞，笃守道义的人被离间疏远。这是陛下不能善始善终的苗头之六。

贞观初年，陛下居于高位，处于深宫专心处理政务，没有打猎寻乐的嗜好。几年之后，意志就不能坚定了，让各地进献猎鹰名犬，远及于周边各少数民族，陛下骑马打猎游乐，常常早出晚归，如果发生不可预测的变乱，哪里来得及解救呢？这是陛下不能善始善终的苗头之七。

贞观初年，陛下对臣下以礼相待，民情能够及时反映上来。但现在不一样了，外面的官员向你报告事情，常常连面都见不到，有时因为他们某些缺点，就去追究他们细微的过失，这样，他们即使有一片忠诚之心，也无法倾吐真情了。这是陛下不能善始善终的苗头之八。

贞观初年，陛下孜孜不倦地寻求治国的道理，还常常担心自己做得不够。可是近来，仗着功大业大，自负聪明睿智，滋生了骄傲自满的情绪，放纵个人欲望，无故兴师动众，侵扰边远少数民族。身边的亲信顺从陛下的意思，不肯进谏规劝，被疏远的人害怕陛下的威严，又不敢说什么。这样长此以往，危害真不小呢！这是陛下不能善始善终的苗头之九。

贞观初年，连年的霜冻干旱，使京城附近的人都向关外迁移，几年之间，老百姓扶老携幼来来往往，但终究没有一户逃亡。这是因为陛下能怜悯他们，抚恤他们，所以他们即使死亡也不存叛逆之心。近年来，老百姓被劳役拖累得疲惫不堪，关中的百姓受害更大。杂役匠工被征召而来，逗留而不遣返。正规军户应该更替之时，又派了别的任务。入市的物品很早就被征税，更替服役的人充满道路。万一年成不好，百姓的心恐怕不会像以前那样安心服帖了。这是陛下有始无终的苗头之十。

祸福并没有定数，全由人们自己招来，人自己不犯错误，妖妄的现象就不会发生。现在旱灾遍及全国，坏人在陛下身边蠢动，这是上天发出的警告，也正是陛下提高警惕努力治国的时候。千载难逢的好机会错过了就不容易再遇到，像陛下这样圣明的君主，本应该有所作为而不努力去做，这怎能不使我忧虑苦闷、叹息不已呢！

13. 乞不用赃吏疏

【题解】

本篇选自《包拯集》卷三十"择官"类，是宋仁宗庆历年间包拯任监察御史时上呈皇帝的奏章。包拯（999—1062），字希仁，北宋庐州合肥（今属安徽）人。仁宗时任监察御史，官至枢密副使。因担任过天章阁待制、龙图阁直学士，所以后人称他为包待制、包龙图、包学士。他为官清廉，不畏权贵，执法公允，是一位铁面无私的清官。在封建社会里，官吏心术不正，贪污受贿，是相当普遍的现象，宋代也不例外。当时在官员队伍中贪赃枉法的事件屡屡发生。包拯有鉴于此，便上书仁宗，请求采取措施严惩贪官污吏。文中强调，只要官吏犯有贪污受贿的罪行，一律严惩不贷，即使遇上大赦，也绝不录用这些人为官。

【原文】

臣闻廉者，民之表也；贪者，民之贼也。今天下郡县至广，官吏至众，而赃污擿[1]发，无日无之。洎[2]具案来上，或横贷以全其生，或推恩以除其衅。虽有重律，仅同空文，贪猥之徒，殊无畏惮。昔两汉以赃私致罪者，皆禁锢子孙，矧[3]自犯之乎！太宗朝尝有臣僚数人犯罪，并配少府监[4]隶役，及该赦宥[5]，谓近臣曰："此辈既犯赃滥，只可放令逐便，不可复以官爵。"其责贪残，慎名器如此。皆先朝令典，固可遵行。欲乞今后应臣僚犯赃抵罪，不从轻贷，并依条施行，纵遇大赦，更不录用，或所犯若轻者，只得授副使、上佐[6]。如此，则廉吏知所劝，贪夫知所惧矣。

【注释】

　　[1] 摘（tī）：揭发。

　　[2] 洎（jì）：等到。

　　[3] 矧（shěn）：况且。

　　[4] 少府监：宋代六监之一，主管制造神衣、旗帜等物。

　　[5] 宥（yòu）：宽容，饶恕。

　　[6] 副使、上佐：官职名，都是闲官。副使即节度副使，上佐为宋时州府的长史、司马别驾等官，均无实际职掌。

【译文】

　　我听说廉洁的官吏，是民众的表率；贪赃的官吏，是民众的敌人。现在天下郡县广布，官吏众多，而被揭发出来的官员贪赃枉法事件，几乎每天都有。等到案件上报到官府，有的人掩盖事实宽恕罪责来保全他的性命，有的人因皇上推广封赠的恩惠而得以免罪。虽然有严格的律令，也仅仅是一纸空文，贪婪卑鄙之徒没有丝毫的畏惧。从前两汉时代，因为贪污营私而犯罪的人，连子孙都严禁做官，何况是罪官本人呢！本朝太宗皇帝在位时，曾经有几个臣子犯了罪，被发配到少府监做差役，到了服刑期满时，太宗对左右亲近大臣说："这帮人既然犯了贪污受贿罪，只能罢免他们的官职听其自便，不能再恢复他们的官位。"他惩办贪婪凶残的官员，谨慎地对待国家用人的大事，于此可见一斑。这些都是前朝的律令典章，完全可以继续遵照执行。我请求今后凡是贪赃枉法的官吏受到相应的处罚，一律不予宽恕，全都依据法律条文处置，即使遇上大赦，也不再录用这些人为官，他们当中有犯罪情节较轻的，也只能让他们做副使、上佐之类的闲官。这样做的话，廉洁的官吏就明白努力的方向，贪婪的官吏就懂得害怕什么了。

14. 朋党论

【题解】

　　本文选自北宋欧阳修的《欧阳文忠公集》。欧阳修（1007—1072），字永叔，号醉翁，晚年改号六一居士，庐陵（今江西吉安）人，北宋著名文学家、政治家，"唐宋八大家"之一。他曾参加政治革新运动，直言敢谏，故屡遭保守派排斥。后官至枢密副使、参知政事。卒谥文忠。

北宋庆历年间，范仲淹等人执政，实行了一系列改革措施，遭到保守派的阻挠和攻击。保守派给主张革新的人扣上"朋党"的罪名，必欲置之死地而后快。于是欧阳修写下此文，呈给仁宗皇帝。朋党，意即宗派，历代皇帝最忌讳官员中一些人相互勾结，成为朋党。文中对这一妄加的罪名并不直接辩护，而是大胆地别出新论，提出"小人无朋"，通过大量史实的正反对比说明：君子的朋党是真朋党，他们志同道合，真诚团结，为国尽忠；小人的朋党是假朋党，他们贪图私利，相互勾结，祸国殃民。作者列举大量史实，雄辩地证明了只要任用君子的朋党，国家就能治理好，相反国家就会被颠覆灭亡。

【原文】

臣闻朋党之说，自古有之，惟幸人君辨其君子、小人而已。大凡君子与君子，以同道为朋；小人与小人，以同利为朋。此自然之理也。

然臣谓小人无朋，惟君子则有之。其故何哉？小人所好者利禄也，所贪者货财也。当其同利之时，暂相党引以为朋者，伪也。及其见利而争先，或利尽而交疏，则反相贼害，虽其兄弟亲戚，不能相保。故臣谓小人无朋，其暂为朋者，伪也。君子则不然。所守者道义，所行者忠信，所惜者名节。以之修身，则同道而相益；以之事国，则同心而共济，终始如一。此君子之朋也。故为人君者，但当退小人之伪朋，而用君子之真朋，则天下治矣。

尧之时，小人共工、驩兜等四人[1]为一朋，君子八元[2]、八恺[3]十六人为一朋。舜佐尧，退四凶小人之朋，而进元、恺君子之朋，尧之天下大治。及舜自为天子，而皋、夔、稷、契[4]等二十二人并立于朝，更相称美，更相推让，凡二十二人为一朋，而舜皆用之，天下亦大治。《书》曰："纣有臣亿万，惟亿万心；周有臣三千，惟一心。"纣之时，亿万人各异心，可谓不为朋矣，然纣以亡国。周武王之臣三千人为一大朋，而周用以兴。后汉献帝时，尽取天下名士囚禁之，目为党人[5]。及黄巾贼[6]起，汉室大乱，后方悔悟，尽解党人而释之，然已无救矣。唐之晚年，渐起朋党之论[7]。及昭宗时，尽杀朝之名士[8]，咸投之黄河，曰："此辈清流，可投浊流。"而唐遂亡矣。

夫前世之主，能使人人异心不为朋，莫如纣；能禁绝善人为朋，莫如汉献帝；能诛戮清流之朋，莫如唐昭宗之世。然皆乱亡其国。更相称美推让而不自疑，莫如舜之二十二臣，舜亦不疑而皆用之。然而后世不诮舜为二十二人朋党所欺，而称舜为聪明之圣者，以能辨君子与小人也。周武之世，举其国之臣三千人共为一朋，自古为朋之多且大莫如周。然周用此以兴者，善人虽多而不厌也。

嗟乎！治乱兴亡之迹，为人君者，可以鉴矣。

【注释】

[1] 四人：指共工、驩（huān）兜、三苗、鲧（gǔn），即下文所说的"四凶"。

[2] 八元：指传说中高辛氏的八个才子。元，善。

[3] 八恺（kǎi）：指传说中高阳氏的八个才子。恺，和乐。

[4] 皋、夔（kuí）、稷、契：相传是尧、舜时的贤臣，分别掌管刑法、音乐、农事、文教。

[5] "尽取"二句：东汉桓帝、灵帝时，宦官专权，将名士看作党人，大批拘捕流放或处死，史称"党锢之祸"。此处作者误为献帝时事。

[6] 黄巾贼：封建统治者对东汉末年张角领导的农民起义军的蔑称。

[7] "唐之"二句：唐宪宗时，以牛僧孺为首的官僚集团与以李德裕为首的官僚集团相互争斗，历时四十余年，史称"牛李党争"。

[8] 尽杀朝之名士：唐哀帝天祐二年（905），权臣朱温杀了大臣裴枢等人，并将尸首投入黄河。文中说是昭宗时事，系作者误记。

【译文】

我听说朋党的说法从古以来就有，只是希望君王能辨别出谁是君子，谁是小人罢了。大凡君子和君子，都是因道义一致而结成朋党的；小人与小人，都是因共同利益而结成朋党的。这是自然的道理。

但是我认为小人没有朋党，只有君子才有朋党。这是什么原因呢？因为小人所喜爱的是利禄，所贪婪的是钱财。当他们利益相同的时候，暂且勾结在一起称为朋党，这是假的。等到看见利益就争先抢夺，或者无利就交往疏淡，甚至反过来互相伤害，即使是他的兄弟亲戚，也难保这个情分。所以臣说小人没有朋党，他们暂时结为朋党是假的。君子却不是这样。他们所信奉的是道义，执行的是忠信，珍惜的是名节。以此作自身修养，志向相同而互相得益；以此替国家服务，就能同心协力，战胜困难始终如一。这就是君子的真朋党。所以为人君的，就要屏退小人的假朋党，进用君子的真朋党，那么天下就太平了。

尧做天子的时候，小人共工、驩兜等四人结为朋党，君子八元（高辛氏的八个儿子）和八恺（高阳氏的八个儿子）共十六个人结为朋党。舜辅佐尧治理天下，斥退了那四个凶恶小人的朋党，进用八元和八恺贤良君子的朋党，尧的天下就此安定兴旺起来。到了舜自己做天子的时候，皋、夔、稷、契等二十二人一起在朝廷做大官，互相赞美，互相推让，总共二十二个人结成一个朋党，而舜都任用他们，天下也安定兴旺。《尚书》中说道："纣王有臣子亿万，就有亿万条心；周朝有臣子三千，只有一条心。"纣王的时候，亿万人各有一条心，可以说没有结成朋党，但纣王因此而亡国。周武王的臣子有三千，结为一个大朋党，周朝因此兴旺。东汉献帝的时候，把天下有名气的读书人全部囚禁起来，把他们看作同一朋党的人。到了黄巾人起来造反，汉朝大乱，后来方才懊悔觉悟，把这些被看作朋党的人全部赦免释放，但是局势已经无法挽救了！唐朝的晚年，渐渐地兴起了朋党的议论。到了唐昭宗时，把朝廷里的有名气的读书人统统杀掉，有的被扔到黄河里，还说："这帮人自命清流，可以投入浊流。"然而唐朝就灭亡了。

从前的天子，能使人与人之间彼此存两样心思而不结为朋党的，从来没有像纣王；能够禁止好人结成朋党的，从来没有像汉献帝；能够诛灭杀戮清流的朋党的，从来没有像唐昭宗的时代。但是他们都因此而离乱，覆灭了自己的国家。彼此互相赞美、互相推让而不生怀疑之心，而全部任用他们，从来没有像舜的二十二个臣子，舜也没有怀疑地进用他们全部。但是后世的人没有责备舜被二十二个臣子结成的朋党所欺侮，他们反而称赞舜为听得明白看得清楚的圣人，因为他能辨别君子和小人。周武王的时代，全国臣子总共三千人，一起结为一个朋党，从古以来朋党人数多而且大的没有像周朝这个样子。但是周朝任用他们却因此兴旺起来，有才德的人即使很多，也不让人觉得厌烦。

啊！治乱兴亡的历史，值得当君王的人拿来借鉴。

15. 刑赏忠厚之至论

【题解】

本文为苏轼参加科举考试时所作，曾受到当时的主考官欧阳修的赏识。题目的意思是论述刑罚和奖赏如何才能达到忠厚的极致。作者认为，无论是惩罚或者是奖赏，都要从仁爱出发，立法要严，责人贵宽，天下才能安定。

苏轼（1037—1101），字子瞻，号东坡居士，眉州眉山（今四川眉山市）人。北宋杰出的文学家，系"唐宋八大家"之一，他在诗词、文章、书画等方面均有很深的造诣。曾任礼部员外郎、礼部尚书、翰林学士等。

【原文】

尧、舜、禹、汤、文、武、成、康之际，何其爱民之深，忧民之切，而待天下以君子长者之道也！有一善，从而赏之，又从而咏歌嗟叹之，所以乐其始而勉其终；有一不善，从而罚之，又从而哀矜惩创之，所以弃其旧而开其新。故其吁俞[1]之声，欢休惨戚，见于虞、夏、商、周之书[2]。成、康既没，穆王立，而周道始衰，然犹命其臣吕侯[3]，而告之以祥刑。其言忧而不伤，威而不怒，慈爱而能断，恻然有哀怜无辜之心，故孔子犹取焉。

传曰："赏疑从与，所以广恩也。罚疑从去，所以慎刑也。"当尧之时，皋陶[4]为士，将杀人，皋陶曰杀之三，尧曰宥[5]之三。故天下畏皋陶执法之坚，而乐尧用刑之宽。四岳[6]曰："鲧[7]可用。"尧曰："不可，鲧方命圮[8]族。"既而曰："试之。"何尧之不听皋陶之杀人，而从四岳之用鲧也？然则圣人之意盖亦可见矣。《书》曰："罪疑惟轻，功疑惟重。与其杀不辜，宁失不经。"[9]呜呼！尽之矣。可以赏，可以无赏，赏之过乎仁；可以罚，可以无罚，罚之过乎义。过乎仁，不失为君子；过乎义，则流而入于忍人。故仁可过也，义不可过也。

古者赏不以爵禄，刑不以刀锯。赏之以爵禄，是赏之道行于爵禄之所加，而不行于爵禄之所不加也；刑之以刀锯，是刑之威施于刀锯之所及，而不施于刀锯之所不及也。先王知天下之善不胜赏，而爵禄不足以劝也；知天下之恶不胜刑，而刀锯不足以裁也。是故疑则举而归之于仁，以君子长者之道待天下，使天下相率而归于君子长者之道，故曰忠厚之至也。

《诗》曰："君子如祉，乱庶遄已。君子如怒，乱庶遄沮。"[10]夫君子之已乱岂有异术哉？制其喜怒，而无失乎仁而已矣。《春秋》[11]之义，立法贵严，而责人贵宽。因其褒贬之义以制赏罚，亦忠厚之至也。

【注释】

[1] 吁（xū）俞：吁，叹词，表示惊叹，不以为然。俞，应答声，表示应允。

[2] 虞、夏、商、周之书：指《尚书》，上古历史文献的汇编，分《虞书》、《夏书》、《商书》、《周书》。

[3] 吕侯：周穆王的大臣，任司寇一职。

[4] 皋陶（gāo yáo）：传说中尧的大臣。

[5] 宥（yòu）：原谅，饶恕。

[6] 四岳：传说中当时的四方部落首领。

[7] 鲧（gǔn）：传说中禹的父亲。被四岳推举，他奉命治水无功，被

舜杀死。

　　[8] 圮（pǐ）：毁坏。以上事实参见《尚书·尧典》。

　　[9]"罪疑惟轻"四句：见《尚书·大诰》。

　　[10]"君子如祉（zhǐ）"四句：见《诗·小雅·巧言》。祉，福，这里引申为喜悦。遄（chuán），快速。

　　[11]《春秋》：我国最早的一部编年史，据说由孔子编定，文中寓有褒善贬恶之义。

【译文】

　　唐尧、虞舜、夏禹、商汤、周文王、武王、成王、康王的时候，他们爱民的心情是多么深厚，忧民的心情是多么恳切，并且用那么忠厚的君子长者的态度去治理天下啊！一个人做了一件好事，随即奖赏他，接着又歌颂赞美他，为的是用这种办法来表彰他的开端，以勉励他坚持到底；一个人做了一件坏事，随即处罚他，接着又怜惜惩戒他，为的是使他抛弃前非而开始新的生活。因此，那些惊叹应答的声音，欢乐喜悦、哀愁悲戚的感情，都反映在虞、夏、商、周的书上。成王、康王死后，穆王即位，周朝的政治开始衰落，但是穆王还是训导他的大臣吕侯，告诉他审慎用刑。他的话忧虑而不哀伤，威严而不愤怒，慈爱而又果断，有哀怜无罪者的同情心，所以孔子对他也还有所肯定。

　　古书上说："赏赐与否难以确定时就赏予，这是用来推广恩德的做法。惩罚与否难以确定时就不罚，这是慎用刑罚的做法。"在尧的时候，皋陶当刑狱官，准备要处死一个人，皋陶多次说杀，尧多次下令赦免。因此天下的人都畏惧皋陶执法坚定，而喜欢尧量刑宽大。四岳说："鲧可以任用。"尧说："不可，鲧违抗命令，坑害族类。"后来又说："可以试用。"为什么尧不听皋陶杀人的意见，却听从四岳任用鲧的意见呢？从这里也可以看出圣人的用意了。《尚书》说："罪行轻重不易确定时，量刑从轻；功劳大小难以确定时，论功从厚。与其杀掉无罪的人，宁可不杀而犯不守成法的错误。"唉！说得透彻极了。可以奖赏，也可以不奖赏，赏他就是越过了仁；可以惩罚，也可以不征罚，罚他就是越过了义。越过了仁，仍然是一个君子；越过了义，就会变成残忍的人了。所以仁可以越过，而义不能越过。

　　古时候，奖赏不用爵位和俸禄，刑罚不用刀锯。用爵位和俸禄来奖赏功劳，这样奖赏的效用只给予得到爵位和俸禄的人身上，而不能给予得不到爵位和俸禄的人身上；刑罚用刀锯，这样刑罚的威力只能施加在可以受刀锯的人身上，而不能施加在不可以受刀锯的人身上。古代帝王知道对天下的善事是赏不胜赏，而爵位和俸禄也不足以起到勉励的作用；知道对天下的恶事是罚不胜罚，而刀锯也不足以实现制裁的作用。因此，赏罚不能确定的时候，就根据仁的原则来处理，用君子长者的忠厚之道对待天下，使天下之人相继归于君子长者之道，所以说这是忠厚的极致了。

《诗经》上说："君子如果喜于纳谏，变乱差不多就快结束了。君子如果听到谗言就发怒，变乱也差不多就快终止了。"君子平息变乱，难道有什么特殊的方法吗？使自己的一喜一怒都不违背仁罢了。《春秋》的本义是：建立法度以严厉为贵，而要求人民则以宽恕为贵。根据《春秋》的褒贬原则，来规定奖赏和刑罚的办法，这也就是忠厚的极致。

16. 兴　贤

【题解】

本篇选自《王文公文集》卷三十二。文章以史为鉴，论证了"任贤使能"对于国家兴盛的重要意义，揭示了"弃贤专己"导致国家衰亡的巨大危害。作者认为，国家兴衰的关键在于能否兴贤、用贤，强调了"有贤而用之者，国之福也"的道理，进而劝谏作为最高统治者的君上应当进贤退不肖，爱护并善用贤能之士，以求得天下大治。

作者王安石（1021—1086），字介甫，号半山，临川（今江西抚州市）人，北宋著名的政治家、文学家、思想家。庆历二年（1042）中进士，熙宁三年（1070）任宰相。他在宋神宗支持下厉行改革，推行一系列新法，以图富国强兵。但新法遭到守旧派激烈反对，王安石二度罢相。晚年退居江宁（今江苏南京）半山园，封舒国公，改荆国公。著有《王临川集》、《三经新义》等。现有上海人民出版社1974年版《王文公文集》新标点本。

【原文】

国以任贤使能而兴，弃贤专己而衰。此二者必然之势，古今之通义，流俗所共知耳。何治安之世有之而能兴，昏乱之世虽有之亦不兴？盖用之与不用之谓矣。有贤而用，国之福也；有之而不用，犹无有也。商之兴也有仲虺、伊尹[1]，其衰也亦有三仁[2]。周之兴也同心者十人[3]，其衰也亦有祭公谋父、内史过[4]。两汉之兴也有萧、曹、寇、邓之徒[5]，其衰也亦有王嘉、傅喜、陈蕃、李固之众[6]。魏晋而下，至于李唐，不可遍举，然其间兴衰之世，亦皆同也。由此观之，有贤而用之者，国之福也；有之而不用，犹无有也。可不慎欤？

今犹古也，今之天下亦古之天下，今之士民亦古之士民。古虽扰攘[7]之际，犹有贤能若是之众，况今太宁[8]，岂曰无之？在君上用之而已。博询众庶[9]，则才能者进矣；不有忌讳，则谠直之路[10]开矣；不迩小人，则谗谀者自远矣；不拘文牵俗，则守职者辨治矣；不责人以细过[11]，则能吏之志得以尽其效矣。苟行此道，则何虑不跨两汉、轶三代[12]，然后践五帝、三皇之涂哉[13]！

【注释】

[1] 仲虺（huǐ）：商汤的左相，有贤名。伊尹：又名挚，商汤聘任为相，辅佐汤伐夏桀，被尊为阿衡，史称贤相。

[2] 三仁：即商末三位贤人：微子、箕子、比干。微、箕都是国名，子即子爵。微子是商纣王的庶兄，见纣王无道，力谏不从，于是出走，武王灭纣后，受封于宋。箕子是纣王的诸父（叔伯辈），官至太师，因数谏纣王不听，于是佯狂为奴，被纣王囚禁，武王灭纣后被释。传说他后来到朝鲜半岛为王，今平壤有箕子陵可证。比干也是纣王的诸父，因多次劝谏纣王而被剖心惨死。《论语·微子》记载说："微子去之，箕子为之奴，比干谏而死。孔子曰：'殷有三仁焉。'"

[3] 同心者十人：指与周武王共同创业的十个人，即周公旦、召公奭（shì）、太公望、毕公、荣公、太颠、闳（hóng）公、散宜生、南宫适（kuò）、文母。《尚书·泰誓》记武王伐纣的誓言说："予有乱臣（辅佐治国的贤臣）十人，同心同德。"

[4] 祭公谋父：祭国公，名谋父，周公旦的孙子，西周末卿士，曾作诗劝谏周穆王兴兵征伐。内史过：姓内史，名过，西周末史官。

[5] 萧：萧何，秦汉之际沛（今属江苏沛县）人，辅佐汉高祖刘邦灭秦兴汉，号称第一功臣。刘邦称帝后，任命萧何为相国，负责制定律令典制。曹：曹参，与萧何同乡，并一起辅佐刘邦。萧何临终前，向汉惠帝推荐了曹参。曹参为相后，恪守萧何成法，实行与民休养生息的无为政治，史有"萧规曹随"之说。寇：寇恂，两汉之际昌平（今属北京市）人。邓：邓禹，南阳新野（今属河南新野县）人。二人因辅佐光武帝刘秀建立东汉王朝有功，分别被封为雍奴侯、高密侯。

[6] 王嘉：字公仲，东汉平陵（今属陕西咸阳市）人。汉哀帝时为丞相，为人刚正不阿，因反对加封佞臣董贤而被问罪，嘉悲叹"充备宰相，不能进贤退不肖，死有余辜"，于是绝食而死。傅喜：字稚游，东汉温（今属河南温县）人，为哀帝祖母傅太后堂弟，哀帝时官至大司马。但他

不徇私情，反对傅太后拟称尊号，被免官。陈蕃：字仲举，东汉平舆（今河南汝南县）人，桓帝时官至太尉，灵帝时为太傅，为人重气节，疾恶如仇，有"大丈夫当扫除天下"名言传世，是当时清流领袖。因与大将军窦武合谋诛杀宦官，事败被杀。李固：字子坚，东汉汉中南郑（今属陕西汉中市）人。顺帝时官至大司农，冲帝时官至太尉。为人刚直敢言，多次上疏直陈外戚、宦官擅权之弊，终被大将军梁冀诬陷杀害。

[7] 扰攘：纷乱不已。

[8] 太宁：太平安定。

[9] 博询众庶：广泛地征求大家的意见。

[10] 谠（dǎng）直之路：正直敢谏的言路。

[11] 细过：细小的过失。

[12] 跨：跨越。轶：超过。两汉：指西汉、东汉。三代：指夏、商、周。

[13] 践：踏，追赶。五帝：指黄帝、颛顼（zhuān xū）、帝喾（kù）、尧、舜。三皇：指燧人氏、伏羲氏、神农氏。

【译文】

一个国家，由于能够任用贤能人才而得以兴盛，因为糟蹋人才、独断专行而走向衰亡。这是必然的趋势，古今不变的道理，也是众所周知的事。那么，为什么在太平治世有了贤才就能使国家兴盛，而在混乱时期虽然有贤才却做不到呢？其原因就在于用不用他们呀！有贤才而能用，真是国家的幸运啊！有贤才而不能用，还不等同于没有呀。商朝的兴起，在于有仲虺、伊尹这样的贤才；到它衰亡时，也还有微子、箕子、比干三位贤人。周朝的兴起，在于有与武王同心同德的十个贤人；它衰亡时，也还有祭公谋父、内史过这样的贤人。两汉兴起之时，有萧何、曹参、寇恂、邓禹这类功臣；它们衰亡时，也有王嘉、傅喜、陈蕃、李固这些贤才。至于从魏晋到李姓掌权的唐朝，难以一一列举，但兴衰的道理，却大致是一样的。从这些历史事实可以看出，有贤才而能用，才是国家的幸运；有贤才而不能用，则无异于没有人才。对这个道理，那些掌握用人大权的人能不慎重对待吗？！

今世就像古代一样，当今的天下与古代的天下都一个样，今天的臣民也如同古代的臣民。古代虽处于纷乱时期，仍然有众多贤能人才，更何况当今处于太平时期，怎能说没有人才呢？关键在君主能否任用。如果君上能广泛征求大家的意见，那么有才能的人就会涌现上进；如果没有顾忌避讳，那么正直敢谏的言路就会打开；上面不与卑鄙小人混在一起，那么阿谀奉承之徒就会躲得远远的；不被陈规陋习所牵制束缚，那么恪守职分的官吏就能明辨是非、干练办事；不吹毛求疵地计较别人的小缺点，那么属下官员就能放开手脚、卓有成效地工作。假如能实践这个兴贤用人的战略策略，那么何须担心当代不会超越两汉、三代盛世而与三皇五帝的功业相媲美呢！

17. 正气歌并序

【题解】

本篇选自《文山先生全集》。作者文天祥于南宋祥兴元年（1278）被元军俘获，次年十月被押送到元大都，囚禁于狭小污秽的土室里，于是作《正气歌》以明志。作者在序文及歌词中，描述了身处极其恶劣的环境，以至大至刚的浩然"正气"抵御囚室里的七种恶气，从而彰显了作者崇高的民族气节和坚贞不屈的斗争意志。

文天祥（1236—1283），南宋末大臣。字宋瑞，又字履善，号文山，吉州庐陵（今江西吉安县）人。南宋理宗宝祐四年（1256）举进士第一，累官湖南提刑，改知赣州（今江西赣县）。德祐元年（1275），元军大举南侵，恭帝诏天下勤王，文天祥在赣州任所起兵入卫。次年，元军进逼临安，文天祥以右丞相兼枢密使身份赴元营谈判被拘，乘间逃脱。至福州，与陆秀夫拥立益王赵昰（shì），继续武力抗元。祥兴元年（1278）十二月，在五坡岭（今广东海丰县北）兵败被俘，被押往大都（今北京市）。拘囚三年，坚贞不屈，于元世祖至元十九年十二月（1283年1月）从容就义于柴市口，时年四十七岁。临刑前，作《绝笔辞》系于衣带间，云："孔曰成仁，孟曰取义，惟其义尽，所以仁至。读圣贤书，所学何事？而今而后，庶几无愧！"充分体现了这位民族英雄大义凛然、视死如归的崇高精神。后人将文天祥所写诗文汇集刊印，有《文山先生全集》。

【原文】

序 文

予囚北庭[1]，坐一土室。室广八尺，深可四寻[2]。单扉低小，白间短窄，污下而幽暗。当此夏日，诸气萃然[3]：雨潦四集，浮动床几，时则为水气；涂泥半朝，蒸沤历澜[4]，时则为土气；乍晴暴热，风道四塞，时则为日气；檐阴薪爨[5]，助长炎虐，时则为火气；仓腐寄顿，陈陈[6]逼人，时则为米气；骈肩杂沓，腥臊汗垢，时则为人气；或圊溷[7]，或毁尸，或腐鼠，恶气杂出，时则为秽气。叠是数气，当之者鲜不为厉[8]，而予以孱弱俯仰[9]其间，于兹二年矣，幸而无恙，是殆有养致然尔。然亦安知所养何哉？孟子曰："吾善养吾浩然之气。"[10]彼气有七[11]，吾气有一，以一敌七，吾何患焉！况浩然[12]者，乃天地之正气也，作《正气歌》一首。

歌　词

天地有正气，杂然赋流形[13]：下则为河岳，上则为日星，于人曰浩然，沛乎塞苍冥[14]。皇路当清夷，含和吐明庭[15]；时穷节乃见[16]，一一垂丹青[17]。

在齐太史简，在晋董狐笔，在秦张良椎，在汉苏武节[18]。为严将军头[19]，为嵇侍中血[20]，为张睢阳齿[21]，为颜常山舌[22]。或为辽东帽，清操厉冰雪；或为《出师表》，鬼神泣壮烈[23]；或为渡江楫，慷慨吞胡羯；或为击贼笏，逆竖头破裂[24]。

是气所磅礴，凛烈万古存。当其贯日月，生死安足论！地维赖以立，天柱赖以尊[25]。三纲[26]实系命，道义为之根。

嗟予遘阳九[27]，隶也实不力。楚囚缨其冠[28]，传车送穷北[29]。鼎镬甘如饴[30]，求之不可得。阴房阗鬼火[31]，春院闷天黑[32]。牛骥同一皂，鸡栖凤凰食。一朝蒙雾露，分作沟中瘠[33]。如此再寒暑，百沴自辟易[34]。哀哉沮洳场[35]，为我安乐国！岂有他缪巧，阴阳不能贼。顾此耿耿在，仰视浮云白。悠悠我心悲，苍天曷有极[36]！哲人日已远[37]，典型在夙昔[38]。风檐展书读，古道照颜色。

【注释】

[1] 北庭：汉代北匈奴的驻地，这里借指元朝的大都。

[2] 寻：古时的长度单位，一寻相当于八尺。

[3] 萃然：聚集的状况。

[4] 涂泥半朝，蒸沤历澜：涂泥，污泥。半朝，指早晨太阳升起时。蒸沤，蒸晒，浸泡。历澜，蹚浑水。

[5] 檐阴薪爨：檐阴，屋檐下。薪，木柴。爨，生火做饭。

[6] 陈陈：同"阵阵"。

[7] 圊溷：厕所。

[8] 厉：厉鬼，这里指生病死亡。

[9] 俯仰：低头与抬头，这里指生活。

[10] 吾善养吾浩然之气：语出《孟子·公孙丑上》，意思是我善于培

养我自身的浩然正气。

[11] 彼气有七：指上文所说土室里的水气、土气、日气、火气、米气、人气、秽气这七种恶气。

[12] 浩然：盛大的样子。

[13] 杂然赋流形：纷杂地散布于各种形体。

[14] 沛乎塞苍冥：沛乎，盛大貌。塞苍冥，充满宇宙。

[15] "皇路当清夷"二句：当国家清明太平的时候，臣子们含蕴着和顺之气，效力于英明的朝廷。皇路，指朝廷的命运。清夷，清明。明庭，盛明的庭园，指清明的朝廷。

[16] 时：命运，时局。穷：穷困，艰难，走到尽头。节：气节，风骨。

[17] 丹青：史册，历史书。

[18] "在齐太史简"四句：分别指坚持直笔据实记载历史的春秋时代齐国史官（太史）、晋国史官（太史董狐），以及秦朝以铁椎狙击秦始皇的义士张良、西汉武帝时出使匈奴誓不变节的使臣苏武的故事。其事迹分见于《左传》、《史记》与《汉书》。

[19] 严将军：指宁可断头也不投降的东汉巴郡太守严颜。

[20] 嵇侍中：指晋惠帝时为保护皇帝而血战至死的侍中嵇绍。

[21] 张睢阳：指唐代安史之乱时坚守睢阳、粮尽援绝、城陷被执而大骂敌人被杀害的睢阳县令张巡。

[22] 颜常山：即颜杲卿，在范阳节度使安禄山部下任常山太守，因不顺从安禄山叛乱而被施酷刑，临刑骂不绝口，至舌断而死。

[23] "或为辽东帽"四句：前句指管宁事迹。管宁，字幼安，三国时魏人。世乱，穿戴着布衣皂帽隐居辽东，拒不接受官方征聘，为当地百姓所称颂。后句指三国时撰写《出师表》、为辅佐汉室鞠躬尽瘁死而后已的蜀相诸葛亮。

[24] "或为渡江楫"四句：前句指东晋豫州刺史祖逖渡江击楫、誓师北伐的故事，后句指唐末大臣段秀实夺取笏板击打反贼朱泚使其头破血流的故事。

[25] "地维赖人立"二句：古人有天圆地方之说，认为地由四维维系不坠，天由擎天大柱撑持不塌。典出《淮南子·天文训》，称共工氏"触不周之山，天柱折，地维绝"。

[26] 三纲：指君臣、父子、夫妇之间的伦理关系。汉以后儒家认为"君为臣纲，父为子纲，夫为妇纲"。

[27] 遘（gòu）阳九：遭遇厄运。遘，相遇。阳九，古人以三千三百

年为小阳九，九千九百年为大阳九，一阳九为一厄运，届时将遭遇灾祸。

[28] 楚囚：楚国的囚徒，此指南宋俘虏。

[29] 传车：邮传用的驿车。穷北：穷荒的漠北。

[30] 鼎镬：烹煮实物的鼎，熬油的锅，古代也用作刑具。饴：糖浆。

[31] 阗（tián）：充满。

[32] 闷（bì）：闭塞。

[33] 瘠（jǐ）：身体枯瘦，引申作尸骸。

[34] 沴（lì）：灾气、妖气。

[35] 沮洳（jù rù）：植物腐烂后形成的泥沼。

[36] 苍天曷有极：上天啊，哪儿才是终极呢？

[37] 哲人日以远：圣明之人离我们越来越远。典出《礼记·檀弓上》引孔子歌词："泰山其颓乎？梁木其坏乎？哲人其萎乎？"

[38] 典型在夙昔：昔日的典范依然存在。典出《诗经·大雅》引周文王言："虽无老成人，典刑尚在。"典刑，通"典型"。

【译文】

序　文

我被囚禁在大都，关在一间土牢里。这土牢宽八尺，深约三丈二尺。独扇门又低又小，窗户又短又窄，地势低洼而黑暗。在这炎炎夏日，各种气味聚集在一起：雨水从四面流汇到这里，床铺和桌子都浮了起来，这就是水气；大雨后满室泥泞，大半天中都是浸泡蒸发流动着，这就是土气；天气忽然转晴而灿热起来，通风口四面堵塞，这就是日气；在屋檐下生火烧饭，使室内更加炎热，这就是火气；寄存在仓库内的米粮腐烂了，臭气四溢，阵阵逼人，这就是米气；囚犯肩并肩地挤着，发出腥臊般的恶臭，这就是人气；有时从厕所、死尸、烂鼠等飘来各种恶臭，这就是秽气。这几种气味加起来，遇到的人很少不会病倒的，而身体衰弱的我，生活在这里，到现在已经二年了，很侥幸没有生病，这大概是有修养的功夫才能如此吧！可是我也不知道自己修养的是什么。大概就是孟子所说的："我善于培养我盛大的正气。"这土牢中有七种恶气，我的浩然正气只有一种，用我这股正气抵抗那七种恶气，我还怕什么呢！何况浩然之气是天地间的正气啊！于是作《正气歌》一首。

歌　词

天地间存在着一股正气，纷杂地散布在各种形体：在地面上的就是江河和山岳的英气，在天上的就是太阳和星辰的光辉，在人身上的就是浩然正气，它盛大地充满在天地间。当清明太平的时候，为臣下的含蕴着和顺之气，效力于盛明的朝廷；一旦时局艰难，忠臣的节义才会表现出来，一一留在史册之上。

在齐国有太史记载崔杼弑君的简册，在晋国有董狐记载赵盾弑君的文字，在秦朝有张良狙击始皇的铁椎，在汉朝有苏武出使匈奴所持的旄节。有宁可断头的严将军，有血溅帝衣的嵇侍中，有被贼剔齿的张睢阳，有骂贼割舌的颜常山。或是皂帽布衣隐居辽东的管宁，他清白的节操，比冰雪还要坚贞皎洁；或是写《出师表》的诸葛亮，连鬼神都感泣他壮烈的节操；或是渡江击桨的祖逖，激昂愤慨誓吞胡羯；或是夺笏击贼的段秀实，使叛逆的小子头破血流。

这种广大充塞的浩然正气，严肃壮烈地永存宇宙之间。当它贯通日月时，个人的生死又哪里值得计较呢？大地的纲维依靠着它才能永久而不断，天柱有了它才能显得崇高，人类君臣、父子、夫妇的纲常有了它才能维系而不坠，而道义则是正气的根源。

可叹的是我遭遇到穷厄的时运，现在国家灭亡了，实在也是我这做臣子的没有为国家竭尽心力啊！仓促之间成了俘虏，用驿车押送到极北的大都。如果敌人要我受鼎镬烹煮的酷刑，我也会把它当作像喝糖浆一样甘美，我只求痛快一死却不能啊！在阴暗寂静的囚房里，处处闪着鬼火；即使在春天，院门深闭，白昼一如黑夜。把我和一般囚犯关在一起，就好比千里马与牛同槽共食、鸡与凤凰同住同吃一般。一旦罹患疾病，自料将死弃身沟壑，而成枯瘠的尸骸。像这样经过了两年，各种恶气自然退避。可悲呀！这块低湿的地方，竟然成为我的极乐世界。难道我有其他巧妙的方法，使得阴阳寒暑沴恶之气不能为害我。只不过此心光明，永存不变，视富贵如浮云罢了。无尽的忧思，何时能了！古人虽已远去，但其模范事迹永留人间。在风凉的屋檐下翻阅古圣贤书，前哲的道义风范如在眼前，光芒映照着我的颜面。

18. 宝　说

【题解】

本文选自邓牧的《伯牙琴》。邓牧（1247—1306），字牧心，浙江钱塘人。宋末元初时期的思想家。他自称"三教外人",一生不仕,漫游吴越间,晚年隐居余杭大涤山,和宋遗民谢翱、周密相往还。自编诗文集名《伯牙琴》,寓慨叹世无知音之意。其政论文揭露暴君酷吏,言辞极为锋利。本文揭示了"以人才为宝"的道理,讥刺人们不避艰险地上山下海、千方百计追求稀世珍宝——夜明珠和美玉,而价值比珠宝更为珍贵的人才——"一介之士"就在人群中,非但没有得到尊重,反而被埋没、遭遗弃。作者认为,是否选拔任用优秀人才,事关国家的兴衰存亡,只有起用有道德、有真才实学的人才,才能治理好国家。文中还对那些窃据高位、冒充"士人"的骗子进行了辛辣的讽刺。文章里多次强调的"道德仁义、文章学问",是作者对人才的衡量标准,实际上就是要求德才兼备。本篇在用人问题上所持的这些见解,多有可取之处。但其相信"运数"的宿命论观点则不可取。

【原文】

天下有至宝,贵甚夜光[1],重甚垂棘[2],而未易识者,一介之士是已。珠隐于蚌,玉藏于璞[3],与螺蛤、瓦石未始不类。然剖之凿之,愚者知为珠与玉。一介之士道德仁义、文章学问蕴诸其心胸,非如蚌可剖、璞可凿也;脱[4]使得天下高位,则礼乐兴,教化成,天地清宁,神明降格,民物阜殷,举天下至美愿见不可得者,坐而致之。其为至宝,岂止如夜光、垂棘,一可玩而已哉!奈何一蚌一璞至微,蕴诸大山至高、沧海至深,天下尽心力求之,鲛、鳄、虎、兕[5]有所不避,故为珠玉者迄未尝不得遇。一介之士与人类并居,其求之甚易,非有高深足以劳其力,异类足[6]□□□□,□□□□□目弃。非如巍然无情之物,委诸遐僻幽深而遂已,天下既无求于此,方且鄙薄非笑,不得与螺蛤、瓦石均为有用,何也?

夫一事成败,一物完毁,莫不有数行其间,岂有天地大运[7],治乱废兴,非是数所为者?一士穷达,常关系天地之大运,岂人力哉?举天下非蠢谬无知,孰不能忧乱思治,哀废乐兴?及治乱兴废所分,日与同处而卒莫之识。则是穷天下智虑,卒无以自别于蠢谬无知,亦可哀已!故尝谓一介之士未尝绝于天下。天无日月星辰,空然气耳;地无山河草木,莽然块耳;人无一士之道德仁义、文章学问,蠢然万物耳。日月星辰未尝一日不丽乎天,山河草木未尝一日不著乎地,一士之道德仁义、文章学问乃不得常为人类所宗。何人类不幸,独不得如天地之粲然有章、炳然有文也?

要之,道德仁义、文章学问亦未尝一日不与日月星辰、山河草木并立不悖,特显晦不同耳。当大运之泰,则达为稷、契、皋陶[8],伊、傅、周、召[9];及大运之否,则穷为夷、齐、孔、颜[10],长沮、桀溺[11]。故虽穷而在下，未尝不隐然为扶植人类地。使一日无所扶植，人之类绝灭久矣。天下之士，常阴被一士之泽而不自知也。世之假士自名者侈然曰"我良治天下国家"，世亦徒以为士，且恶知真所谓士者，与天地相为表里，岂易得哉？

一介之士足以关系天地大运者，世既不之识，而号为士者又眇然不足道，则是通天下之惑，有甚于瞽，其何以救之？后之欲治天下国家者，其亦以求夜光、垂棘之心，而求一介之士，则天地大运，不可得泰乎？然亦曰有数。

【注释】

[1] 夜光：传说中夜里能发光的明珠。任昉《述异记》："南海有明珠，即鲸鱼目瞳，鲸死而目皆无精，夜可以鉴，谓之夜光。"

[2] 垂棘：春秋时晋国地名，以产美玉闻名，后用来借指美玉。

[3] 璞（pú）：蕴藏有玉的石头。

[4] 脱：假如。

[5] 鲛（jiāo）、鳄、虎、兕（sì）：鲛，鲨鱼。兕，犀牛。

[6] 此下原文缺九字，以□代替，译文据上下文意补译。

[7] 大运：旧时星相术士谓运（气数）十年一改，叫作大运。

[8] 稷、契、皋陶：稷，后稷，古代周族始祖，曾在尧舜时代做农官。契，传说中商的始祖，助禹治水有功，被舜任为司徒，掌管教化。皋陶，传说中东夷族的首领，被舜封为掌管刑法的官。

[9] 伊、傅、周、召：指伊尹、傅说、周公、召公。伊尹，商初大臣，原为奴隶出身。傅说，商王武丁的大臣，原为从事版筑的奴隶。周公，周武王的弟弟，名旦，曾帮助武王灭商，后又辅助成王。召公，即邵公，周代燕国的始祖，曾佐武王灭商，封于燕，成王时任太保，与周公分陕而治。

[10] 夷、齐、孔、颜：指伯夷、叔齐、孔子、颜回。伯夷，商末孤竹君之子，孤竹君死后，他不接受君位，投奔周，又反对周武王伐商，商灭后逃到山上，不食周粟而死。叔齐，伯夷之弟，本为君位继承人，执意让给其兄伯夷，后来的经历与伯夷同。颜回，孔子的学生，字子渊，贫居陋巷，箪食瓢饮，而不改其乐。

[11] 长沮、桀溺：春秋时代的隐士，从事农耕。参见《论语·微子》。

【译文】

天下有一种最珍贵的宝物，比夜明珠还要宝贵，比美玉还要贵重，但不容易识别，这就是渺小的士人。珍珠隐藏在蚌壳里，美玉深藏在石头里，与田螺蛤蜊、土瓦石头没有什么两样。但是把它们剖开凿开，哪怕是蠢人也知道是珍珠、美玉。那些渺小的士人，道德仁义、文章学问是蕴藏在心胸里的，不像蚌壳那样可以剖开，璞石那样可以凿开；但如果让他们得到天下的高位，那么礼乐制度就会振兴，政教风化就会见成效，天地就会清明宁静，神明就会降临，百姓就会富足殷实，全天下最美好的想要得到的东西，就可以轻而易举地得到。这种最珍贵的宝物，哪里仅仅像夜明珠、宝玉，只是可供玩赏而已呢！无奈蚌壳、璞石极其微小，藏在极高的山、极深的海里，天下的人就竭尽心力地去寻找，甚至冒着遇到鲨鱼、鳄鱼、老虎、犀牛的危险，所以寻求珍珠、宝玉的人之至今总算能找到一些。至于渺小的士人是与其他人住在一起的，要寻找这些人非常容易，不像找珍珠、宝玉那样要花极大的劳力登高山，涉大海，要冒着生命危险对付异类动物。然而他们却无缘进入当政者的视野。他们不像那些弱小无情的生物，被抛在遥远偏僻幽深的地方就罢了，天下既不去访求这些人，还要轻视讥笑他们，不能同田螺蛤蜊、土瓦石头一样成为有用的东西，这是为什么呢？

　　一件事情的成功与失败，一种器物的完好与损毁，无不有命运在其中起作用，哪有天地的大运，国家的安定混乱、衰败兴盛，不是由这个命运所支配的？一个士人的困穷与显达，常常和天地大运有关，哪是人力的因素所能决定的呢？全天下的人除非是愚蠢无知，谁不担心国家的安定混乱，为国家衰败而悲哀，为国家兴盛而高兴呢？等到治乱兴亡的关键时刻，人们每天即使处在这样的情况下，却最终没有人能够看得清局势。这样，那么就算是竭尽天下的聪明智慧，到头来和愚蠢无知没有什么两样，真是可悲啊！所以我曾经认为渺小的士人在天下并没有绝迹。天如果没有日月星辰，就空自有大气罢了；地如果没有山河草木，就只是空旷荒凉的土块罢了；人如果没有士人的道德仁义、文章学问，就只是蠢笨的众人罢了。日月星辰没有一天不运行在天上，山河草木没有一天不附着在地上，士人的道德仁义、文章学问却不能常常被人类所尊崇。为什么人类不幸，偏偏不能像天地那样璀璨光明、有绚丽的文采呢？

　　总之，道德仁义、文章学问也是和日月星辰、山河草木并存的，只不过士人在不同时代显达或困厄有所不同罢了。当天命通达的时候，就产生了稷、契、皋陶以及伊尹、傅说、周公、召公这些地位显达的人物；到天命不顺的时候，就出现了伯夷、叔齐、孔子、颜回以及长沮、桀溺这些处境困穷的人物。因此虽然他们困穷而地位低下，也未尝不暗暗地扶持人类。如果一天不扶持，人类早就灭绝了。天下的人，常常暗中受到士人的恩泽却自己不知道。世上自称为士人的人大言不惭地说"我把天下国家治理得挺好的"，世人也真以为他们是士人，哪晓得真正的士人，是与天地相互呼应的，难道是容易得到的吗？

普通渺小的士人足以关系到天地的命运，世上的人都没有认识到这一点，而假冒的士人又微不足道，（不能担当治国的重任，）看来要澄清天下人的糊涂观念，比让瞎子复明还要难，那么用什么办法可以拯救这种情况呢？后来想要治理天下国家的人，只要他们用寻求夜明珠、垂棘玉的那份心思，去寻求普通的士人，那么天地的大运，还不可能顺达吗？当然这其中也是有命运在起作用的。

19. 教条示龙场诸生

【题解】

本文系作者王守仁被贬贵州龙场驿（在今贵州修文县）期间所作，选自《王阳明全集》。王守仁（1472—1529），字伯安，浙江余姚人。明代著名哲学家、教育家。曾在居家附近的阳明洞读书讲学，自号"阳明山人"，学者称阳明先生。他早年因反对宦官刘瑾，被贬到贵州龙场驿担任掌管驿站的官。后因平定宁王朱宸濠的叛乱和平定匪乱有功，封新建伯，官至南京兵部尚书。卒谥文成。他以"致良知"为核心的哲学思想被称为"阳明心学"，对后代有极大影响，还流传到日本、韩国。著作由门人辑为《王文成公全书》。今有吴光、钱明等编校的标点本《王阳明全集》，上海古籍出版社1992年出版。

教条，旧时官署或学塾中劝谕性的训示或规章。当时有不少儒生从四面八方赶来向王阳明问学求教，王阳明便对诸生发表了这篇训词。文中从树立志向、勤奋学习、改正过错、劝勉从善四个方面，语重心长地告诫弟子最根本的做人道理。他还希望学生对自己多提批评意见，以求达到教学相长的目的。

【原文】

诸生相从于此，甚盛。恐无能为助也，以四事相规，聊以答诸生之意。一曰立志，二曰勤学，三曰改过，四曰责善。其慎听，毋忽！

立　志

志不立，天下无可成之事。虽百工技艺，未有不本于志者。今学者旷废隳惰[1]，玩岁愒时[2]，而百无所成，皆由于志之未立耳。故立志而圣，则圣矣；立志而贤，则贤矣。志不立，如无舵之舟，无衔之马，漂荡奔逸，终亦何所底乎？昔人所言："使为善而父母怒之，兄弟怨之，宗族乡党贱恶之，如此而不为善，可也；为善则父母爱之，兄弟悦之，宗族乡党敬信之，何苦而不为善、为君子？使为恶而父母爱之，兄弟悦之，宗族乡党敬信之，如此而为恶，可也；为恶则父母怒之，兄弟怨之，宗族乡党贱恶之，何苦必为恶、为小人？"诸生念此，亦可以知所立志矣。

勤　学

已立志为君子，自当从事于学。凡学之不勤，必其志之尚未笃也。从吾游者，不以聪慧警捷为高，而以勤确谦抑为上。诸生试观侪辈之中，苟有"虚而为盈，无而为有"，讳己之不能，忌人之有善，自矜自是，大言欺人者，使其人资禀虽甚超迈，侪辈之中，有弗疾恶之者乎？有弗鄙贱之者乎？彼固将以欺人，人果遂为所欺，有弗窃笑之者乎？苟有谦默自持，无能自处，笃志力行，勤学好问；称人之善，而咎己之失；从人之长，而明己之短；忠信乐易，表里一致者，使其人资禀虽甚鲁钝，侪辈之中，有弗称慕之者乎？彼固以无能自处，而不求上人，人果遂以彼为无能，有弗敬尚之者乎？诸生观此，亦可以知所从事于学矣。

改　过

夫过者，自大贤所不免，然不害其卒为大贤者，为其能改也。故不贵于无过，而贵于能改过。诸生自思，平日亦有缺于廉耻忠信之行者乎？亦有薄于孝友之道，陷于狡诈偷刻之习者乎？诸生殆不至于此。不幸或有之，皆其不知而误蹈，素无师友之讲习规饬也。诸生试内省，万一有近于是者，固亦不可以不痛自悔咎。然亦不当以此自歉，遂馁于改过从善之心。但能一旦脱然洗涤旧染，虽昔为盗寇，今日不害为君子矣。若曰吾昔已如此，今虽改过而从善，人将不信我，且无赎于前过，反怀羞涩疑沮，而甘心于污浊终焉，则吾亦绝望尔矣。

责　善

"责善，朋友之道"[3]，然须"忠告而善道之"[4]，悉其忠爱，致其婉曲，使彼闻之而可从，绎之而可改，有所感而无所怒，乃为善耳。若先暴白其过恶，痛毁极诋，使无所容，彼将发其愧耻愤恨之心，虽欲降以相从，而势有所不能，是激之而使为恶矣。故凡讦人之短，攻发人之阴私，以沽直者，皆不可以言责善。虽然，我以是而施于人，不可也；人以是而加诸我，凡攻我之失者，皆我师也，安可以不乐受而心感之乎？某于道未有所得，其学卤莽耳。谬为诸生相从于此，每终夜以思，恶且未免，况于过乎？人谓"事师无犯无隐"[5]，而遂谓师无可谏，非也。谏师之道，直不至于犯，而婉不至于隐耳。使吾而是也，因得以明其是；吾而非也，因得以去其非。盖教学相长也。诸生责善，当自吾始。

【注释】

[1] 隳（huī）惰：懈怠。
[2] 愒（kài）时：荒废时日。
[3] 责善，朋友之道：语出《孟子·离娄下》。
[4] 忠告而善道之：语出《论语·颜渊》。
[5] 事师无犯无隐：语出《礼记·檀弓》。

【译文】

诸位弟子到这里来跟随我学习，是一件盛事。我对你们恐怕无所帮助，只是告诫你们四点，聊以答谢你们的厚意。第一是立志，第二是勤学，第三是改过，第四是求善。希望你们认真地听，不要掉以轻心！

立　志

如果不立志，天下就没有可以成功的事情。即使是各种各样靠手艺谋生的工匠，也没有不以志向为根本的。现在求学的人荒废学业懈怠懒惰，贪图安逸虚度时日，结果一事无成，都是由于没有立志罢了。所以立志成为圣人，最后果真成为圣人了；立志成为贤人，最后果真成为贤人了。志不立，就好像没有舵的船乱漂荡，没有马嚼子的马乱奔逃，最终能到达什么目的地呢？正如前人所说的："假如一个人做了好事，而父母对他发怒，兄弟对他埋怨，宗族同乡轻视厌恶他，处在这样的状况不去做好事，那是可以的；做了好事，而父母爱他，兄弟喜欢他，宗族同乡敬重信任他，为什么不做好事、做君子呢？假如一个人做了坏事，而父母爱他，兄弟喜欢他，宗族同乡敬重信任他，处在这样的状况不去做坏事，那是可以的；做了坏事，而父母对他发怒，兄弟对他埋怨，宗族同乡轻视厌恶他，为什么一定要做坏事、做小人呢？"你们常想想这番话，也就可以知道立志的道理了。

勤　学

既然立志做君子，自然应当从事于学习。凡是学习不勤奋的人，一定是他的志向尚未坚定。来跟随我学习的弟子，我看重的不是聪明机警敏捷，而是勤奋执着谦虚。你们不妨看看同辈当中，如果有"明明空而说成是满的，明明没有而说成是有的"，讳言自己的短处，妒忌别人的长处，自吹自擂，说大话欺骗人的，哪怕这个人天资禀赋超越常人，同辈之中，有不讨厌他的人吗？有不鄙视他的人吗？他本来想去欺骗别人，别人果然被他骗了，有不嘲笑他的人吗？如果有坚持谦虚静默，把自己看作无能，坚定志向，努力实践，勤学好问，称赞别人的优点而指摘自己的过失，学习别人的长处而明白自己的短处，忠厚诚实和乐平易，表里一致的，哪怕这个人天资禀赋非常愚笨，同辈之中，有不赞慕他的人吗？他本来就把自己看作无能的人，而不求排在别人前面，别人原先果真认为他无能，这一来有不敬重他的人吗？你们思考这些现象，也就可以知道从事学习的道理了。

改　过

过错这东西，哪怕是伟大的贤人也是在所难免的，但是并不妨害他最终成为伟大的贤人，因为他有了过错能改正。所以可贵的不在于没有过错，而在于能改正过错。你们自己反思一下，平时有不符合廉耻忠信的行为吗？或者在孝顺父母友爱兄弟方面有欠缺，陷于狡诈刻薄习惯的情况吗？你们恐怕不至于这样。倘若不幸真有上述毛病，都是由于无知而误入歧途，平时缺乏师友的规劝告诫的缘故。你们不妨内心反省一下，万一有接近于上述情况的，确实也不可以不深深地追悔前非。但是也不应当自我原谅，失去改过从善的决心。只要能一旦彻底洗涤旧习惯，即使从前是盗贼，也不妨碍他今天成为君子了。如果有人说，我从前已经如此，即使现在改过从善，别人将不再信任我，因此不但不补偿以前的过失，反而怀着羞愧沮丧的心情，甘心污浊一辈子，那么我也就对他彻底绝望了。

责　善

"劝勉从善，是朋友相处之道"，但是必须"真诚地劝告他，好好地引导他"，拿出自己全部的真诚和爱心，竭尽委婉曲折的心意，使对方听了之后认可，帮他分析之后会改正过错，有所感触而不气恼，这才是劝勉从善的好方法。如果先揭露他的错误，严厉地呵斥指责，使对方无地自容，他就会激发其起羞愧愤恨的心理，即使想要降心相从，势必不太可能，这就是把人激怒而使他继续干坏事了。所以凡是揭发别人的短处，揭露别人的阴私，来换取正直名声的，都谈不上劝勉从善。虽说如此，我用这种办法施加在别人身上是不可以的，别人用这种办法施加在我身上（倒是可以的），凡是揭发我的过失的，都是我的老师，怎么可以不乐于接受而心存感激呢？我在道的方面还没有什么收获，学得非常粗疏。承你们的错爱到这里来跟我学，我常常终夜在想，罪恶尚且不能避免，况且是过失呢？人们说"侍奉老师不能犯颜直谏，也不能替他隐瞒过失"，据此就说对老师无可劝谏，这是不对的。劝谏老师的方法，正直不至于冒犯，而婉曲不至于隐瞒罢了。如果我是正确的，通过弟子的劝谏就能明白对在哪里；如果我是错误的，通过弟子的劝谏就能够改掉自己的缺点。这大概就是教学相长的道理。你们劝勉别人从善，应当从对我开始。

20. 廉　耻

【题解】

本文节选自顾炎武的《日知录》，是一篇读书笔记。顾炎武（1613—1682），初名绛，字忠清，明亡后改名炎武，字宁人，号亭林。江苏昆山人。明清之际的著名学者和杰出思想家。年轻时参加复社，反对宦官专政。明亡后参加抗清武装斗争，失败后隐居大江南北二十余年，清廷屡召不应，游历各地，志在反清复明。著有《日知录》、《天下郡国利病书》、《亭林诗文集》等。

明清交替之际，士风极为败坏，许多前明士大夫，寡廉鲜耻，变节降清，屈膝为官。顾炎武对此深恶痛绝。文章选取欧阳修史论和《颜氏家训》两则典型材料，精心点评，说明廉耻对于立身处世的重要意义。文中强调"行己有耻"，认为士大夫的无耻是"国耻"，是造成国家衰亡和蒙受耻辱的主要危险。他特别指出，处在乱世之中，更要洁身自守，做"独醒之人"。

廉耻作为一种道德感情，来自对道德准则的认同和领悟。今天我们反腐倡廉，固然要靠法律和制度，但也要靠道德自律，要有羞耻之心。廉耻，可以说是拒腐防变的道德屏障。

【原文】

《五代史·冯道传》论曰："'礼义廉耻，国之四维，四维不张，国乃灭亡。'[1]善乎！管生之能言也。礼义，治人之大法；廉耻，立人之大节。盖不廉则无所不取，不耻则无所不为。人而如此，则祸败乱亡亦无所不至。况为大臣，而无所不取，无所不为，则天下其有不乱，国家其有不亡者乎？"然而四者之中，耻尤为要。故夫子之论士，曰："行己有耻。"[2]孟子曰："人不可以无耻，无耻之耻，无耻矣。"[3]又曰："耻之于人大矣，为机变之巧者，无所用耻焉。"[4]所以然者，人之不廉而至于悖礼犯义，其原皆生于无耻也。故士大夫之无耻，是谓国耻。

吾观三代以下，世衰道微，弃礼义，捐廉耻，非一朝一夕之故。然而松柏后凋于岁寒[5]，鸡鸣不已于风雨[6]，彼昏之日，固未尝无独醒之人也。顷读《颜氏家训》[7]，有云："齐朝一士夫尝谓吾曰：'我有一儿，年已十七，颇晓书疏。教其鲜卑语及弹琵琶，稍欲通解，以此伏事公卿，无不宠爱。'吾时俯而不答。异哉！此人之教子也。若由此业自致卿相，亦不愿汝曹为之。"嗟呼！之推不得已而仕于乱世，犹为此言，尚有《小宛》[8]诗人之意，彼阉然媚于世者，能无愧哉？

【注释】

[1]"礼义廉耻"四句：语出《管子·牧民》。

[2]行己有耻：语出《论语·子路》。

[3]"人不可以无耻"三句：语出《孟子·尽心上》。

[4]"耻之于人大矣"三句：语出《孟子·尽心上》。

[5]松柏后凋于岁寒：语出《论语·子罕》："岁寒，然后知松柏之后凋也。"

[6]鸡鸣不已于风雨：语出《诗·郑风·风雨》："风雨如晦，鸡鸣不已。"

[7]《颜氏家训》：北齐黄门侍郎颜之推撰，该书以自己一生体验教育子孙如何立身处世，后人推崇说"古之家训，以此为祖"。

[8]《小宛》：指《诗·小雅·小宛》。这首诗的作者自伤生于乱世为生活奔波，自勉并勉励兄弟保持操守，以无愧于先人。

【译文】

《五代史·冯道传》论说："'礼义廉耻，这是治国的四大纲领，这四大纲领不高张，国家就要灭亡。'好啊！管仲太会比喻了。礼义是治理人的大法，廉耻是培养人的大节。因为不知廉洁就会无所不取，不知羞耻就会无所不为。人如果这样，那么祸败乱亡没有不来临的。何况作为大臣而无所不取，无所不为，那么天下哪有不乱，国家哪有不灭亡的呢？"然而礼义廉耻这四个方面之中，耻最为重要。因此孔子在谈论士时说道："自己做事，要有羞耻之心。"孟子说："人不可以没有羞耻心，没有羞耻心的那种耻辱，太无耻了。"又说："羞耻对于人关系重大，投机取巧的人，是没有地方用得着羞耻之心的。"所以这样说的原因，是由于人们贪得妄求，以至于发展到违犯礼义，其根源都是由于不知羞耻。因此士大夫不知羞耻，这就叫作国耻。

我观察夏、商、周三代以后，世道衰微，抛弃礼义廉耻，不是一朝一夕的缘故。然而天寒才晓得松柏树最后凋零，风雨交加的时候，仍有鸡鸣不已，在那昏暗的日子里，本来未尝没有独自清醒的人。近来读《颜氏家训》，其中有一段写道："齐朝一位士大夫曾对我说：'我有一个儿子，已十七岁了，颇精通写作书疏一类的文章。教他学习鲜卑语和弹琵琶，逐渐让他通晓，用此来服侍公卿，没有不宠爱他的。'我当时低着头没有回答。奇怪啊！此人竟这样教子。如果通过这个门路能自行达到卿相地位，也不希望你们去做。"哎呀！颜之推迫不得已在乱世做官，还说这样的话，尚且还有《小宛》的作者所表达出来的那种保持节操的思想，那些苟延残喘、献媚讨好于世俗的人，能不感到惭愧吗？

21. 原　臣

【题解】

本文选自黄宗羲的名著《明夷待访录》。黄宗羲（1610—1695），字太冲，号南雷，明清之际著名的启蒙思想家、史学家、文学家。浙江余姚（今浙江省余姚市）人，明亡后自号"梨洲老人"，世称"梨洲先生"。他是明末东林党人黄尊素的长子。尊素被魏忠贤阉党杀害后，他入京申冤报仇，当堂用长锥刺伤宦官。后参加"复社"，开展反宦官斗争。清兵南下，他在浙东组织义兵抗清。明亡后，坚决不仕清朝，而致力于讲学著书。他严厉批判君主专制制度，认为"为天下之大害者，君而已矣"，主张"天下（人民）为主，君为客"，提倡"工商皆本"，并设计了未来公平社会的蓝图。著有《明夷待访录》、《明儒学案》、《南雷文定》等百余种专著、文集。今有沈善洪、吴光主编，浙江古籍出版社出版的《黄宗羲全集》12册标点本印行于世。

本篇篇名《原臣》，意为推论"臣"的本原道理，它与《明夷待访录·原君》相呼应，论述了君、臣、民三者的关系，并着重论述了为臣之道。作者认为，君臣应该为万民治理天下，臣也应该为万民服务而非为一人一姓效力。指出天下的治乱，不在一姓之兴亡，而在于万民之忧乐。作者批判了不以天下万民为事的君主和甘作君主仆妾的臣子，否认君臣之间是主仆关系，而主张君臣平等、共治天下。这种政治思想已经超越了传统儒家的"民本主义"而具有早期民主启蒙的性质，在今天仍有借鉴意义。

【原文】

有人焉，视于无形，听于无声[1]，以事其君，可谓之臣乎？曰：否！杀其身以事其君，可谓之臣乎？曰：否！夫视于无形，听于无声，资于事父也[2]；杀其身者，无私之极则也[3]。而犹不足以当之，则臣道如何而后可？曰：缘夫天下之大，非一人之所能治，而分治之以群工[4]。故我之出而仕也，为天下，非为君也；为万民，非为一姓也。吾以天下万民起见，非其道，即君以形声强我[5]，未之敢从也，况于无形无声乎！非其道，即立身于其朝，未之敢许也，况于杀其身乎！不然，而以君之一身一姓起见，君有无形无声之嗜欲，吾从而视之听之，此宦官宫妾之心也；君为己死而为己亡，吾从而死之亡之，此其私昵者之事也[6]。是乃臣不臣之辨也。

世之为臣者昧于此义，以谓臣为君而设者也。君分吾以天下而后治之，君授吾以人民而后牧之，视天下人民为人君橐[7]中之私物。今以四方之劳扰，民生之憔悴，足以危吾君也，不得不讲治之牧之之术。苟无系于社稷之存亡，则四方之劳扰，民生之憔悴，虽有诚臣[8]，亦以为纤芥之疾[9]也。

夫古之为臣者，于此乎，于彼乎？盖天下之治乱，不在一姓之兴亡，而在万民之忧乐。是故桀、纣之亡[10]，乃所以为治也；秦政、蒙古之兴[11]，乃所以为乱也；晋、宋、齐、梁之兴亡，无与于治乱者也。为臣者轻视斯民之水火，即能辅君而兴，从君而亡，其于臣道固未尝不背也。

夫治天下犹曳大木然，前者唱邪，后者唱许[12]。君与臣，共曳木之人也。若手不执绋[13]，足不履地，曳木者唯娱笑于曳木者之前[14]，从曳木者以为良，而曳木之职荒矣[15]。

嗟乎！后世骄君自恣，不以天下万民为事。其所求乎草野[16]者，不过欲得奔走服役之人。乃使草野之应于上者，亦不出夫奔走服役。一时免于寒饿，遂感在上之知遇，不复计其礼之备与不备，跻[17]之仆妾之间而以为当然。万历[18]初，神宗之待张居正[19]，其礼稍优，此于古之师傅[20]未能百一。当时论者骇然居正之受无人臣礼。夫居正之罪,正坐不能以师傅自待[21],听指使于仆妾[22],而责之反是,何也?是则耳目浸淫于流俗之所谓臣者以为鹄[23]矣!又岂知臣之与君,名异而实同耶?

或曰:臣不与子并称乎?曰:非也。父子一气,子分父之身而为身。故孝子虽异身,而能日近其气,久之无不通矣;不孝之子,分身而后,日远日疏,久之而气不相似矣。君臣之名,从天下而有之者也[24]。吾无天下之责,则吾在君为路人。出而仕于君也,不以天下为事,则君之仆妾也;以天下为事,则君之师友也。夫然,谓之臣,其名累变[25]。夫父子固不可变者也。

【注释】

[1]"视于无形,听于无声"二句:语出《礼记·曲礼上》,原文是:"听于无声,视于无形。"意思是:虽然父母的心意没有在声音(语言)和神情(脸色)上表现出来,但孝子也能体察到父母的心意。这里借用来比喻臣子侍奉君主的态度。

[2]资于事父:借用事父之道(来事君)。资,凭借。

[3]极则:最高的标准。则,准则,标准。

[4]群工:群臣,百官。

[5]"即君"句:意为即使君主声色俱厉地强迫我。

[6]"君为己死"三句:典出《晏子春秋·内篇杂上第五》:齐庄公为大夫崔杼所杀,随从问晏子,是为君而死,还是离开齐国?晏子问答:"君为社稷死则(臣为君)死之,为社稷亡则亡之。若(君)为己死而为己亡,非其私昵,谁能任之(分担死亡之祸)。"私昵,指君主所宠爱亲近的人,如宦官仆妾之流。

[7]橐(tuó):一种口袋。

[8]诚臣:忠于职守的臣子。

[9]纤芥之疾:细小轻微的毛病。

[10]桀、纣之亡:桀、纣分别是夏、商王朝的末代暴君,是亡国之君。

[11]秦政、蒙古之兴:秦政,秦始皇,姓嬴名政。蒙古,指元朝。此句指秦始皇消灭六国,建立秦朝;蒙古族并吞宋、金,建立元朝。

[12]"夫治天下"三句,典出《淮南子·道应训》:"今夫举大木者,前呼邪许,后亦应之。此举重劝力之歌也。"曳(yè),拖拉,牵引。邪(yá)、许(hū):皆为象声词,劳动时发出的号子声。

[13]绋:大绳子。

[14] "曳木者"句：意为臣子只是嬉笑献媚于君前。前一个"曳木者"喻臣，后一个"曳木者"喻君。

[15] "从曳木者"二句：意为纵使君主认为他是良臣。从，纵使，即使。曳木者，指君。良，良材，良臣。荒，荒废。

[16] 草野：指民间。

[17] 跻（jī）：登上，进入。

[18] 万历：明神宗朱翊钧（1563—1620）的年号，自公元1573年至1620年。

[19] 张居正：字叔大，号太岳，明万历前期任内阁首辅（宰相），主政时推行"一条鞭法"进行税制改革，但朝野褒贬不一。

[20] 师傅：指古代太师、太傅、太保一类职位最高的官，即所谓的"皇帝之师"。

[21] 坐：因。不能以师傅自待：不把自己当作皇帝的师傅看待，即没有尽到大臣应尽的责任。

[22] 听指使于仆妾：指张居正听命于皇帝亲信的太监冯保，排斥其他大臣。

[23] 鹄：箭靶的中心，这里引申为准则、标准。

[24] "君臣之名"二句：君臣的名分，是根据天下人的需要而产生的。

[25] 其名累变：臣的名分屡次发生变化，指上文所谓路人、仆妾、师友诸名称。

【译文】

如果有个人，在君王表现于脸色、讲出话语之先，就能够揣摩迎合他的心意，以这种态度来侍奉君王，这个人称得上是人臣吗？不可以。如果有个人，心甘情愿地牺牲自己的生命来为君王服务，这个人称得上是人臣吗？也不可以。因为在表现于辞色之先，就能揣摩迎合对方的心意，这是孝子用以侍奉父母的态度，不应该是臣事君的态度；而肯牺牲自己生命的人，可以说是公正无私的最高表现。以此态度侍奉君王，还不足以称为人臣，那么人臣应遵循的道理到底如何呢？在我看来，是因为天下本来很广大，并非君王一个人所能治理，而必须要由百官来分担治理天下的责任。所以作为人臣出来做官，是为了整个天下，并不是只为君王一人；是为了所有的人民百姓，而不是只为君王一家一姓。我为了天下万民的缘故，即便君王以严词厉色强迫我去做那不合道义的事情，我也不敢遵从，更何况去揣摩君王还没有表现于辞色的意图呢！用不合道义的方式，即便在朝廷担任官职，我都不敢答应，更何况要牺牲自己的生命呢！否则的话，只是为了君王一人一姓的缘故，而君王有那些尚未显露出来的欲望和喜好，我却要去揣摩迎合，这就是宦官宫女的心态啦；君王为谋求一己私利而死而亡，我却要牺牲生命跟着君王去死去亡，这是受君王宠爱与君王亲近的人所做的事情。以上就是称不称得上是人臣的道理的分辨吧。

现在担任人臣的人却不明白这个道理，以为人臣是为君王而设置的。君王把天下划分给我来治理，把人民交托给我来管理，把天下人民看作君王口袋中的私有物品。当今四面八方混乱不安，民生艰难困苦，已经到了危害君王的地步，所以才不得不去讲求统治管理的权术与方法。但如果跟王权的存亡没有什么关系，那么即使到处动乱不安，民生困苦不堪，尽管是忠实的人臣，也无动于衷，认为不过是小小的毛病而已。

然而古代担任人臣职位的人，应该是这样的呢，还是那样的呢？天下太平或动乱的标志并不在于一人一姓的兴起或衰亡，而在于人民的忧苦或安乐。所以像夏桀、商纣这样的暴君灭亡了，反而可以使天下太平；像秦嬴、元朝这样暴虐的朝代一时兴盛起来，反而会使天下大乱；至于像晋、宋、齐、梁这些既非暴虐，也不能为民谋福利的朝代，其兴起或衰亡，跟天下的太平或动乱则毫无关系。人臣不顾人民的死活，就算能协助君王建立新的朝代，或为君王而牺牲生命，其实对于为臣之道而言未尝不是一种背离。

其实，治理天下就如同拖拉大木头一样，前面的人一号召，后面的人就呼应。君和臣就是共同拖拉木头的人。如果在后面的人，手不抓紧绳索，脚不站稳土地，而只是跟在后面嘻嘻哈哈，那么，即便前面的人认为他是个人才，其实对于拖拉木头的工作而言已经失职了。

可叹啊！后世那些骄横的君王放纵自己，不顾念天下万民的疾苦。他们在民间招揽人才，只不过是想找一些为自己奔走效劳的人。致使民间响应君王号召出来做官的人，也无非是为君王一人奔走效劳而已。他们出来做官，为君王奔走效劳，有俸禄收入，可以暂时避免饥寒之苦，于是对君王的任用满怀感激，也就不再计较君王对自己的礼遇是否周全，宁愿自居于奴仆姬妾的地位，还以为理所当然。例如万历初年，明神宗对宰相张居正稍有礼遇，但比起古代君王对师傅的礼遇程度还不及百分之一。然而当时论事的人却大惊失色，认为张居正接受君王的礼遇，已经失去了人臣应该谨守的礼节。其实张居正的过错，正在于不能以古代师傅的身份自居，而是像奴仆姬妾一样听从君王的指使，可是责怪他的人，看法恰恰相反，这是为什么呢？是因为长期以来，人们逐渐感染了世俗的错误观念，认为人臣应该迎合顺从君王，并以此作为判断是非的标准。他们哪儿知道人臣与君王，名位虽然不同，而职责却是一样的道理呢？

也许有人会问：人臣不是常与子女并称而被叫作臣子的吗？那么君臣关系也应当像父子关系一样呀！其实这种说法是不对的。父子声气相通，子女的身体从父母分化而来。所以孝子与父母虽然身体有分别，却能与父母声气日益接近，久而久之，心意自然相通；如果是不孝之子，从父母分身自立后，却与父母日渐疏远，久而久之，声气心意也就不能相接近相感通了，但其父子关系依然存在。至于君臣之间的名分，是因为治理天下而建立起来的。我如果不出来做官，没有治理天下的职责，那么君王对我而言只不过是互不相干的路人而已。我如果出来做官了，却不为天下设想，那就与君王的奴仆宫妾无异；如果能够为天下设想，那就是君王的师友了。正因如此，所以人臣的名分可以一变再变，有的与君为路人，有的可称君王的仆妾，有的则为君王的师友。但是父子关系，则是永远改变不了的。

22. 禁止馈献檄

【题解】

本文录自张伯行的《正谊堂文集》卷五"檄文类"，题目全称《禁止馈献谕江苏等七府一州示》。作者张伯行（1651—1725），字孝先，号恕斋，晚年又号敬庵。河南仪封（今属兰考县）人，故被称为"仪封先生"。康熙二十四年（1685）进士，授内阁中书。历任江苏按察使、福建巡抚、江苏巡抚、户部侍郎、礼部尚书等职。为官清正廉洁、刚正不阿。不仅深受民众爱戴，而且深得康熙帝、雍正帝嘉许。康熙帝赞扬他"居官清廉"，"操守为天下清官第一"。雍正帝誉之为"礼乐名臣"，赠以"清恪"谥号。著有《正谊堂文集》，今见《四库全书存目丛书》集部第二五四册（齐鲁书社 1997 年 7 月版影印本）。

本文即康熙四十八年（1709）张伯行调任江苏巡抚时，为整肃官风而向全省官员发布的一道反贪尚廉政令。文章充满了对官吏们送礼行贿、逢迎上司不正之风的厌恶，反映了封建社会中一个清官廉吏严于律己、廉洁奉公、爱民如子的高尚品质。

【原文】

为严禁馈送陋习以肃官方、以遵功令事[1]：

照得^[2]洁己奉公，官守之常节；存心爱物，吏治之本原。迩来习俗移人，廉隅日刓^[3]。括民财以肥己，疾苦罔闻^[4]；敲民髓以媚人，逢迎绝巧^[5]。其驭下惟货贿是视^[6]，斯奉上以献款为能^[7]。就令盈万盈千，止图此身温饱；谁知一铢一黍^[8]，尽属百姓脂膏^[9]。亦思宽一分，民受一分之赐，期于自尽吾心；若使爱一文，身受一文之污，何以无惭衾影^[10]？

本都院冰檗夙盟^[11]，各司道激扬同志，务期苞苴^[12]永杜，庶几风化日隆。诚恐属县视馈献为故常^[13]，势必小民竭疮痍^[14]以填补。虽曰交际之情，于礼不废。试思仪文之具^[15]，此物何来？将取之家乎？抑取之民乎？取之家，惧难为继；取之民，当何以堪！

夫风宪^[16]固在上司，而亲民莫如守令。彼称我曰"父母"，我称彼曰"子民"。土地我为之垦，差徭我为之清，逃亡、失业我为之复，茕独无告我为之恤^[17]，豪强侵占田宅我为之直，盗贼劫夺财物我为之弭，衙蠹生事扰民我为之惩，讼师舞文害人我为之逐，士风学政颓靡不振我为之兴，天叙人纪循行无亏我为之举^[18]。诸凡周知痛苦，如入赤子^[19]之室，如摩赤子之肤。斯民爱戴欢欣，如坐慈母之怀，如含慈母之乳。是谓父母，是谓子民。该有司果体此心，风行百里，何幸如之！倘贪饕^[20]成性，借馈献以邀赏，有忝官箴^[21]，难孚人望。亲民之任既不堪居，风宪之司将与有责。合行出示，严禁为此。

示仰所属各郡县官员知悉，嗣后务存心爱物，洁己奉公。毋以登垄罔利^[22]之术剥削吾民，毋以入厕堕臭之身玷污上官。从此风清弊绝，共成大法小廉^[23]。本都院与有荣施焉^[24]！

各宜仰体^[25]，毋违毋忽^[26]！

【注释】

[1]"为严禁"句：这是本公文（檄文）开头的主题。肃，整肃，严肃。官方，官常，官员必须遵守的礼法。

[2]照得：旧时上级发往下级的公文，一般用"照得"二字开头。

[3]廉隅日刓（wán）：廉隅，方正的品行，坚定的节操。日刓，日益削弱。

[4]疾苦罔闻：对老百姓的疾苦不闻不问。

[5]绝巧：极端巧妙。

[6]驭下惟货贿是视：驾驭下属（的办法）只看贿赂钱物的多寡。

[7]奉上以献款为能：奉承上司（的手段）以通关节、献款曲为能事。

[8]一铢一黍：铢，钱币。黍，粟米。一铢一黍，一文钱，一粒米。

[9]脂膏：脂肪，此指人民用血汗换来的财富。

[10] 无惭衾（qīn）影：衾，被子。影，身影。典出《刘子新论》："独立不惭影，独寝不愧衾。"意思是只身独处时不做亏心事，行事堂堂正正，问心无愧。

[11] 冰檗（bò）夙盟：檗，一种树皮和果实可制苦药的乔木，又叫黄柏。冰檗，饮冰食檗，形容处境寒苦。白居易有"三年为刺史，饮冰复食檗"的诗句。夙盟，向来的誓愿。

[12] 苞苴（jū）：包裹，此指用于贿赂的礼包。

[13] 馈献：馈送礼物。故常，正常的意思，积习。

[14] 疮痍：灾难性的创伤。

[15] 仪文之具：具备的礼物。

[16] 风宪：风化法度，此处主要指官场风气。

[17] 茕（qióng，穷）独无告：孤单无依靠。恤：体恤，抚恤。

[18] 天叙：天道的运行秩序。人纪：人类社会的纲纪法度。循行无亏：依次运行不会淆乱。举：提举，维持。

[19] 赤子：初生的婴儿。

[20] 贪饕（tāo）：贪婪，贪得无厌。

[21] 有忝官箴：有辱官员的箴诫。

[22] 登垄：垄，墓冢，高大的坟墓。《礼记·曲礼上》有"适墓不登垄"之礼，登垄就是对祖宗不敬。罔利：被利益蒙蔽。

[23] 大法小廉：大臣守法，小臣守廉，各安其位，各守其正。典出《礼记·礼运》："大臣法，小臣廉，官职相序，君臣相正，国之肥也。"肥，兴盛之意。

[24] 都院：巡抚衙门的别称。荣施：光荣的德政措施。

[25] 仰体：遵守。

[26] 违：违犯。忽：轻忽。

【译文】

关于严禁送礼歪风以严肃政纪、整顿仕风、要求谨遵国家法令事由的告示：

保持自身的廉洁，尽力为国家服务，是官员应该遵守的礼法；常存仁心，爱护民力，保护资源，是搞好吏治的根本。近来一些不良风气腐蚀官场，使官员们的方正品行、坚定节操每况愈下。他们搜括民财以中饱私囊，对民间疾苦置若罔闻；他们敲诈勒索民脂民膏以向上司献媚讨好，极尽其逢迎取巧之能事。他们控制下属的办法是只看贿赂自己钱物的多寡，而奉承上司的手段则以通关节、献款曲为能事。其实，就算有万贯家财，也不过图个自身温饱就够了；你们可知道，虽然小到一文钱一粒米，却全是老百姓用血汗换来的财富啊！你们也要经常想到，为官者的政策宽大一分，老百姓就多受一分恩惠，只求尽心为民办事就安心了；如果你们贪了一文钱，你们的人格就受了一文钱的污染，哪里谈得上独善其身、问心无愧呢？

本巡抚一向以饮冰食檗、立身清廉为原则，希望各位下属同人互相激励，务必永远杜绝送礼行贿的歪风，期望使风气日益醇正。我十分担心所属州县把送礼行贿当作正常现象，那样肯定会穷竭民力、伤害民众以满足其贪欲。虽说讲点私人交情，并不是礼法所禁止的。但要问一问：你们所具办的各种礼物、礼金是从哪里来的呢？是从自己家里拿的吗？还是从老百姓那里获取的呢？如果是从自己家拿的，恐怕会有难以为继的时候；如果是取之于老百姓，那么还有什么脸面去面对他们呢！

整顿官场风气、维护政纪国法的责任固然在上级机关，但亲近民众、维护民众利益的事比不上地方长官来得优先。他们称呼你我为"父母官"，你我称呼他们为"子民"。子民的田地要由我们为他们提供开垦的便利，子民应服的差使劳役要由我们为他们了断，子民如有逃亡、失业者要由我们为他们追复，子民中鳏寡孤独无依无靠者要由我们加以安抚体恤，如有豪强恶霸侵占子民的田地房屋要靠我们为他们伸张正义，如有盗贼劫夺子民的财物要靠我们为他们平息，如有衙蠹生事扰民要靠我们为他们惩处，如有讼师舞文弄墨害人要靠我们为他们驱逐，士风学风颓废萎靡要靠我们帮助他们振兴起来，天道的运行秩序、人类社会的纲纪法度要靠我们予以维持，使之不会产生淆乱。我们处理这种种众所周知的民间疾苦，就像进入初产婴儿的房间，就像轻轻地抚摸婴儿嫩肤那样（用仁爱之心对待人民）。那么人民拥护爱戴我们，感到欢欣鼓舞，就像坐在慈母的怀抱、吮含着慈母的乳头那样甜蜜。这才叫父母官，这才符合子民的称谓。你们这些负有专职的官吏，果真能够体会这片苦心，在所管辖的百里之地加以推行，我会感到不胜荣幸！如果有人贪婪成性，企图假借给上司送礼的名头来邀功取赏，那么不但有辱政纪，而且难孚众望。赋予他的亲民职责既然不能胜任，那么执行法纪的部门就有责任查处。故此有必要颁布这一告示，严禁馈赠送礼之风。

我要求所属各郡县官员必须了解，从此以后，务必要存仁心爱民力，洁身自好，廉洁奉公。切切不可采用数典忘祖、见利忘义的权术去剥削残害老百姓，千万不要拖着掉进茅坑沾满粪臭的身体去用贿赂玷污上级官员。如果从此以后能做到政风清廉、弊端杜绝，大家共同来造就大臣守法、小臣守廉、各安其位、各守其正的政治局面，那么本巡抚也一起沾光，感到无比荣幸啊！

以上告示，希望各位认真体会，严格遵守，不可违犯，不可轻忽。

23. 论改革

【题解】

本篇选自龚自珍的《定庵文集》，原名《乙丙之际箸议第七》。乙丙之际，指清嘉庆二十年乙亥（1815）和次年丙子（1816）年间。箸议，即私议。旧刻本题名《劝豫》，就是预先规劝和警告的意思，今据其中心思想定名为《论改革》。作者龚自珍（1792—1841），字璱人，号定庵，浙江仁和（今属杭州）人，清代著名思想家、文学家。道光进士，曾任内阁中书、礼部主事等官职。因提倡改革、主张禁烟、反对列强侵华而备受排挤打击，被迫辞官。他在学术观点上继承今文经学遗风，提倡"通经致用"；诗文奇丽奥博，有"龚派"之称。著作有《定庵文集》，今人编为《龚自珍全集》，有中华书局 1959 年编印本、上海古籍出版社 1975 年标点本。

作者在文中借夏、商、周三代接踵兴替的历史，揭示了墨守祖宗陈规、不搞改革的危险性，进而阐明了自觉改革的重要与必要。文中的核心思想是"一祖之法无不敝，千夫之议无不靡，与其赠来者以劲改革，孰若自改革"，这也成为后世主张改革者的名言警句。

【原文】

夏之既夷[1]，豫假夫商所以兴[2]，夏不假六百年矣乎？商之既夷，豫假夫周[3]所以兴，商不假八百年矣乎？无八百年不夷之天下，天下有万亿年不夷之道。然而十年而夷，五十年而夷，则以拘一祖之法，惮千夫之议，听其自陊[4]，以俟踵兴者之改图尔[5]。

一祖之法无不敝，千夫之议无不靡，与其赠来者以劲改革，孰若自改革？抑思我祖所以兴，岂非革前代之敝耶？前代所以兴，又非革前代之敝耶？何莽然[6]其不一姓也？天何必不乐一姓耶？鬼何必不享一姓耶？奋之，奋之！将敝，则豫师来姓[7]，又将敝，则豫师来姓。《易》曰："穷则变，变则通，通则久。"[8]非为黄帝以来六七姓[9]括言之也，为一姓劝豫也。

【注释】

[1] 夏：中国历史上第一个建立"家天下"即王位世袭制的奴隶制王朝。自夏禹至夏桀，共传 13 代、16 王，约当公元前 21 世纪至公元前 17

世纪。夷：夷灭，被征服。

　　〔2〕豫假：通"预借"，意为预先假借。商：代夏而起的奴隶制王朝，自汤建国至纣王覆灭，共传17代、31王，约当公元前17世纪至公元前11世纪，有国不到600年。

　　〔3〕周：代商而起的奴隶制王朝。自武王建国（建都镐京）至平王迁都于洛阳，约当公元前11世纪至公元前771年，史称西周；自公元前770年至公元前256年秦灭周，史称东周。两周有国总计不到800年。

　　〔4〕陊（duò）：堕落，衰败。

　　〔5〕俟：等待。踵兴者：接踵而兴起者。改图：变更计划，此指政治改革。

　　〔6〕莽然：野草茂密的样子，此指接二连三的王朝兴替。

　　〔7〕豫师来姓：豫，事先。师，学习，效法。来姓，未来之姓，指即将兴起者。

　　〔8〕"《易》曰"句：语出《周易·系辞下》，意思是说事物发展到一个极点，就需要加以变革，才能达到久远。

　　〔9〕黄帝以来六七姓：黄帝，传说中的华夏民族始祖。六七姓，当指黄帝以后的颛顼、帝喾、唐尧、虞舜以及夏、商、周三代帝王的姓氏。

【译文】

　　夏朝既然已经被征服，就预示着商朝由此而兴的前景，这不等于夏预先借了六百年给商吗？商朝既然已经被征服，就预示着周朝由此而兴的前景，这不等于商预先借了八百年给周吗？自古以来，没有经历八百年而不改朝换代的天下，但普天之下却有经历亿万年而不衰亡的道理。然而一个朝代，或仅十来年就灭亡了，或经过五十年就灭亡了，那是因为拘泥于开国祖宗创制的陈规旧法，害怕民众的批评，听任它自我堕落而走向衰败，于是只有等着接替它的人进行弃旧图新的改革了。

　　开国祖宗创制的陈规旧法没有不出现弊端的，千万民众的批评没有不所向披靡的，与其让给后来者奋起改革取而代之，哪里比得上自觉进行改革以求长治久安呢？但我想我朝祖宗之所以能够兴起，难道不是因为革除了前朝积弊的缘故吗？而前朝之所以能够兴起，难道不也是因为革除了其前朝积弊的缘故吗？为什么接二连三的兴替改革不是由一家一姓完成的呢？是上天一定不喜欢这一家一姓吗？是鬼神一定不愿意享受这一家一姓的祭祀吗？那可不一定！所以，要勤勉啊，努力啊！事情将要出现弊端，就要预先向后起者学习，再出现弊端，就再向后起者学习。正如《易经》所说："事情到了穷尽的时候就需要变革，变革了就能通顺，通顺了就可以长久。"这句话，并非是为黄帝以后的六七个异姓帝王概括而言的，而是规劝与警告本朝帝王的啊！

24. 明良论

【题解】

本文是龚自珍二十三岁时所撰《明良论》四篇文章中的第三篇，辑自《龚自珍全集》第一辑《定庵文拾遗》。作者在文中揭露了清王朝在用人制度上论资排辈导致官场因循守旧、毫无生气的弊病。在这种腐败制度下，昏庸无能者尸位素餐，却能步步高升；才能优异者却限于资历，得不到重用。结果整个官僚队伍死气沉沉，苟且偷安。针对这种弊病，作者强烈呼吁变革，主张按实际能力和贤能廉洁程度来考察、提拔官吏。

【原文】

敷奏而明试[1]，吾闻之乎唐、虞[2]；书贤而计廉[3]，吾闻之乎成周[4]。累日以为劳，计岁以为阶，前史谓之停年之格[5]，吾不知其始萌芽何帝之世，大都三代以后可知也。

今之士进身之日，或年二十至四十不等，依中计之，以三十为断。翰林[6]，至荣之选也，然自庶吉士至尚书[7]，大抵须三十年或三十五年；至大学士[8]，又十年而弱。非翰林出身，例不得至大学士。而凡满洲、汉人之仕宦者，大抵由其始官之日，几三十五年而至一品，极速亦三十年。贤智者终不得越，而愚不肖者亦得以驯而到[9]。此今日用人论资格之大略也。

夫自三十进身，以至于为宰辅[10]，为一品大臣，其齿发固已老矣，精神固已惫矣，虽有耆寿[11]之德，老成之典型，亦足以示新进。然而因阅历而审顾，因审顾而退葸[12]，因退葸而尸玩[13]，仕久而恋其籍[14]，年高而顾其子孙，儡然[15]终日，不肯自请去。或有故而去矣，而英奇未尽[16]之士，亦卒不得起而相代。此办事者所以日不足之根源也。

城东谚曰："新官忙碌石呆子[17]，旧官快活石狮子。"盖言夫资格未深之人，虽勤苦甚至，岂能冀甄拔[18]？而具形相向坐者[19]数百年，莫如柱外石狮子，论资当最高也。如是而欲勇往者知劝，玩恋者知惩[20]，中材绝侥幸之心，智勇苏[21]束缚之怨，岂不难矣！至于建大猷[22]，白大事[23]，则宜乎更绝无人也。其资浅者曰："我积俸以俟时[24]，安静以守格[25]，虽有迟疾，苟过中寿[26]，亦冀终得尚书、侍郎。奈何资格未至，哓哓然以自丧其官为[27]？"其资深者曰："我既积俸以俟之，安静以守之，久久而危致乎是[28]。奈何忘其积累之苦，而哓哓然以自负其岁月为？"其始也，犹稍稍感慨激昂，思自表见[29]。一限以资格，此士大夫所以尽奄然[30]而无有生气者也。当今之弊，亦或出于此，此不可不为变通者也。

【注释】

[1] 敷：陈述。奏：向君王进言或上书。明试：公开考核官吏的实际能力。

[2] 唐、虞：即唐尧、虞舜，传说中远古时代的圣明君王。

[3] 书：记录。计：考察。

[4] 成周：本指周公辅助周成王建东都的地方，在今河南省洛阳市附近，后世用以指代周朝。

[5] 停年之格：即"停年格"，是北魏时建立的一种选官制度，以任职年限的资格作为升官的标准。

[6] 翰林：官名。翰林院系明清时代中央政府掌管秘书、著作等职务的官署。新进士经过殿试被选入翰林院任职的称为翰林。

[7] 庶吉士：清代翰林院设庶常馆，选新进士文章、书法优秀者入馆学习，称为翰林院庶吉士。三年后再举行考试，按成绩情况分别授予翰林院编修、检讨等正式官职。尚书：官名。清代中央政府设吏、户、礼、兵、刑、工六部，部的长官叫尚书，副长官叫侍郎，侍郎又有左、右之分。

[8] 大学士：官名。清代设殿阁大学士四人，满人、汉人各二员，都是正一品，是文官最高的职位。

[9] 愚不肖者：无才无德的人。驯：渐进的意思。到：到达。

[10] 宰辅：宰相，首辅。

[11] 耆（qí）寿：六十岁以上。

[12] 审顾：顾虑重重。退葸（xǐ）：畏缩不前。

[13] 尸玩：空占职位，玩忽职守。

[14] 籍：官籍，原指官员档案，引申为职位、俸禄。

[15] 儽（lěi）然：懒散颓丧的样子。

[16] 英奇末尽：卓越的才能没有得到发挥。

[17] 石呆子：压碾谷物的石磙子。

[18] 冀：希望。甄拔：选拔。

[19] 具形相向坐者：徒具形体相貌、面对面坐着不动的人。

[20] 玩恋者：指上文说的玩忽职守而又留恋官职的人。知惩：知道

警诫。

　　[21] 苏：这里是缓解、消除的意思。

　　[22] 建大猷：提出治国大计。猷，计划，图谋。

　　[23] 白大事：阐明国家大事。

　　[24] 积俸：积累当官的年资。俸，薪俸，这里引申为当官的资历。
俟：等待。

　　[25] 守格：遵守升官的规定。

　　[26] 中寿：指五十岁或六十岁。

　　[27] 哓哓然：惊恐吵闹的样子。自丧其官：自己丢掉自己的官职。
为：表示疑问的语气词，同"呢"。

　　[28] 危致乎是：达到这么高的职位。危，高。

　　[29] 思自表见：想发挥自己的才能。见，同"现"。

　　[30] 奄然：死气沉沉、奄奄一息的样子。

【译文】

　　责成官吏口头或书面述职，定期公开地考核其实际工作能力，我听说在唐、虞时代是这样做的；及时记录官吏的德才表现，考察他们是否贤能、廉洁，我听说周代就是这样做的。积累做官的时间作为成绩，计算做官的年限来确定晋升的等级，前代史书称它为"停年格"，我不了解这种制度是从哪朝那代开始的，大体可以肯定是三代以后才有的事。

　　当今士子考取功名开始做官的时间，大概二十岁到四十岁不等，折中计算，以三十岁为限吧。新科进士被选入翰林院当翰林，算是最光荣的选拔了，但从庶吉士升到尚书职位，大抵需要三十年或三十五年时间；升到大学士职位，又差不多要十年。非翰林出身的官员，照例没有资格提拔为大学士。而无论是满人、还是汉人出仕当官的，大抵都是从他当官那天开始，经历三十五年才升到一品官，最快的也要三十年。造成贤良有才者终身得不到破格提拔，而无才无德之徒却能够慢慢升到最高品级。这就是当今用人制度上论资排辈之大概情形。

　　然而，从三十岁出仕，最后官至宰相、首辅，为一品大臣，他的牙齿也掉了，头发也白啦，已经老态龙钟了，身心也疲惫不堪了，虽德高望重、老成持重堪称模范，足以充当新进官员的榜样。然而他会因为经历丰富而变得顾虑重重，由于顾虑多而变得畏缩不前，由于畏缩不前而变得尸位素餐、玩忽职守，当官久了就贪恋职位，年纪大了就顾念子孙，饱食终日，无所事事，却不肯自行辞职。有的人因为出了问题而离职，但怀才不遇者也始终得不到取而代之施展抱负的机会。这正是能干事的人越来越缺少的根源实在呀!

俗话说:"新官忙得像石磙子那样团团转,旧官却像石狮子那样永远逍遥自在。"这是形容那些资历尚浅的人,虽然勤劳困苦至极,却哪里敢抱被提拔的希望呢?而那些徒具形貌、无所事事者代代相传数百年,其资历莫过于门柱外那两个石狮子。这样论资排辈的用人制度,要想使勇于任事者受激励,使玩忽职守者知警诫,使中等才能者断绝侥幸晋升之心,使才华出众者消除顾虑大胆进取,真是难上加难啊!至于谋划治国大计,阐明大政方针的人,则更是绝无合适人选了。在这个制度下,那些资历尚浅的人会说:"我就积累年资等待时运,安安静静谨守条规吧,虽然提拔上去会有快慢,但只要挨到五六十岁,也就有希望弄个尚书、侍郎职位。何必资历积累不足,便吵吵闹闹去争官反而弄巧成拙丢掉官职呢?"那些老资格人士会说:"我既然积累年资等待时运,安静谨守着各种条规,辛苦多年才达到目前地步。为什么忘记了多年积累之苦,而吵吵闹闹去争位置从而辜负了岁月积累之功?"当初刚入仕途时,或许还稍稍有点慷慨激昂之情,想着发挥自己的才能。一旦被资格所限,就成了士大夫死气沉沉、毫无生气的根本原因。当今政治的弊端,或许就出在这里,这正是必须进行变革的地方。

25. 五箴并序

【题解】

本文引自《曾国藩家书》,系清道光二十四年(1844)三月初十曾国藩写给六弟、九弟的信后所附。曾国藩(1811—1872),字涤生,湖南湘乡人,道光进士,清末湘军首领。历任礼部侍郎、两江总督、直隶总督,被誉为清代"中兴名臣"、"一代儒宗"。死后谥"文正"。著作有《曾文正公全集》。

箴,是古代以规诫他人或勉励自己为主题的一种文体。曾国藩写下《五箴》以自勉,同时也用以教育子弟。本文序言部分交代写作目的是为了自我警诫。他以"疢疾所以益智,逸豫所以亡身"的道理告诫自己,表达了迎战困难挫折,绝不贪图逸乐的决心。

正文部分从五个方面阐述修德进业之道:一是立志,要效法伟人先贤,树立远大志向,牢记誓言,身体力行。二是居敬,要用严肃恭敬态度要求自己，不松懈，不怠慢，不骄傲自大。三是主静，意思是通过"无欲"的修养功夫，达到"静"的境界。在纷繁复杂的世事面前，神清气定，淡泊宁静，不受外界的干扰。四是谨言，要说话谨慎，不花言巧语，不自我夸耀，不道听途说，不在闲言碎语中打发日子。五是有恒，即持之以恒。世界变化日新月异，不仅要善于用心思考，加强自身修养，而且要坚持不懈，不为外物所牵累，甘于淡泊，拒绝诱惑，从点点滴滴做起，长此以往，必定大有收获。

阅读此文，从中可以获得许多教益。

【原文】

少不自立，荏苒遂洎今兹[1]。盖古人学成之年，而吾碌碌尚如斯也，不其戚矣！继是以往，人事日纷，德慧日损，下流[2]之赴，抑又可知。夫疢疾[3]所以益智，逸豫所以亡身，仆以中材而履安顺，将欲刻苦而自振拔，谅哉其难之与！作《五箴》以自创云。

立志箴

煌煌先哲，彼不犹人？藐焉小子，亦父母之身。聪明福禄，予我者厚哉！弃天而佚，是及凶灾。积悔累千，其终也已。往者不可追，请从今始！荷道以躬，舆之以言。一息尚活，永矢弗谖[4]。

居敬箴

天地定位，二五[5]胚胎。鼎焉作配，实曰三才[6]。俨恪斋明，以凝女命。女之不庄，伐生戕性。谁人可慢？何事可弛？弛事者无成，慢人者反尔。纵彼不反，亦长吾骄。人则下女，天罚昭昭。

主静箴

斋宿日观[7]，天鸡[8]一鸣。万籁俱息，但闻钟声。后有毒蛇，前有猛虎。神定不慑，谁敢余侮？岂伊避人，日对三军。我虑则一，彼纷不纷。驰骛[9]半生，曾不自主。今其老矣，殆扰扰以终古！

谨言箴

巧语悦人，自扰其身。闲言送日，亦搅女神。解人不夸，夸者不解。道听途说，智笑愚骇。骇者终明，谓女实欺。笑者鄙女，虽矢犹疑。尤悔既丛，铭以自攻。铭而复蹈，嗟女既耄[10]。

有恒箴

自吾识字，百历洎兹。二十有八载，则无一知。曩[11]者所忻，阅时而鄙。故者既抛，新者旋徙。德业之不常，日为物牵。尔之再食，曾未闻或愆[12]。黍黍[13]之增，久乃盈斗[14]。天君[15]司命，敢告马走[16]。

【注释】

[1] 荏苒（rěn rǎn）遂洎（jì）今兹：荏苒，时间不知不觉地过去。洎，到。

[2] 下流：地位低贱的人。

[3] 疢（chèn）疾：疾病，比喻忧患。

[4] 谖（xuān）：忘记。《诗·卫风·考槃》："永矢弗谖。"

[5] 二五：指阴阳和五行。

[6] 三才：指天、地、人。《易·说卦》："立天之道曰阴与阳，立地之道曰柔与刚，立人之道曰仁与义。"

[7] 斋宿日观：斋宿，祭祀或典礼前斋戒独宿，表示虔诚。日观，泰山峰名，为著名观日之处。

[8] 天鸡：《太平御览》卷九一八引《玄中记》："东南有桃都山，上有大树曰桃都，枝相去三千里。上有天鸡，日初出照此木，天鸡即鸣，天下鸡皆随之鸣。"

[9] 驰骛（wù）：奔走趋赴。

[10] 耄（mào）：八九十岁，泛指年老。

[11] 曩（nǎng）：从前。

[12] 愆（qiān）：过失，这里是指责的意思。

[13] 黍黍：犹黍累，古时极轻的重量单位，十黍为一累，比喻极其细微的东西。

[14] 盈斗：满斗。斗，容器单位。

[15] 天君：旧时谓心为思维器官，称心为天君。

[16] 马走：谦称，"牛马走"的省称。

【译文】

年轻的时候不能自立，岁月匆匆以至于到了今天这个地步。按古人所说该是学有所成的年纪了，而我仍忙忙碌碌一事无成，怎不叫人忧伤呢？从今以后，世事日益纷繁，德行智慧一天天减损，逐渐成为一个微贱平庸的人，或许是可以预知的。而忧患困苦有益于增进智慧，安逸享乐会导致自身败亡，我以中等才能而过着安顺的生活，想要刻苦地振奋自拔，想必确实是勉为其难！于是写下《五箴》以自我警诫。

立志箴

伟人先贤，也是一样的人。俗夫凡子，也是父母所生。聪明才智和福分俸禄，我得到的已经够多的了！违背天意而追求安逸享乐，那么灾祸就即将来临。心中悔恨万千，过去的就让它过去吧。流逝的时间无法追回，让我重新开始吧。心中想着"道"而去身体力行，始终记住自己的誓言。一息尚存，永不食言。

居敬箴

天与地各在其位，阴阳五行孕育生命。天、地、人像鼎一样三足并立，这就叫作"三才"。自身庄严恭敬、敏捷明智，才能使得你的教令达到严整。你如果处世不庄重，就会危害身心、残害生命。哪个人可以怠慢？什么事可以松懈？漫不经心的人一定一事无成，高傲自大的人一定自作自受。就算别人没有以其人之道还治其人之身，亦必然助长自己的傲气。别人就会瞧不起你，上天就会惩罚你。

主静箴

我在泰山日观峰上斋戒独宿，天鸡一声高唱迎来黎明。自然界的万物都无声无息，只听见远处的钟声。后面有毒蛇，前头有猛兽，定神安心无所畏惧，谁又敢欺侮我？岂能逃避出世，要勇敢地面对现实。只要我专心致志，千头万绪的世事就会变得井然有序。奔走忙碌了半生，竟然还是不能自主。如今我已年老，真恐怕会长期烦乱伴我终生。

谨言箴

花言巧语取悦于人，只会自己扰乱自己的身心。闲言碎语打发日子，也会搅乱你的精神。通达的人从不自夸，自夸的人必定不通达。道听途说拾人牙慧，会让聪明人讥笑而让无知的人惊骇。等到惊骇的人终于明白过来，会说你实质上是欺骗。讥笑的人更是看不起你，哪怕你对天发誓别人也仍心存疑虑。心中的懊悔已经积聚很多，因此写下箴言来自我警诫。写下箴言而又重复错误，那只能感叹你确实是老糊涂了。

有恒箴

从我识字以来，经历了许多世事。至今已经二十八年，却是毫无长进。从前一度感到欣喜的事物，过了一段时间就变得鄙陋。旧事物刚一抛弃，新事物就马上出现了。进德修业未能一贯坚持，原因在于为外物所牵累。你不为外物所累，哪怕一天只吃两餐，也不会有人说三道四。自我修养要从点点滴滴做起，年深日久自然会有收获。心是掌握每个人的命运的，我冒昧地把这个道理告诉天下的人。

编后语

2013年春，在时任中共浙江省委常委、省委组织部部长蔡奇同志的关心下，浙江省儒学学会设计的"干部儒学读本"项目，由主管单位省政府参事室（文史馆）申请到了省财政专项经费。经过两年多的紧张工作，即将与读者见面。

顾名思义，《干部儒学读本》的读者对象是国家机关、企事业单位的工作人员，尤其是各级领导干部，旨在引导广大干部重点把握儒学基本知识及儒学关于修身立德、治国理政的思想与方法。根据这一宗旨，编写团队首先学习了十八大以来习近平同志关于弘扬优秀传统文化的一系列重要论述，在内容遴选和撰写解读文字时，注重理论联系实际，古为今用，把重点放在准确、完整、全面地介绍儒学知识、传播儒学价值观上，原原本本解读经典，老老实实注释文义，不标新立异，不过分解读，不持特定学派和思潮的立场取向，尽量回避哲学思辨色彩较浓和学术界尚有争议的内容。

新华社驻香港分社原副社长、浙江大学原党委书记、浙江省儒学学会会长张浚生同志高度重视本书的编写工作，并亲自挂帅担任本书编辑委员会主任。他还多次主持召开本书的立项、审稿、定稿会议。全书定稿后，张浚生同志欣然为本书撰写了序言并题签。

本书编委会副主任、浙江省儒学学会执行会长吴光教授为本书的编纂付出了大量心血。他不但具体指导组建了本书的写作班子，策划了工作推进方案，为本书撰写了导论，并对整部书稿作了终审润饰，而且从所著《儒学百问录》精选了一批重要名词术语编为本书第三部分"儒学重要名词术语简释"，又从他与祝鸿杰教授合著的《古今廉文》中精选部分名篇编为本书第四部分"儒学名篇",从而使本书的体例更为完备,对广大干部读书学史更具启迪意义。

本书初稿形成后,多次举行了审稿会。浙江省儒学学会副会长洪永铿教授、钱明研究员,常务理事董根洪教授、张嵎教授等审读书稿,提出了宝贵修改意见,在此谨向他们表示衷心的感谢!

浙江省儒学学会常务理事兼副秘书长、浙江省社会科学院哲学所研究员王宇担任了全书的起例发凡、编辑统稿工作,并撰写了第二部分"儒学论治国理政"的注、译与解读;学会常务理事兼副秘书长、浙江工商大学国际教育学院副教授王晓华承担了第一部分"儒学论修身立德"的翻译与解读。初稿完成后,编写团队充分吸收几次审稿会上提出的意见,进行了反复认真的修改,力求使本书成为一本可读性较高的干部学儒学读本。我们希望,汇聚了多位儒学专家智慧的这个读本,能使广大干部读者开卷有益,获得启示。倘能如此,则编者的一番苦心庶不至付诸东流矣。

本书著者识于 2015 年 4 月 29 日

图书在版编目（CIP）数据

干部儒学读本/吴光，王宇，王晓华著. —北京：中国人民大学出版社，2015.10
ISBN 978-7-300-22035-2

Ⅰ.①干… Ⅱ.①吴… ②王… ③王… Ⅲ.①儒学-干部教育-学习参考资料
Ⅳ.①B222.05

中国版本图书馆 CIP 数据核字（2015）第 247370 号

干部儒学读本

吴 光 王 宇 王晓华 著

Ganbu Ruxue Duben

出版发行	中国人民大学出版社			
社 址	北京中关村大街 31 号	**邮政编码**	100080	
电 话	010－62511242（总编室）	010－62511770（质管部）		
	010－82501766（邮购部）	010－62514148（门市部）		
	010－62515195（发行公司）	010－62515275（盗版举报）		
网 址	http://www.crup.com.cn			
	http://www.ttrnet.com（人大教研网）			
经 销	新华书店			
印 刷	北京宏伟双华印刷有限公司			
规 格	165 mm×235 mm 16 开本	**版 次**	2015 年 11 月第 1 版	
印 张	19.25 插页 2	**印 次**	2017 年 7 月第 2 次印刷	
字 数	325 000	**定 价**	59.80 元	